邹 红 / 著

收入与制度视阈下提高居民消费能力的长效机制研究

SHOURU YU ZHIDU SHIYUXIA
TIGAO JUMIN XIAOFEI NENGLI DE
CHANGXIAO JIZHI YANJIU

中国财经出版传媒集团

经济科学出版社
Economic Science Press

图书在版编目（CIP）数据

收入与制度视阈下提高居民消费能力的长效机制研究／
邹红著.—北京：经济科学出版社，2020.10
ISBN 978 - 7 - 5218 - 1925 - 0

Ⅰ.①收…　Ⅱ.①邹…　Ⅲ.①居民消费 - 研究 - 中国
Ⅳ.①F126.1

中国版本图书馆 CIP 数据核字（2020）第 185991 号

责任编辑：杜　鹏　郭　威
责任校对：郑淑艳
责任印制：邱　天

收入与制度视阈下提高居民消费能力的长效机制研究
邹　红/著
经济科学出版社出版、发行　新华书店经销
社址：北京市海淀区阜成路甲 28 号　邮编：100142
编辑部电话：010 - 88191441　发行部电话：010 - 88191522
网址：www. esp. com. cn
电子邮箱：esp_bj@ 163. com
天猫网店：经济科学出版社旗舰店
网址：http://jjkxcbs. tmall. com
固安华明印业有限公司印装
710 × 1000　16 开　16. 75 印张　260000 字
2020 年 12 月第 1 版　2020 年 12 月第 1 次印刷
ISBN 978 - 7 - 5218 - 1925 - 0　定价：88. 00 元
（图书出现印装问题，本社负责调换。电话：010 - 88191510）
（版权所有　侵权必究　打击盗版　举报热线：010 - 88191661
QQ：2242791300　营销中心电话：010 - 88191537
电子邮箱：dbts@ esp. com. cn）

　　本书由国家社科基金项目（11CJL013、18VSJ070）、西南财经大学全国中国特色社会主义政治经济学研究中心"中国特色社会主义政治经济学理论体系构建"项目、中央高校基本科研业务费专著出版与后期资助项目（JBK140803）、中央高校基本科研业务费专项资金创新团队项目（JBK190501）资助。

前　言

　　20 世纪 90 年代开始，居民消费需求不足的问题日渐凸显。我国居民消费率远低于一般发展中国家和发达国家，城乡居民消费差距也在不断增大，尤其是城乡居民各类服务支出消费不平等远远超过总消费不平等。我国提出扩大居民消费需求的战略已有很长一段时间，政府就"如何扩大居民消费"实施了多方面的积极政策举措。特别是 2007 年底国际金融危机爆发以来，我国政府果断采取应对危机冲击的家电下乡、家电以旧换新、汽车下乡等消费刺激政策，但这些逆经济周期的短期应急措施并非是使消费增长的"长效药"。中国经济进入新常态后，政府转为注重供需匹配共同发力来扩大居民消费需求，结合税收改革、服务业发展和经济转型升级、城乡区域协调发展等非消费制度供给，在破除制约居民消费需求和消费升级的体制机制障碍上取得了进展。2012 年开始，我国居民消费率虽然有所上升，但居民消费需求偏低的问题仍未能得到根本性解决，不同群体之间、城乡之间和地区之间的居民消费不平等程度也在不断增大，如何建立提高居民消费能力的长效机制成为值得研究的重要问题。

　　构建提高居民消费能力的长效机制必须破解一些体制机制障碍。一方面，我国城乡居民实际收入水平增长偏低、城乡居民各类收入的占比不合理、国民收入分配结构严重失衡、居民收入差距日益扩大已是不争的事实，失衡的收入分配体制机制成为提高居民实际消费能力的主要障碍；另一方面，我国的户籍管理制度、土地管理制度、城乡的教育和社会福利制度等城乡二元体制都存在矛盾；社会保障力度整体不够、社会保障待遇衔接及调整缓慢等；地方政府财政支出对医疗、养老、教育、保障性住房、廉租房等公共服务领域投入相对不足，中等收入群体税负较重，房产税、遗产税尚未发挥调节作用等；以及局部性、暂时性的消费刺激政策体制机制逐渐成为进一步释放居民潜在消费能力的主要障碍。因此，从长期来看，想要提高居民整体消费能力，亟须改善制约居民实际消费能力增长的结构性收入分配不公（包括居民间收入差距与国民收入分配结构）和破解制约居民潜在消费能力释放的体制机制障碍。

我国"十二五"规划首次明确提出应建立扩大居民消费需求的长效机制，这标志着我国扩大消费正式进入制度化轨道。党的十七届五中全会也指出，"坚持扩大内需特别是消费需求的战略，必须要增强居民的消费能力，充分挖掘内需巨大潜力，着力破解制约扩大内需的体制机制性障碍"；党的十八大提出，"须牢牢把握住扩大内需的战略基点，加快建立扩大居民消费需求的长效机制，释放居民的消费潜力"；党的十九大进一步强调，"完善促进消费的体制机制，增强消费对经济发展的基础性作用"。建立扩大居民消费的长效机制是加快转变经济发展方式的现实需要，也是解决现实民生问题的重要举措。从"建立"到"加快建立"扩大居民消费需求长效机制的政策主张来看，扩大消费已经成为近年来我国政府经济工作的重点，反映了经济持续健康增长运行需消费稳定增加的迫切要求。因此，本书将以收入分配和体制机制为重要突破口，进一步增强城乡居民的实际消费能力和释放城乡居民的潜在消费需求，构建提高城乡居民整体消费能力和扩大内需的长效机制，切实推进经济结构战略性调整和实现经济发展方式转变。

本书沿着"理论—实证—政策"的基本逻辑思路，首先全面分析了我国总需求结构、消费投资结构、居民消费不足的基本特征事实，以及影响居民消费能力的收入分配与体制机制因素的主要特征及作用机理。其次设计如何增强居民实际消费能力和释放潜在消费能力两条研究主线，构建了基于"收入分配—提高实际消费能力"和"体制机制—提高消费意愿—释放潜在消费能力"传导路径的理论分析框架，拟就收入分配偏态、体制机制偏态与居民消费需求的关系，分别从国民收入分配结构、收入差距与消费需求；收入结构与服务消费需求；城市化水平与消费需求；收入不平等与消费不平等；养老保险、医疗保险与消费需求；退休养老制度与消费需求；政府支出结构与消费需求共七个方面进行细致的理论与实证研究。最后从完善收入分配等体制机制的宏微观视角，分析了提高居民消费能力长效机制的关键、主要内容、主要目标、重点难点，并建立了可操作性的提高居民实际消费能力长效机制的收入分配政策体系，以及构建释放居民潜在消费能力长效机制的体制机制改革的政策体系。

本书共分为十一章，以下为各章节的主要内容和基本结论。

第一章为绪论。对本书的研究背景与意义、创新点与不足、观点与结论等进行了概括。

第二章首先全面分析了总需求结构、最终消费支出结构、平均消费倾向和边际消费倾向、三大需求对国内生产总值（GDP）增长的贡献率和拉动，消费品零售总额与固定资产投资总额增长率、居民消费差距不断扩大等基本特征事实，从宏观层面上揭示了我国投资和消费失衡，居民消费需求不足的总体状况；其次从收入水平、收入来源结构、收入分配结构和收入差距等收入分配的长期变化特征，以及城乡二元结构、社会保障、政府支出结构、消费环境等体制机制视角，剖析了制约居民实际消费能力增长和居民消费潜力释放的政策背景、作用机理与形成原因。本章所归纳的关于消费需求、收入分配和体制机制的典型事实是后续各章研究的基础，为后续理论模型和实证研究提供所需解释的关键经济现象。

第三章建立了一个包含人力资本人口分组的新古典经济增长模型，从理论上分析了劳动收入份额、收入差距与总消费三者之间的关系，然后使用1993～2017年的省际面板数据，采用动态 GMM 估计方法，重点检验国民收入分配结构、城乡居民收入差距以及它们的交互作用对中国居民消费率的影响，揭示了中国消费率偏低的动态形成机制。研究发现，劳动收入份额和城乡收入差距是居民消费增长缓慢最根本的原因，劳动收入份额对居民消费的提升作用会随着城乡收入差距的持续上升而被弱化，尤其是城市化率比较低的地区。

第四章利用 1989～2009 年的中国家庭营养与健康调查（CHNS）数据，

主要以家庭耐用品消费为例，对城乡耐用品消费不平等进行了度量和出生组分解，并与收入不平等进行了比较，同时探讨了收入不平等影响家庭耐用品消费不平等的作用机理。研究发现，耐用品消费不平等一直大于收入不平等，但近年来耐用品消费不平等不断下降而收入不平等却日益上升；更年轻的出生组具有更高的收入不平等和更低的耐用品消费不平等；无论是分时期还是分城乡，收入不平等都是耐用品消费不平等变化的最重要因素。

第五章利用 2000 ~ 2009 年的城镇住户调查（UHS）数据，详细度量了城镇家庭各种非耐用品消费不平等的大小，采用出生组分解和回归分解方法，探讨了城镇家庭消费不平等和收入不平等、消费不平等和服务消费不平等的形成机制。研究发现：2000 ~ 2009 年，收入基尼系数维持在 0.326 ~ 0.366，而城镇消费基尼系数由 0.32 增长至 0.384，2005 年开始消费不平等高于收入不平等。除食物消费不平等外，文化娱乐、汽车和住房消费不平等显著大于总消费不平等和收入不平等。更年轻的出生组（20 世纪 70 年代和 80 年代）存在更高的收入不平等和消费不平等。收入差距对总消费差距和文化娱乐消费差距的贡献度均达到了 40% 以上。

第六章采用 2000 ~ 2009 年的城镇住户调查（UHS）数据，在考虑家庭异质性因素基础上重点分析了收入结构对总消费、服务消费和服务消费结构的影响，数值模拟了改变中低收入家庭的收入结构对服务消费倾向的效应。研究发现，城镇居民工资性收入提高 1%，人均总消费提高 0.78%，而人均服务消费将提高 1.71%；增加低收入家庭的转移性收入 1%，服务消费将提高 2.09%，而人均文化娱乐支出会提高 4.83%；中等收入家庭的财产性收入增加 1%，家庭服务消费将提高 0.6%；数值模拟结果发现，增加低收入家庭的转移性收入和增加中等收入家庭的财产性收入，服务消费倾向将会大大上升。因此，随着我国扩大内需的深入推进，培育新的消费增长点，发展服务消费日趋重要。

第七章采用 1982 ~ 2010 年 29 个省份的省际面板数据，重点检验了城市化不同发展阶段背景下，我国城市化水平、城乡收入差距与居民消费需求三者之间的动态作用关系。结果发现，我国城市化水平与居民消费率总体上存在"U"型关系；而城乡收入差距与居民消费率则存在负向关系，城乡收入差距的不断扩大抑制了我国居民消费需求的增长；在城市化不同发展阶段，城市化水平、城乡收入差距对居民消费率的影响具有不对称效应。因此，构建提高居民消费能力的长效机制，需要以提升城市化水平和质量，缩小城乡收入差距为重要支撑。

第八章利用2000~2009年的城镇住户调查（UHS）数据，运用工具变量法解决模型内生性问题，分析了社会保险参与率和缴费率对城镇家庭消费的影响。研究发现，与未参保家庭相比，参与社会保险会增加城镇家庭消费0.61%，但社保缴费率增加1%，城镇家庭消费会降低0.63%。从家庭类型来看，国有部门、高收入和年轻出生组的家庭社保缴费率对消费的抑制效应高于非国有部门、低收入和年老出生组家庭。从社保类型来看，养老保险缴费率增加1%，消费会降低2.58%；而医疗保险缴费率增加1%，消费会增加2.1%。从支出类型来看，养老保险缴费率对食品、衣服、教育、娱乐和交通等支出大类均具有显著抑制作用，但养老保险缴费率对小孩培训班、烟酒和在外就餐等支出细项却具有显著促进作用。

第九章基于国家统计局城镇住户调查（UHS）2000~2009年的家户数据，利用退休制度对城镇男性户主退休决策的外生冲击，在断点回归设计框架下采用工具变量参数估计法和非参数估计法检验了我国是否存在退休消费困境，并探讨了在人口老龄化背景下退休抑制消费的原因。结果表明，退休显著降低了城镇家庭非耐用消费支出的9%、食物支出的20.1%、工作相关支出的25.1%和文化娱乐支出的18.6%；消费骤降主要源于退休后与工作相关支出和文化娱乐支出的减少，企业职工、单身独居、教育水平较低和储蓄不足的老年家庭，退休后更易于降低非耐用消费支出；只有从非耐用消费支出中减去与工作相关支出和文化娱乐支出后，退休对家庭的其他消费支出才没有显著抑制作用，平滑消费假说才能成立。

第十章基于1994~2017年中国30个省份的面板数据，构建了政府支出结构与居民消费的理论模型，研究了财政分权体制下政府支出结构对居民消费的影响。研究发现，政府民生性支出对居民消费的拉动效果最为明显，而投资性支出对居民消费存在挤出效应，但估计结果不是很显著，消费性支出对居民消费存在明显的挤出效应。适度的财政分权加强了民生性支出对居民消费的挤入效应，但财政分权程度较高会削弱民生性支出对消费的影响。财政分权也会加强地方政府消费性支出对居民消费的抑制作用。三大地方政府支出的居民消费效应具有明显的城乡、区域和长期异质性。从民生性支出的消费挤入效应来看，城镇大于农村，东部和西部地区大于中部地区。民生性支出的长期挤入效应较强。

第十一章根据以上各章对我国消费需求不足的现状，以及收入和制度影响消费需求的理论研究与实证检验，有针对性地提出了构建提高居民实际与潜在消费能力长效机制的关键、主要内容、主要目标以及重点难点。在此基础上结合收入宏观层面"调整国民收入分配结构—提高消费率—缓解投资与消费结构失衡"，收入微观层面"缩小居民收入差距—提升总体消费倾向—促进消费需求增长"的传导路径，以及体制机制层面"破解体制机制矛盾—提高消费意愿—释放居民消费潜力"的传导路径，从收入增长政策、收入转移政策、消费激励政策等方面，构建提高居民实际消费能力长效机制的收入分配政策体系，以及构建释放居民潜在消费需求长效机制的体制机制改革的政策体系，有针对性地提出了立足收入分配结构调整和破解制约居民消费的体制机制矛盾的对策建议。

本书具有以下特点。

第一，研究视角较新。我国扩大消费需求是一项系统性工程，以往文献对影响消费的体制机制因素研究较为分散，目前还缺少一个完整逻辑结构严密且适合于我国构建消费需求长效机制的理论和实证研究框架。本书以农村和中西部地区为重点区域、以中低收入人群为重点对象，从增加收入和破解消费体制机制障碍两条主线来探讨如何提高居民实际消费能力和释放居民潜在消费需求问题，建立了提高我国居民整体消费能力长效机制的理论和经验分析框架，在国内外尚缺乏系统全面的研究成果。

第二，理论模型有所拓展。针对传统生命周期—持久收入"LC－PIH"模型的不足，结合随机系统最优控制理论和动态一般均衡理论，本书第三章建立了适合我国劳动者报酬、收入差距与消费需求的动态优化模型，揭示出收入偏态与有效需求不足的内在机理和动态规律，一定程度上拓展了收入分配和消费需求问题的理论研究视野。本书第十章在已有政府支出总量与消费需求关系的理论模型上，拓展了政府支出结构与各类消费效应的理论模型，在校验模型现实解释能力基础上对不合理的政府支出结构导致的各类消费效应进行了传导机制和实证研究。

第三，研究方法有所拓展。以往国内外研究大多侧重在整个生命周期框架内研究人口老龄化对消费的影响，尚缺少文献采用标准的政策评价方法，利用强制退休制度的准自然实验去识别退休决策，研究退休对消费影响的因果效应。本书第九章在准自然实验条件下利用 IV/RD 参数估计和非参数估计两种方法，识别了退休对消费的因果效应，有效避免了可能存在的内生性问题；从消费支出类型和家庭类型的异质性系统地研究了我国城镇家庭退休消费下降的形成原因。本书第六章和第八章分别测度了增加转移性收入和财产性收入，降低养老保险和医疗保险缴费率等再分配政策对居民各类消费的影响效应，并进行了收入分配调整的政策选择与效果模拟，为第十一章探求消费长效机制的各类具体目标提供参考。

第四，政策建议具有实际意义。本书有针对性地提出了构建提高居民实际与潜在消费能力长效机制的关键、主要内容、主要目标、重点难点。并在此基础上结合收入宏观层面"调整国民收入分配结构—提高消费率—缓解投资与消费结构失衡"，收入微观层面"缩小居民收入差距—提升总体消费倾向—促进消费需求增长"的传导路径；以及体制机制层面"破解体制机制矛盾—提高消费意愿—释放居民消费潜力"的传导路径。政府主要破解路径应为"以收入分配制度改革为根本保证、以城乡统筹制度为重要引擎、以社会保障制度为坚实后盾、以财政金融制度为协助动力、以社会信用制度为基本前提"的综合配套改革，并在此思路基础上提出了可操作性的构建提高居民实际消费能力长效机制的收入分配政策体系，以及构建释放居民潜在消费能力长效机制的体制机制改革的政策体系，有助于为国家收入分配制度改革和消费刺激政策的进一步细化和明朗化提供某些启发性思路。

从本书目前的分析来看，还存在一些明显的不足，主要体现在以下四点。

第一，从研究对象来看，体制机制对居民消费的影响是多方面的，本书仅从不合理的收入分配体制、城乡二元体制、社会保障体制、财税体制、消费政策等视角研究居民消费，缺乏新常态和贸易争端背景下供给侧改革、个税改革等因素对居民消费影响的研究；本书部分章节的实证研究由于数据原因，没有涉及广大的农村居民家庭；对世界各国体制机制影响居民消费需求的基本规律缺乏相应的国际比较分析。

第二，从理论研究来看，有关我国各体制机制与消费需求的理论模型，仍需构建更深入全面的动态随机一般均衡模型，缺乏一个考虑地区异质性的城市化水平、收入差距与消费需求关系的 DSGE 模型，没有构建中央政府和地方政府偏好异质性的政府支出结构与消费需求的 DSGE 模型，以及缺乏收入冲击与消费不平等的理论模型构建。

第三，从经验研究来看，由于全国性的微观住户数据不可得和不完善，本书中缺乏细致的城乡收入差距和消费差距、不同收入阶层的收入差距和消费差距的度量比较分析；关于社保对居民消费的影响，使用的是一省微观数据，缺乏全国性的实证检验，此外社保仅考虑了养老保险和医疗保险，没有涉及低保、失业保险；城市化水平、收入差距与消费需求的关系，在模型设定和反事实数值模拟等计量方法上仍需进一步改进。

第四，从政策建议来看，由于所掌握的影响消费的各种政策资料和数据有限，本书无法运用结构方程模型提出一套全面的长效机制指标体系和政策优化体系，仅从已有国内外文献和各国发展经验基础上对这一问题进行了描述统计分析和经济目标设计。

邹　红

2020 年 7 月于成都

Contents

目 录

第一章
绪　论

第一节　研究背景与意义

20 世纪 90 年代开始，居民消费需求不足的问题日渐凸显。我国最终消费率从 1990 年的 62.5% 下降到 2017 年的 53.6%，其中居民消费率从 1990 年的 48.8% 下降到 2017 年的 39%，居民消费率远低于一般发展中国家和发达国家。与此同时，城乡居民消费差距也在不断增大，城乡居民生活消费支出比从 1990 年的 1.7 倍上升为 2017 年的 2.23 倍，其中城乡居民的文化娱乐、教育、汽车、交通等消费差距远远超过总消费差距。[①] 我国提出扩大居民消费需求的战略已有很长一段时间，政府在此期间也实施了多方面的消费刺激举措，特别是 2007 年底世界金融危机爆发以来，国家果断采取了应对危机冲击的家电下乡、家电以旧换新、汽车下乡等消费激励政策，但这些逆经济周期的短期应急措施并非是使消费增长的"长效药"。中国经济进入新常态后，政府转为注重供需匹配共同发力来扩大居民消费需求，通过供给侧结构性改革消除供给与需求的结构性失衡等深层次矛盾，结合税收改革、服务业发展和经济

[①]　如果没有特别指出，本章数据均来自或通过中国统计局网站的年度数据或各年《中国统计年鉴》和各省统计年鉴有关数据计算而得，部分缺失数据通过 CSMAR、CEIC 宏观数据库获得。

转型升级、城乡区域协调发展等非消费制度供给，在破除制约居民家庭养老、教育、体育等消费需求和消费升级的体制机制障碍上取得了进展。2017～2018 年，政府相继出台了《关于完善促进消费体制机制进一步激发居民消费潜力的若干意见》《完善促进消费体制机制实施方案（2018—2020 年）》，强调要依靠改革创新破除体制机制障碍，增强消费对经济发展的基础性作用，满足人民日益增长的美好生活需要。

2012 年开始，我国居民消费率虽然有所上升，但居民消费需求偏低问题仍未能得到根本性解决，不同群体之间、城乡之间和地区之间的居民消费不平等程度也在不断增大，如何建立提高居民消费能力的长效机制成为值得研究的重要问题。构建提高居民消费能力的长效机制必须破解一些体制机制性障碍。我国城乡居民实际收入水平增长偏低、城乡居民各类收入的占比不合理、国民收入分配结构严重失衡、收入差距日益扩大已是不争的事实，失衡的收入分配体制机制成为提高居民实际消费能力的主要障碍。这一障碍可通过以下相关数据得以充分体现。

改革开放以来，城乡居民收入增长均滞后于经济增长。1979～2017 年大部分年份居民收入增长均滞后于经济增长。1978～2017 年，扣除物价上涨因素后，人均国内生产总值（GDP）实际年均增长率为 9.4%。而城镇居民人均可支配收入年均实际增长率仅为 7.4%，农村居民人均纯收入年均实际增长率为 7.7%，均低于人均 GDP 的实际增长率[1]。

城乡居民各类收入占比的不合理格局仍未改变。2000 年城镇居民财产性收入占可支配收入的比重为 2%，2017 年这一占比上升到 9.9%，城镇财产性收入严重依赖净利息收入，投资渠道单一。农村财产性收入占比从 2000 年的 2% 上升至 2012 年的 2.3%，仍然较低。农村转移性收入占比从 2000 年的 3.5% 上升至 2012 年的 8.7%，而城镇居民这一比重一般在 20% 以上，但近年来农村居民转移性收入增速加快，占比略高于城镇居民。2000～2017 年，城镇家庭人均工资性收入占人均可支配收入比重从 2000 年的 71.2% 不断下降至 2017 年的 61%。

---

① 相关资料均来自国家历年《中国统计年鉴》。

近年来，劳动者报酬在初次分配中的占比不断下降，初次分配和再分配中居民部门收入份额也大幅降低，国民收入分配格局明显向政府和企业倾斜。1992～2011年，劳动者报酬占国民总收入的比重由54.6%持续间断下降为2011年的47.5%，初次分配和再分配中居民收入所占份额分别下降了5.4和7.5个百分点。从2013年开始，劳动者报酬份额有改善趋势，2016年恢复到52.5%。

不同居民之间、城乡之间、城镇和农村内部、地区之间、行业之间的收入差距不断扩大，全国基尼系数从1981年的0.31上升至2018年的0.474；城乡居民人均可支配收入比从1978年的2.57扩大到2018年的2.69；1990年我国地区间最高工资与最低工资比为1.84，到2010年最高最低平均工资比上升为2.38；20世纪80年代，我国行业间工资收入差距基本保持在1.6～1.8倍，而2018年城镇非私营单位在岗职工工资最高的行业与最低的行业年平均工资之比高达4.05，远高于国际平均水平。

另外，我国的户籍管理制度，土地管理制度，城乡的教育、社会福利和社会保障制度等城乡二元体制都存在矛盾；不同群体社会保障标准差距较大、整体社会保障力度不够、社会保障待遇衔接及调整缓慢、社会保障制度碎片化等；地方政府财政支出对医疗、养老、教育、保障性住房、廉租房等公共服务领域投入相对不足，中等收入群体税负较重，房产税、遗产税尚未发挥调节作用等；暂时性、局部性的消费刺激政策体制机制等，逐渐成为进一步释放居民潜在消费能力的主要障碍。

因此，从长期来看，想要提高居民整体消费能力，急需改善制约居民实际消费能力增长的结构性收入分配不公（包括居民间收入差距与国民收入分配结构）和破解制约居民潜在消费能力释放的体制机制障碍。

我国"十二五"规划首次明确提出应建立扩大居民消费需求的长效机制，这标志着我国扩大消费正式进入制度化轨道。党的十七届五中全会指出，"坚持扩大内需特别是消费需求的战略，必须要增强居民的消费能力，充分挖掘内需巨大潜力，着力破解制约扩大内需的体制机制性障碍"；党的十八大提出，"须牢牢把握住扩大内需的战略基点，加快建立扩大居民消费需求的长效机制，释放居民的消费潜力"；党的十九大进一步强调，"完善促进消费的体制机制，增强消费对经济发展的基础性作用"。建立扩大居民消费的长效机制是加快转变经济发展方式的现实需要，也是解决现实民生问题的重要举措。从"建立"到"加快建立"扩大居民消费需求长效机制的政策主张来看，扩大消费已经成为近年来我国政府经济工作的重点，反映了经济持续健康增长运行需消费稳定增加的迫切要求。因此，本书将以收入分配和体制机制为重要突破口，进一步增强城乡居民的实际消费能力和释放城乡居民的潜在消费需求，构建提高城乡居民整体消费能力和扩大内需的长效机制，切实推进经济结构战略性调整和实现经济发展方式转变。

第二节 文献综述

关于如何扩大我国居民消费需求，国内学者已从多个方面进行了较为深入的研究。本书在绪论文献综述中仅从居民消费需求不足的原因；收入差距、收入分配结构与居民消费的关系；体制机制与居民消费的关系这三个方面的前期相关理论和实证文献进行简要梳理和评述，更为全面的研究进展可参见本书第三章至第十章中已有文献回顾部分。

一、中国居民消费需求不足的原因述评

什么原因造成中国居民的消费需求不足或增长缓慢？国内学者对这一问题给予了高度关注，其解释角度也不尽相同。大量文献中主要的解释因素包括收入水平和收入差距（杨天宇等，2008；方福前，2009；陈斌开，2012；汪伟等，2013；纪园园和宁磊，2018；臧旭恒等，2019）、社会保障（罗楚亮，2004；楚尔鸣，2008；白重恩等，2012；康书隆等，2017）、消费倾向和消费行为（金晓彤，2005；臧旭恒等，2007；陈宗胜和吴志强，2017）、人口年龄结构（汪伟，2008；顾和军等，2017；臧旭恒等，2019）、预防性储蓄和流动性约束（万广华，2001；杨汝岱等，2009；杭斌和余峰，2018）、金融抑制（骆祚炎，2008；陈斌开，2013；易行健和周利，2018）等。这些因素固

然重要，但它们未必是阻碍消费需求增长的根本因素。劳动收入在整个国民收入中所占的份额在一定程度上决定了居民实际购买力的大小，是内需能否扩张的关键因素（郑新立，2007；白重恩等，2009；汪伟等，2013）；体制机制不完善影响居民消费意愿和消费预期，在一定程度上制约了居民潜在消费能力的大小，是内需能否扩张的重要保证（王裕国，2010；余斌，2010；刘长庚，2018）。然而以结构性收入分配不公、体制机制因素为重点，全面分析导致我国消费需求不足原因的成果相对较少。

二、收入差距、收入分配结构与居民消费的研究述评

居民收入差距与居民消费的理论研究主要反映在西方各种消费函数中，一些经验文献也从不同角度揭示了居民内部收入分配与总消费之间存在相关性。德拉瓦莱和奥古齐（Della Valle and Oguchi，1976）、马斯格罗夫（Musgrove，1980）、卡特勒（Cutler，1992）等利用国外数据检验了收入分配与有效需求的关系，认为边际消费倾向确实同收入不平等存在负相关关系，但数据选择的不同会影响这种关系的显著程度。袁志刚等（2002）、臧旭恒等（2005）、李军（2003）、杨汝岱等（2007）利用中国数据，认为消费水平的上升与收入分配不平等或消费差距的降低具有相关性，且其长期影响尤为显著。李江一和李涵（2016）区分了收入差距对城乡居民消费结构的影响，认为城乡收入差距挤出了农村居民生存型和享受型商品消费，但会促进城镇居民享受型商品消费。纪园园和宁磊（2018）在相对收入假说框架下利用中国城镇住户调查数据分析发现收入差距扩大显著抑制了家庭消费。关于国民收入分配结构与居民消费问题，库吉斯（Kujis，2006）、阿齐兹和崔（Aziz and Cui，2007）认为导致中国内需不足（特别是消费需求不足）的原因在于居民收入占国民收入的比重持续下降。丁俊凯等（2014）认为中国投资率的提高造成国民收入分配中居民收入份额下降，导致消费率降低和消费需求结构恶化。蔡昉（2005）、汪同三（2007）、李稻葵等（2009）认为劳动收入份额与最终消费率呈现为显著的正相关关系，指出我国消费低迷并不是居民储蓄增加的结果，劳动收入份额的降低才是中国近年来消费低迷的主要原因。需要

指出的是，以上文献或者注意了国民收入分配结构对消费的影响，或者注意了居民收入差距的作用，却较少共同考察三者之间的关系，以及收入不平等、不同收入冲击对消费不平等的影响。

三、体制机制与居民消费的研究述评

有关制约居民消费的体制机制，研究文献主要集中于城乡二元体制、政府支出结构、财政金融体制、投资体制、消费环境、消费刺激政策等方面。城乡二元体制下的户籍制度、劳动就业制度、医疗制度、教育制度和社会保障制度的差异性长期存在，拉大了城乡收入差距，制约了农民消费能力的提高（白永秀，2010）。我国以政府投资为主的支出模式阻碍了社会公共福利的提高和公共消费的扩大（储德银和闫伟，2009；李晓嘉，2013）。当前以刺激投资和出口的财政金融体制是扩大内需的重要障碍，应注重处理投资财政和公共消费财政、投资金融和消费金融的辩证关系（夏斌，2010；郭春丽，2012）。多年来，以生产性投资为主的产业结构制约了居民消费需求增长和消费结构升级，应深化投资体制改革，使产业结构和消费结构协调发展（尹世杰，2010）。创新能力不足导致的产品与服务品质较低、市场分割以及政府过度干预是制约我国内需持续扩大、居民消费升级的障碍，通过创新发展和精细化生产提升产品质量，解决优质产品配套服务不足的问题，利用激励相容的机制设计统一市场促进产能出清是扩大内需、促进消费升级的有力措施（何代欣，2017）。消费环境的改善对消费结构的影响至关重要，改善农村消费环境是释放农民潜在消费需求的一项重要措施（屈韬，2009；刘雪梅，2013）。短期刺激政策仅是扩大消费的治标之方，而中国缺乏长期明确的消费刺激政策体系，应建立鼓励消费与可持续消费并重的政策体系（梁达，2010）。长期来看，需通过促进城乡协调发展、大力发展服务业、优化投资环境、促进区域协调发展释放内需增长潜力（黄茂兴，2012）。上述影响消费的体制机制因素研究较为分散，本书将以制度联动视角建立起提高居民消费能力长效机制的政策综合框架。

总体而言，学者们研究消费问题时，从刺激消费的对象来看，对如何提高

中低收入人群的消费能力没有引起足够重视；从刺激消费的区域来看，对如何提高中国落后地区特别是西部农村地区的消费能力重视不足；从刺激消费的因素来看，甚少专门建立收入分配、体制机制与居民消费需求的理论框架，忽视收入分配各变量以及收入分配与制度联动的交互作用，而这些交互影响恰恰反映了居民消费率下降的长期作用机制，并缺乏对中国多个微观数据库综合细致的实证检验；从刺激消费的政策体系来看，构建提高城乡居民整体消费能力长效机制的意义重大，但国内外文献较少涉及收入分配合理化指标体系和构建提高居民消费能力长效机制的政策体系等方面的理论分析。

第三节　研究思路、主要内容与研究方法

一、研究思路和研究框架

本书首先全面分析了我国总需求结构、消费投资结构、居民消费不足的基本特征事实，以及影响居民消费能力的收入分配与体制机制因素的主要特征及作用机理。其次设计如何增强居民实际消费能力和释放潜在消费能力两条研究主线，构建了基于"收入分配—提高实际消费能力"和"体制机制—提高消费意愿—释放潜在消费能力"传导路径的理论分析框架，拟就收入分配偏态、体制机制偏态与居民消费需求的关系，分别从国民收入分配结构、收入差距与消费需求；收入结构与服务消费需求；城市化水平与消费需求；收入不平等与消费不平等；养老保险、医疗保险与消费需求；退休养老制度与消费需求；政府支出结构与消费需求共七个方面进行细致的理论与实证研究。最后从完善收入分配等体制机制的宏微观视角，分析提高居民消费能力长效机制的关键、主要内容、主要目标、重点难点，并建立可操作性的提高居民实际消费能力长效机制的收入分配政策体系，以及构建释放居民潜在消费能力长效机制的体制机制改革政策体系。

由此，本书的基本逻辑思路是"理论—实证—政策"的层次推进方式，第二章为总体理论框架，第三至第六章为收入与实际消费能力的实证分析框

架，第七至第十章为制度与潜在消费能力的实证分析框架，具体篇章结构安排如图 1 – 1 所示。

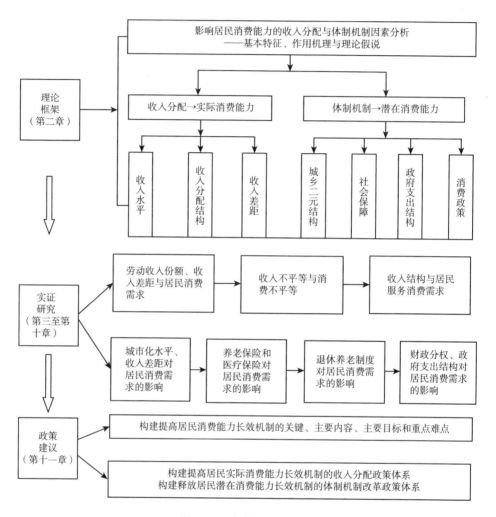

图 1 – 1　本书的基本框架

二、主要研究内容

本书共分为十一章，以下为各章节的主要内容和基本结论。

第一章为绪论，扩大居民消费是我国长期面临的老大难问题之一。本章首先从居民消费率长期偏低，近年来国家高度重视提高居民消费水平，但国家重视并未扭转居民消费需求不足态势的背景出发，得出要提高居民整体消费水平，急待改善制约居民实际消费能力增长的结构性收入分配不公和破解制约居民潜在消费能力释放的体制机制障碍。其次从居民消费需求不足的原因，收入差距、收入分配结构与居民消费的关系，体制机制与居民消费的关系三大方面简要进行了相关文献梳理。再其次指出了本书以如何增强居民实际消费能力和释放潜在消费能力这两大研究主线，研究国民收入分配结构、收入不平等、收入结构、城市化水平、养老保险、医疗保险、退休养老制度、政府支出结构与居民消费能力的关系，构建提高居民消费能力长效机制的收入分配和体制机制改革的政策体系。最后从研究视角、理论模型和研究方法三方面指出了本书的创新与不足，并总结了本书随后各章的一些重要观点。

第二章首先全面分析了总需求结构、最终消费支出结构、平均消费倾向和边际消费倾向、三大需求对 GDP 增长的贡献率和拉动、消费品零售总额与固定资产投资总额增长率、居民消费差距不断扩大等基本特征事实，从宏观层面上揭示了我国投资和消费失衡，居民消费需求不足的总体状况；其次从收入水平、收入来源结构、收入分配结构和收入差距等收入分配的长期变化特征，以及城乡二元结构、社会保障、政府支出结构、消费环境等体制机制视角，剖析了制约居民实际消费能力增长和居民消费潜力释放的政策背景、作用机理与形成原因。本章所归纳的关于消费需求、收入分配和体制机制的典型事实是后续各章研究的基础，为后续理论模型和实证研究提供所需解释的关键经济现象。

第三章建立了一个包含人力资本人口分组的新古典经济增长模型，从理论上分析了劳动收入份额、收入差距与总消费三者之间的关系，然后使用 1993 ~ 2017 年的省际面板数据，采用动态 GMM 估计方法，重点检验国民收入分配结构、城乡居民收入差距以及它们的交互作用对中国居民消费率的影响，揭示了中国消费率偏低的动态形成机制。研究发现，劳动收入份额和城乡收入差距是居民消费增长缓慢最根本的原因，劳动收入份额对居民消费的提升作用会随着城乡收入差距的持续上升而被弱化，尤其是城市化率比较低的地区。

第四章利用 1989 ~ 2009 年的中国家庭营养与健康调查（CHNS）数据，主要以家庭耐用品消费为例，对城乡耐用品消费不平等进行了度量和出生组分解，并与收入不平等进行了比较，同时探讨了收入不平等影响家庭耐用品消费不平等的作用机理。研究发现，耐用品消费不平等一直大于收入不平等，但近年来耐用品消费不平等不断下降而收入不平等却日益上升；更年轻的出生组具有更高的收入不平等和更低的耐用品消费不平等；无论是分时期还是分城乡，收入不平等都是耐用品消费不平等变化的最重要因素。

第五章利用 2000 ~ 2009 年的城镇住户调查（UHS）数据，详细度量了城镇家庭各种非耐用品消费不平等程度的大小，采用出生组分解和回归分解方法，探讨了城镇家庭消费不平等和收入不平等、消费不平等和服务消费不平等的形成机制。研究发现，2000 ~ 2009 年，收入基尼系数维持在 0.326 ~ 0.366，而城镇消费基尼系数由 0.32 增长至 0.384，2005 年开始消费不平等高于收入不平等。除食物消费不平等外，文化娱乐、汽车和住房消费不平等显著大于总消费不平等和收入不平等。更年轻的出生组（20 世纪 70 年代和 80 年代）存在更高的收入不平等和消费不平等。收入差距对总消费差距和文化娱乐消费差距的贡献度均达到了 40% 以上。

第六章采用 2000 ~ 2009 年的城镇住户调查（UHS）数据，在考虑家庭异质性因素基础上重点分析了收入结构对总消费、服务消费和服务消费结构的影响，数值模拟了改变中低收入家庭的收入结构对服务消费倾向的效应。研究发现，城镇居民工资性收入提高 1%，人均总消费提高 0.78%，而人均服务消费将提高 1.71%；增加低收入家庭的转移性收入 1%，服务消费将提高 2.09%，而人均文化娱乐支出会提高 4.83%；中等收入家庭的财产性收入增加 1%，家庭服务消费将提高 0.6%；数值模拟结果发现，增加低收入家庭的转移性收入和增加中等收入家庭的财产性收入，服务消费倾向将会大幅上升。因此，随着我国扩大内需的深入推进，培育新的消费增长点，发展服务消费日趋重要。

第七章采用 1982 ~ 2010 年 29 个省份的省际面板数据，重点检验了在城市化不同发展阶段背景下，我国城市化水平、城乡收入差距与居民消费需求三者之间的动态作用关系。结果发现，我国城市化水平与居民消费率总体上存在"U"型关系；而城乡收入差距与居民消费率则存在负向关系，城乡收入差距的不断扩大抑制了我国居民消费需求的增长；在城市化不同发展阶段，城市化水平、城乡收入差距对居民消费率的影响具有不对称效应。因此，构建提高居民消费能力的长效机制，需要以提升城市化水平和质量，缩小城乡收入差距为重要支撑。

第八章利用 2000～2009 年的城镇住户调查（UHS）数据，运用工具变量法解决模型内生性问题，分析了社会保险参与率和缴费率对城镇家庭消费的影响。研究发现，与未参保家庭相比，参与社会保险会增加城镇家庭消费 0.61%，但社保缴费率增加 1%，城镇家庭消费会降低 0.63%。从家庭类型来看，国有部门、高收入和年轻出生组的家庭社保缴费率对消费的抑制效应高于非国有部门、低收入和年老出生组家庭。从社保类型来看，养老保险缴费率增加 1%，消费会降低 2.58%；而医疗保险缴费率增加 1%，消费会增加 2.1%。从支出类型来看，养老保险缴费率对食品、衣服、教育、娱乐和交通等支出大类均具有显著抑制作用，但养老保险缴费率对小孩培训班、烟酒和在外就餐等支出细项却具有显著促进作用。

第九章基于国家统计局城镇住户调查（UHS）2000～2009 年的家户数据，利用退休制度对城镇男性户主退休决策的外生冲击，在断点回归设计框架下采用工具变量参数估计法和非参数估计法检验了我国是否存在退休消费困境，并探讨了在人口老龄化背景下退休抑制消费的原因。结果表明，退休显著降低了城镇家庭非耐用消费支出的 9%、食物支出的 20.1%、工作相关支出的 25.1% 和文化娱乐支出的 18.6%；消费骤降主要源于退休后与工作相关支出和文化娱乐支出的减少，企业职工、单身独居、教育水平较低和储蓄不足的老年家庭，退休后更易于降低非耐用消费支出；只有从非耐用消费支出中减去与工作相关支出和文化娱乐支出后，退休对家庭的其他消费支出才没有显著的抑制作用，平滑消费假说才能成立。

第十章基于 1994～2017 年中国 30 个省份的面板数据，构建了政府支出结构与居民消费的理论模型，研究财政分权体制下政府支出结构对居民消费的影响。研究发现，政府民生性支出对居民消费的拉动效果最为明显，而投资性支出对居民消费存在挤出效应，但估计结果不是很显著，消费性支出对居民消费存在明显的挤出效应。适度的财政分权加强了民生性支出对居民消费的挤入效应，但财政分权程度较高会削弱民生性支出对消费的影响。财政分权也会加强地方政府消费性支出对居民消费的抑制作用。三大地方政府支出的居民消费效应具有明显的城乡、区域和长期异质性。从民生性支出的消费挤入效应来看，城镇大于农村，东部和西部地区大于中部地区。民生性支出的长期挤入效应较强。

第十一章根据以上各章对我国消费需求不足的现状，以及收入和制度影响消费需求的理论研究与实证检验，有针对性地提出构建提高居民实际与潜在消费能力长效机制的关键、主要内容、主要目标、重点难点。在此基础上结合收入宏观层面"调整国民收入分配结构—提高消费率—缓解投资与消费结构失衡"，收入微观层面"缩小居民收入差距—提升总体消费倾向—促进消费需求增长"的传导路径，以及体制机制层面"破解体制机制矛盾—提高消费意愿—释放居民消费潜力"的传导路径，从收入增长政策、收入转移政策、消费激励政策等多方面构建提高城乡居民实际消费能力长效机制的收入分配政策体系，以及构建释放居民潜在消费需求长效机制的体制机制改革的政策体系，有针对性地提出立足于收入分配结构调整和破解体制机制矛盾，从而提高居民消费能力的对策建议。

三、主要数据来源和主要研究方法

本书在分析我国宏观总量消费特征事实的基础上，重点从居民和家庭微观层面上去探究收入分配结构、城市化水平、社会保障和政府支出结构等因素与居民消费之间的关系。因此，本书综合采用宏观总量数据和微观家户数据去展开研究。本书的宏观总量数据主要来源于各年的《中国统计年鉴》《中国区域经济年鉴》《中国财政年鉴》《中国人口年鉴》、县级财政数据、CS-MAR、CEIC等宏观数据库。本书的微观家户数据主要来源于国家统计局的城镇住户调查（UHS）。国家统计局的城镇住户调查采用分层（地级以上城市、县级市、县）抽样的方式获得样本，含有完善的家庭人口特征、家庭收入和消费等信息，该调查采用调查户每日记账的方式收集数据，获得的收入和消费数据更为详细和准确。此外，为了深入研究居民消费需求的不同影响因素，本书部分章节也采用了中国健康与营养调查（CHNS）、中国家庭金融调查（CHFS）、全国农民工监测调查、"中国居民收入分配课题组 CHIPs" 等微观数据库。

本书基于跨学科的分析视角，沿着"微观基础和宏观政策相结合"的演进路线，采用"以理论分析为基础，实证分析为重点"的理论与实证相结合的方式进行研究。根据各部分内容的不同要求，本书的主要研究方法如图1-2所示。

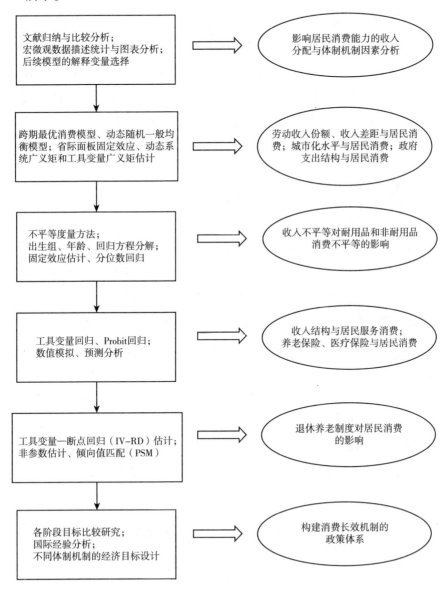

图1-2 本书的研究方法

理论研究部分：主要基于消费理论、收入分配理论、财政理论、经济增长理论、区域均衡发展理论、动态一般均衡理论相结合的多视角经济理论框架，构建了"收入分配→提高实际消费能力"和"体制机制→提高消费意愿→释放潜在消费能力"传导路径的理论分析框架和动态一般均衡模型，采取跨期动态规划、随机优化和随机模拟等分析方法，从理论上探讨了我国收入分配偏态、体制机制偏态与居民消费需求的关系。

实证研究部分：本书从第三章实证部分开始，每一章的内容都是针对具体问题的实证分析，广泛运用了上述微观和宏观数据库进行细致的实证检验，具体表现为：（1）关于收入偏态、体制偏态与有效需求不足的实证研究，主要运用动态面板计量经济模型、系统 GMM 等方法进行经验测度和实证检验。（2）关于消费不平等出生组分解的实证研究，采取综合比较各种不平等度量指标，利用方差分解和回归分解等方法，将我国城镇居民消费和收入不平等分解为出生组组间不平等和出生组组内不平等，并检验了老龄化等各种效应的大小。（3）关于退休制度对消费影响的因果效应，本书采用标准的政策评价方法，利用强制退休制度的准自然实验去识别退休决策，使用工具变量和断点识别（IV \ RD）参数估计和非参数估计两种方法，识别退休对消费的因果效应，有效避免可能存在的内生性问题。（4）有关收入再分配政策的消费效应评估，本书分别测度增加转移性收入和财产性收入，降低养老保险缴费率和医疗保险缴费率等再分配政策对居民各类消费的不同影响效应，并进行收入分配调整的政策选择与效果模拟，为第十一章探求消费长效机制的各类具体目标提供参考。

政策建议部分：采用历史分析、具体案例分析和跨学科分析方法，阐释中国国民收入的初次分配和再分配、体制机制改革等宏观调控政策对消费需求影响的历史演进过程。采用宏微观视角相结合，探索并提出构建收入分配合理化指标体系和提高居民消费能力长效机制的政策优化体系。

第四节　研究创新点与存在的不足

本书主要有以下四个方面的可能创新点。

第一，研究视角较新。我国扩大消费需求是一项系统性工程，以往文献对影响消费的体制机制因素研究较为分散，目前还缺少一个完整、逻辑结构严密且适合于我国构建消费需求长效机制的理论和实证研究框架。本书以农村和中西部地区为重点区域、以中低收入人群为重点对象，从破解收入分配等多体制机制障碍来探讨如何提高居民实际消费能力和释放居民潜在消费能力问题，建立提高我国居民整体消费能力长效机制的理论和经验分析框架，在国内外尚缺乏系统全面的研究成果。

第二，理论模型有所拓展。针对传统生命周期—持久收入"LC－PIH"模型的不足，结合随机系统最优控制理论和动态一般均衡理论，本书第三章建立了适合我国劳动者报酬、收入差距与消费需求的动态优化模型，揭示了收入偏态与有效需求不足的内在机理和动态规律，在一定程度上拓展了收入分配和消费需求问题的理论研究视野。本书第十章在已有政府支出总量与消费需求关系的理论模型上，拓展到政府支出结构与各类消费效应的理论模型，在校验模型现实解释能力的基础上对不合理的政府支出结构导致的各类消费效应进行了传导机制和实证研究。

第三，研究方法有所拓展。以往国内外研究大多侧重在整个生命周期框架内研究人口老龄化对消费的影响，尚缺少文献采用标准的政策评价方法，利用强制退休制度的准自然实验去识别退休决策，研究退休对消费影响的因果效应。本书第九章在准自然实验条件下使用 IV＼RD 参数估计和非参数估计两种方法，识别了退休对消费的因果效应，有效避免了可能存在的内生性问题；从消费支出类型和家庭类型的异质性系统地研究了我国城镇家庭退休消费下降的形成原因。本书第六章和第八章分别测度了增加转移性收入和财产性收入，降低养老保险和医疗保险缴费率等再分配政策对居民各类消费的影响效应，并进行了收入分配调整的政策选择与效果模拟，为第十一章探求消费长效机制的各类具体目标提供参考。

第四，政策建议具有实际意义。本书有针对性地提出了构建提高居民实际与潜在消费能力长效机制的关键、主要内容、主要目标、重点难点。并在此基础上结合收入宏观层面"调整国民收入分配结构—提高消费率—缓解投资与消费结构失衡"，收入微观层面"缩小居民收入差距—提升总体消费倾向—促进消费需求增长"的传导路径；以及体制机制层面"破解体制机制矛盾—提高消费意愿—释放居民消费潜力"的传导路径。政府主要破解路径应为"以收入分配制度改革为根本保证、以城乡统筹制度为重要引擎、以社会保障制度为坚实后盾、以财政金融制度为协助动力、以社会信用制度为基本前提"的综合配套改革，并在此思路基础上提出可操作性的构建提高居民实际消费能力长效机制的收入分配政策体系，以及构建释放居民潜在消费能力长效机制的体制机制改革政策体系，有助于为国家收入分配制度改革和消费刺激政策的进一步细化和明朗化提供某些启发性思路。

从本书目前的分析来看，还存在一些明显的不足，主要体现在以下四点。

第一，从研究对象来看，体制机制对居民消费的影响是多方面的，本书仅从不合理的收入分配体制、城乡二元体制、社会保障体制、财税体制、消费政策等视角研究居民消费，仍不够全面细致；中国经济进入新常态，矛盾的主要方面在供给侧，而本书更多侧重于研究扩大居民消费的需求侧因素。此外，本书部分章节的实证研究由于数据原因，没有涉及广大的农村居民家庭；对世界各国体制机制影响居民消费需求的基本规律缺乏相应的国际比较分析。

第二，从理论模型来看，有关我国各体制机制与消费需求的理论模型，仍需构建更深入全面的动态随机一般均衡模型，缺乏一个考虑地区异质性的城市化水平、收入差距与消费需求关系的 DSGE 模型，没有构建考虑中央政府和地方政府偏好异质性的政府支出结构与消费需求的 DSGE 模型，以及缺乏收入冲击与消费不平等的理论模型构建。

第三，从经验研究来看，由于全国性的微观住户数据不可得和不完善，本书中缺乏细致的城乡收入差距和消费差距、不同收入阶层的收入差距和消费差距的度量比较分析；关于社保对居民消费的影响，使用的是一省微观数据，缺乏全国性的实证检验，此外社保仅考虑了养老保险和医疗保险，没有涉及低保、失业保险；城市化水平、收入差距与消费需求的关系，在模型设定和反事实数值模拟等计量方法上仍需进一步改进。

第四，从政策建议来看，由于所掌握的影响消费的各种政策资料和数据有限，本书无法运用结构方程模型，提出一套全面的长效机制指标体系和政策优化体系，仅从已有国内外文献和各国发展经验的基础上对这一问题进行了描述统计分析和经济目标设计。

第五节　主要观点与结论

　　提高居民消费能力是直接扩大内需、实现经济持续稳定快速增长的重要途径，更是加快转变经济发展方式、保障和改善民生的根本出发点和落脚点。"十三五"时期，是全面深化改革的攻坚时期，是全面建成小康社会的决胜时期段。本书在全面深化改革和全面建设小康社会的背景下主要从完善收入分配等体制机制视角，构建提高居民实际和潜在消费能力的长效机制，以下总结了本书各章一些重要观点。

　　第一，近年来，"两个不同步"（即城乡居民收入水平与经济增长不同步，劳动报酬增长率与劳动生产率不同步）和"两个偏低"（即居民消费在 GDP 中的比重偏低，劳动报酬在国民收入中的比重偏低）严重阻碍了我国居民消费需求增长的进程。中国消费需求不足不仅表现为整体性不足，更表现出结构性不足。这种结构性不足具体表现为：从城乡分布来看，城镇居民消费份额过多，而农村居民消费需求相对不足；从区域分布来看，东部地区消费份额较大，而中西部地区相对较低；从部门构成来看，政府消费需求较多，而居民消费需求相对不足；从消费人群来看，高收入群体消费总量贡献较多，中低收入人群消费不足；从消费种类来看，公共服务消费需求增速较快，而非公共服务消费需求增速较慢。当前，进一步扩大居民消费需求，既要重视有效增强居民的实际购买力，也要重视释放居民的潜在消费力，应从收入分配和体制机制入手，建立我国提高居民实际和潜在消费能力的长效机制。

　　第二，劳动收入份额和城乡收入差距是影响居民实际消费能力的主要决定因素。劳动者报酬和收入差距的不同测算方法对居民消费的效应大小具有异质性。城乡二元结构、社会保障、人口年龄结构、政府支出结构和消费环境等体制机制变量对进一步释放城乡居民消费潜力有一定影响。我国城镇化水平与居民消费率总体上存在"U"型关系，在城镇化的不同发展阶段，这种影响具有不对称效应。政府民生性支出对居民消费的拉动效果最为明显，投资性支出和消费性支出对居民消费存在挤出效应。适度的财政分权加强了民生性支出对居民消费的挤入效应，但财政分权程度较高会削弱民生性支出对消费的影响，财政分权也会加强地方政府消费性支出对居民消费的抑制作用。已实施的部分"增支、减税"等政策对西部地区、中低收入群体具有一定的增收效应和消费刺激效应，但扩大居民消费需求的任务仍任重道远。

第三，从 2005 年开始，我国城镇居民的消费不平等开始大于收入不平等。除食物消费不平等外，文化娱乐、汽车和住房消费不平等显著大于总消费不平等和收入不平等。年轻的出生组（20 世纪 70 年代和 80 年代）存在更高的收入不平等和消费不平等。收入差距是总消费差距和文化娱乐消费差距扩大的主要原因。而 1989 ~ 2009 年，我国耐用品消费不平等一直大于收入不平等，但近年来耐用品消费不平等不断下降而收入不平等却日益上升，年轻出生组具有更高的收入不平等和更低的耐用品消费不平等，农村中高端耐用品消费市场仍有很大潜力。

第四，增加低收入家庭的转移性收入和增加中等收入家庭的财产性收入，这些家庭的服务消费倾向和总消费倾向将会大大上升。与未参保家庭相比，参与社会保险会增加城镇家庭消费 0.61%，但社保缴费率增加 1%，城镇家庭消费会降低 0.63%，说明政府降低居民特别是城镇中等收入群体的社保负担将拉动居民消费增长。退休人口和非退休人口在消费行为上存在显著差异，退休显著降低了城镇家庭非耐用消费支出的 9% 和文化娱乐支出的 18.6%，对于企业职工、单身独居、教育水平较低和储蓄不足的老年家庭而言，退休后更易于降低非耐用消费支出。延迟退休年龄，从短期来看将有利于扩大城镇居民消费，影响社会总需求。

第五，建立提高居民消费能力的长效机制，归根到底要建立增加城乡居民收入的长效机制和破解制约消费体制机制障碍的长效机制，但关键在于建立城乡居民收入稳定增长、收入差距逐步缩小的长效机制。应注重从收入的宏观层面"调整国民收入分配结构—提高消费率—缓解投资与消费结构失衡"；收入的微观层面"缩小居民收入差距—提升总体消费倾向—促进消费需求增长"；政策的支撑层面"以收入分配制度改革为根本保证、以城乡统筹制度为重要引擎、以社会保障制度为坚实后盾、以财政金融制度为协助动力、以社会信用制度为基本前提"的综合配套改革。具体应健全体制机制，加快收入分配改革、破除城乡二元结构、完善促进消费需求增长的税收体制、增加和改善公共服务支出的比重和结构、提高城市化水平和质量、转变政府职能、构建长短结合的消费政策体系等，从而在保持居民消费购买力可持续增长的基础上，建立长期保证消费需求正常扩大并发挥其拉动经济增长功能的制度体系。

本书未来研究的方向为：更为细致的评估收入分配、社会福利、农村土地流转、供给侧改革、个税改革等非消费政策干预对居民消费需求和消费升级的影响，加强那些直接针对消费问题政策的消费效果评估，以及评估和预测延迟退休等尚未执行的政策对居民消费需求的可能影响；拓宽消费和收入数据的覆盖面，进一步补充和完善关于我国城乡大宗消费品、城乡公共服务消费、财富不平等、空间消费经济学、消费流动性等消费前沿问题的研究；以满足城乡居民的基本消费权益为目标，探讨城乡家庭基本消费清单；进一步完善构建提高居民消费能力长效机制的各阶段指标体系和发展方向等。

第二章
影响居民消费能力的收入与制度因素分析

第一节　我国消费需求变化的基本态势与存在的问题

扩大居民消费需求是保持中国经济可持续增长的持久动力和主要途径。尤其在经济增速放缓和国际贸易争端加剧的背景下，提升我国居民消费具有促进经济结构转型、助力高质量发展和经济增长稳定器的重要作用。本节将主要根据国家统计局年度数据，全方位分析改革开放以来我国城乡居民消费需求变化的特征事实和存在的问题。

一、改革开放以来我国消费需求变化的基本特征

总体来看，改革开放以来我国消费需求总量呈现平稳较快增长趋势，城乡居民消费能力大幅提高，居民生活水平和质量得到极大改善。居民消费需求呈现出的基本特征具体主要表现为以下五个方面。

（一）居民消费需求规模和消费市场规模不断扩大

改革开放以来，随着收入水平的较快增长，我国城镇居民家庭人均消费性支出由 1978 年的 311 元增长到 2017 年的 24445 元，增长了 77.6 倍，年均

名义增长 19.4%，扣除价格因素，年均增长 3.1%；农村居民家庭人均消费性支出由 1978 年的 116 元增长到 2017 年的 10955 元，增长了 94.4 倍，年均名义增长 23.6%，扣除价格因素，年均增长 3.7%。① 与此同时，全国社会消费品零售总额 1978 年仅为 1559 亿元，到 2017 年社会消费品零售总额为 366261.6 亿元，增长了 234.9 倍，年均名义增长 5.87%。②

（二）城乡消费结构加快升级，生活水平、质量较大改善

改革开放以来，我国城乡居民的消费结构明显得到优化。1978 年，城乡居民的恩格尔系数分别高达 57.5% 和 67.7%，到 2017 年，城乡居民恩格尔系数分别下降到 28.6% 和 31.2%，城乡恩格尔系数分别下降了 28.9 和 36.5 个百分点。除恩格尔系数不断下降外，城镇和农村居民享受型消费和发展型消费比重逐步提高，城乡居民享受型消费和发展型消费占总消费支出的比重分别由 1990 年的 13.1% 和 11.3% 提高到 2018 年的 65.3% 和 64.5%，城乡居民生活基本达到了小康水平。我国城乡居民的居住条件得到极大改善。2016 年，城镇居民的人均住宅面积约为 36.6 平方米，比 1978 年增加了 29.6 平方米；而农村居民的人均住房面积约为 45.8 平方米，比 1978 年增加了 37.8 平方米。我国城乡家庭消费领域不断得到拓展，彩电、电冰箱、空调、电话等一般耐用消费品在城镇基本普及，在农村家庭也逐步普及；城乡家庭电脑、汽车、单反相机等高档耐用消费品的拥有量也正在大幅提高。基于网络的商品和服务消费已成为扩大消费的重要新生力量。近年来，随着我国移动通信、互联网、物流配送系统、互联网金融的迅速发展，网络消费在扩大居民消费，特别是文化消费、服务性消费支出中扮演着越来越重要的角色。③ 据统计，我国部分区域的网络消费增速远高于实体的社会消费品零售额增幅，其占我国社会消费品零售总额的比重稳步上升。

---

① 如果没有特别指出，本章数据均来自或通过国家统计局网站的年度数据或各年《中国统计年鉴》和各省统计年鉴有关数据计算而得，部分缺失数据通过 CSMAR、CEIC 宏观数据库获得。

② 在 1992 年以前，社会消费品零售总额称为社会商品零售总额。

③ 近年来，我国电子商务市场进入快速发展期，呈现持续迅猛增长的势头。根据中国互联网络信息中心发布的《中国互联网络发展状况统计报告》，截至 2014 年 1 月，我国网民规模已高达 6.18 亿，互联网普及率到 45.8%。其中，手机网民规模高达 5 亿，且仍将继续保持稳定增长。

(三) 不断扩大的城乡、区域、不同居民之间的消费差距趋势有所缓解

随着国家对农村的扶持力度不断加大，农村劳动力市场的流动、农村居民的转移性收入和工资性收入增速加快，城乡家庭的人均消费性支出差距由 2005 年的 3.72 倍下降为 2017 年的 2.23 倍。随着"西部大开发"、振兴"东北老工业基地"以及"中部崛起"等促进我国区域协调发展战略的实施，中西部地区居民收入逐步提高，消费能力有所增强，各区域间的消费差距均得到一定程度的遏制。2005 年东部人均消费支出分别是中部、西部和东北地区的 2.3 倍、2.0 倍、1.6 倍，而 2017 年分别为 1.8 倍、1.9 倍、1.7 倍。此外，随着近年来国家大力推进农村社会保障体系和增加城镇中低群体收入的政策，城镇内部和农村内部消费差距的高度不均等状态也在改善。城镇最高 10% 消费组和最低 10% 消费组之比、城镇最高 20% 消费组和最低 20% 消费组之比、农村最高 20% 消费组和最低 20% 消费组之比分别从 2009 年的 5.9 倍、4.2 倍、3.2 倍下降到 2012 年的 5.2 倍、3.8 倍、2.8 倍。

(四) 消费环境得到改善，促进居民消费的相关政策逐步出台

40 年来，改革开放为促进居民消费创造了较好的经济环境，促进消费的有关政策陆续出台，使消费政策开始逐步完善。一方面，市场机制在消费品的生产和消费中已经发挥基础性的配置作用，如 2007 年底，社会消费品零售总额中政府定价比重仅为 2.6%，政府指导价比重为 1.8%，市场调节价比重为 95.6%；自 1992 年以来，消费品供应逐渐丰富，商品供求关系已从"卖方市场"转变为绝大多数商品供大于求的"买方市场"，基本满足了居民日益增长的消费需求；随着国家促进流通服务消费增长的政策措施进一步落实，流通成本大幅降低，流通效率逐步提高，形成了较为有利的消费市场环境。另一方面，扩大消费需求的政策体系逐步形成，采取了开展"新农合"和"新农保"、取消农业税、降低利息税、调高个税起征点、调整汽车消费税、发展互联网金融等政策措施，并实施了"家电下乡""家电以旧换新""万村千乡市场工程"等措施，进一步创新了消费促进方式，促进了消费政策的系统化、体系化，有效地拉动了居民消费增长。

（五）消费需求是稳定经济增长的主导力量，需求结构开始改善

改革开放以来，与投资和出口相比，我国消费的波动相对平稳，与经济增长周期基本同步，消费需求成为拉动经济增长最稳定的因素。这尤其体现在投资收缩期，由于消费下降缓慢，在投资下降初期消费降幅很小甚至会提高，因而对于经济衰退具有自发的抑制作用。如国际金融危机后2008年我国GDP增长率快速回落至9%，投资率也由2007年的20.2%下降到15.2%，然而消费的实际增长率不但没有下降，反而比2007年上升了2.3个百分点。与此同时，消费结构升级会带动产业结构升级，并使主导产业成为经济增长的主要动力，拉动经济的持续增长。近年来，我国城镇居民在"住"和"行"方面的消费需求增长较快，对房地产、基础设施、汽车等相关产业的发展具有重要的支撑和促进作用。根据投入产出表的计算，2012年与居民"住"和"行"相关的消费拉动工业总产出20%以上。近几年来，在积极扩大内需战略的激励下，我国内需对经济稳定增长的带动作用有所增强。尤其是在应对全球金融危机冲击中，内需的强劲增长对实现经济平稳发展起到了较为关键的作用。据统计，2017年我国最终消费支出、资本形成总额、货物和服务净出口对经济增长贡献率分别为57.6%、33.8%和8.6%，内需稳定上升的贡献率弥补了外需的不利冲击。

二、改革开放以来我国消费需求存在的问题

（一）我国最终消费率和居民消费率呈不断下降趋势，投资消费比例失衡

改革开放以来，我国经济保持持续快速增长，低（居民）消费、高投资和高净出口是总需求结构的基本特征，形成了经济增长严重依赖投资和净出口拉动的局面。多年来，最终消费相对于投资与净出口增长缓慢，最终消费占GDP比重在小幅波动中呈持续下降趋势，投资与消费的失衡不断加大，消费不足态势凸显。具体来看，根据图2-1可知，1978~1981年最终消费率由62%小幅升高至67%；1981~1995年最终消费率由67%逐步下降为58%，年

均降幅为 0.6 个百分点；1995~2000 年最终消费率由 58% 略回升至 62%；2000~2010 年消费率急速下滑，由 62.3% 快速下降到 48.2%，达到改革开放以来的最低点，2017 年最终消费率回升至 53.6%。

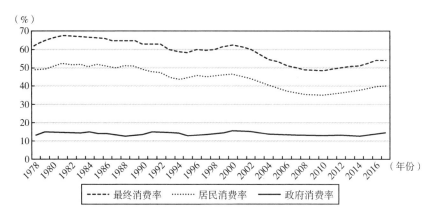

图 2-1　最终消费率、居民消费率和政府消费率的演变

根据图 2-1 可知，与最终消费率下降一致，我国改革以来的居民消费需求变动趋势也表现出全方位的持续下降。居民消费率从 1978 年的 48.8% 下降为 2017 年的 39%，政府消费率基本在 13%~17% 小幅波动，居民消费率远低于一般发展中国家和发达国家。可见，居民消费支出占 GDP 比重的下降是最终消费支出占比下降的主要原因，单纯依靠政府消费增速不能充分发挥其对居民消费的拉动作用和对总消费率的平衡作用。如果分城乡来看，农村居民消费率除了 1978~1983 年的短暂回升之外，一直呈快速下降态势，城镇居民消费率在 2000 年之后也出现了缓慢下降趋势。

（二）消费对经济增长的贡献率不高且呈下降趋势

改革开放以来，我国经济取得了显著的成绩，但从动力来源看，需求结构的贡献率很不稳定，但主要还是来自投资需求。近年来，在拉动经济增长的"三驾马车"中，投资的作用在增强，而消费对 GDP 的贡献呈下降之势。根据图 2-2，在 20 世纪 80 年代中后期以前，最终消费的贡献率远高出资本形成、净出口的贡献率，基本保持在 60% 以上。20 世纪 90 年代，我国消费需求对 GDP 的贡献率波幅较大，从 1990 年的 39.6% 震荡上行至 1999 年的

65.1%。而进入 21 世纪后，我国消费需求对 GDP 的贡献率不断下降，从
2001 年的 50.2% 持续下降为 2007 年的 39.6%，2017 年缓慢回升至 57.6%。
近年来投资贡献率呈稳定上升趋势，成为拉动我国经济快速增长的最主要因
素，2001～2017 年投资贡献率平均为 49.6%，高于这一期间消费贡献率 48%
的平均值。相对于消费需求和投资需求，进出口对经济增长的拉动作用波动
更大，在 1985 年、1993 年、2009 年出现过三次净出口拉动经济增长为负的
较大贡献率，分别为 - 66.4%、- 38.1%、- 37.4%。虽然从整个世界范围
来看，我国居民消费总量的增长速度并不慢，但是与 GDP 增长率相比仍显滞
后，我国消费需求的增速严重滞后于经济增长速度。

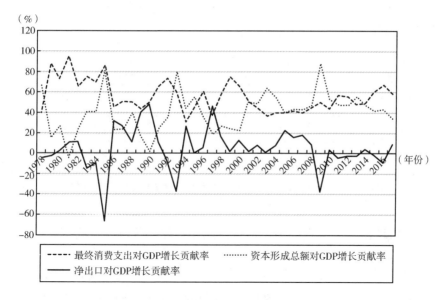

图 2 - 2　三大需求对 GDP 增长的贡献率

（三）社会消费品零售总额的增速远低于固定资产投资总额的增速

改革开放以来，全社会消费品零售总额的名义增长率都远低于全社会固
定资产投资总额的名义增长速度。根据图 2 - 3 可知，1982～1988 年，社会消
费品零售总额的增速与固定资产投资总额的增速较为一致，1989 年固定资产
投资总额的增速出现了负增长，但 1991～1996 年固定资产投资总额的增速呈
现出井喷状态，平均增速度达 31.4%，而社会消费品零售总额的平均增速为

22.9%。2001 年以后，社会消费品零售总额名义增长率一直保持在 10% ~ 20% 小额震荡（平均增长率 15.1%），远低于 17.9% 的同期投资名义增长速度。此外，与固定资产投资增长速度一致，投资率在此期间也形成了三个高投资驱动阶段，第一次为 1984 ~ 1988 年，名义投资率连续 5 年超过 40%，第二次为 1992 ~ 1994 年，名义投资率平均高达 42%，创了历史新高，引发了较高的通货膨胀率；第三次是 2002 年以来，名义投资率连续 6 年超过 40%，引发了 2005 年开始的经济局部过热。[①] 可见，我国经济整体过热或局部过热一般都是由于投资规模过大、投资增长速度过快引起的。

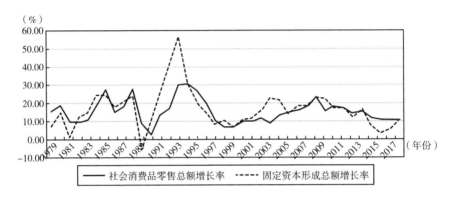

图 2 - 3　社会消费品零售总额与固定资产投资总额的增长率变化

（四）城镇居民家庭的平均消费倾向和边际消费倾向持续下降

根据图 2 - 4 可知，1980 ~ 2017 年，城乡居民平均消费倾向分别由 0.86 和 0.85 下降至 0.67 和 0.82，其中城镇居民平均消费倾向的下降趋势比农村居民更为严重，自 1988 年以来我国城镇居民家庭平均消费倾向基本呈持续下降趋势，2005 年开始城镇居民平均消费倾向一直低于农村居民平均消费倾向，且差距呈现扩大的趋势。

根据图 2 - 5 可知，相比平均消费倾向，城乡的边际消费倾向波动更大。大部分年份城镇的边际消费倾向都低于农村边际消费倾向，尤其是 2002 年以

---

　　① 资料来源于中经网统计数据库。全社会消费品零售总额实际增长率是其名义增长率剔除 CPI 后的数据；全社会固定资产投资总额实际增长率是其名义增长率剔除固定资产投资价格指数后的数据。

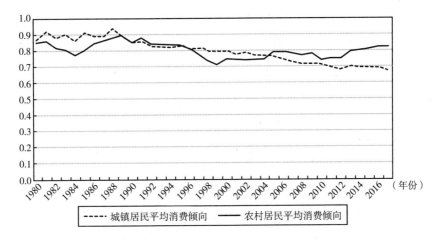

图2-4 城乡居民平均消费倾向

注：城镇/农村居民平均消费倾向和边际消费倾向由城镇/农村居民人均收入、人均消费支出计算得出。2013年以前的城镇/农村居民收支数据来源于独立开展的城镇住户抽样调查和农村住户抽样调查，2013年及以后数据来源于国家统计局开展的城乡一体化住户收支与生活状况调查，与2013年前的分城镇和农村住户调查的调查范围、调查方法、指标口径有所不同。

来下降更为明显，城镇的边际消费倾向由0.86下降至0.49，而农村边际消费倾向基本维持在0.7以上。

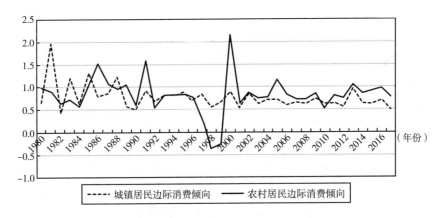

图2-5 城乡居民边际消费倾向

注：城镇/农村居民平均消费倾向和边际消费倾向由城镇/农村居民人均收入、人均消费支出计算得出。2013年以前的城镇/农村居民收支数据来源于独立开展的城镇住户抽样调查和农村住户抽样调查，2013年及以后数据来源于国家统计局开展的城乡一体化住户收支与生活状况调查，与2013年前的分城镇和农村住户调查的调查范围、调查方法、指标口径有所不同。

家庭消费倾向是影响消费意愿的一个重要因素，城镇家庭消费倾向（消费意愿）不断降低，抑制了城镇居民提前消费的信心，加剧了我国最终消费率的下降。

（五）消费差距不断扩大

第一，城镇居民、农村居民和农民工消费差距不断扩大。

从图 2 - 6 可以看出，城乡居民之间的消费差距一直处于较高水平，即使是在改革初期，得益于农村经济体制改革先于城镇，城乡居民之间消费差距有暂时性下降，但消费差距仍在两倍以上。从 1985 年开始，消费差距出现了快速的上升，1991 年城乡消费差距超过 3 倍，此后震荡上升，2004 年至最高点 3.84 倍。从 2010 年开始，城乡消费差距开始了一定程度的下降。从城乡消费比重结构来看，近年来城镇居民消费规模扩大呈加速趋势，1992 ~ 2017 年，城镇居民消费占居民消费的比重由 55.1% 升至 78.6%，农村居民消费占比由 44.9% 降至 21.4%，降低了 23.5 个百分点。从农村居民消费占总体居民消费的比重上看，1978 ~ 1984 年均保持在 60% 以上，从 1985 年开始（除 1996 年略微回升外）这一比重基本持续下降，2017 年农村居民消费占总体居民消费的比重仅有 21.4%。

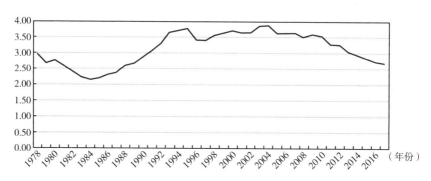

图 2 - 6　城乡居民消费差距的演变

不仅城乡之间存在较大的差距，城镇农民工家庭与农村居民之间的消费差距仍然非常明显，农村家庭人均消费支出远远低于农民工家庭。根据 2009 年全国流动人口卫生计生动态监测调查数据，2009 年农民工家庭户均支出达到 30394.3 元，人均消费支出达到 6972.3 元，而同年农村人均消费支出为

3993.5 元，农民工与农村居民消费支出比为 1.75 倍。此外，从支出结构来看，农村家庭和农民工家庭之间的耐用品差距也很大，特别在空调、电冰箱、洗衣机、电脑、汽车等高档耐用消费品拥有量方面差距显著。2009 年农民工家庭建房及装修、大件耐用消费品支出增加明显，合计占家庭人均支出的 44.8%，同比提高了 5.5 个百分点。根据 2017 年全国流动人口卫生计生动态监测调查数据，2017 年农民工家庭在流入地户均支出达到 44426 元，人均消费支出达到 20365 元，而同年农村人均消费支出为 10955 元，农民工与农村居民消费支出比为 1.86 倍。

第二，城镇内部消费差距整体高于农村内部消费差距。

图 2-7 给出了城镇内部和农村内部不同收入组之间的消费差距。根据图 2-7，从城镇内部来看，自 2002 年以来，城镇内部居民不同收入阶层的消费差距总体呈扩大趋势。最高 10% 与最低 10% 之比、最高 20% 和最低 20% 人群组之比分别从 2002 年的 3.8 倍、3.5 倍上升至 2012 年的 5.2 倍、3.8 倍，说明收入分布的高端人群与低端人群的消费差距越来越大。这种比率的变化也具有一定的阶段性，2002～2007 年各年份中这一比例的上升幅度不断加快，但从 2008 年以来按等分组的城镇内部收入差距出现了缓慢下降。

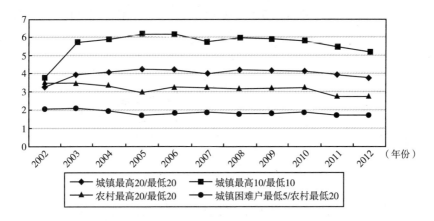

图 2-7 城乡居民内部消费差距的变化（等分组）

注：由于 2012 年后统计数据不再报告五等分的城乡消费情况，故图中仅报告了 2002～2012 年的城乡分组比较结果。

根据图 2-7 可知，从农村内部来看，最高 20% 与最低 20% 之比表现出一个先下降、后上升、再下降的过程。2002～2005 年，最高 20% 与最低 20% 之比表现出明显的下降趋势，这一比例由 3.5 倍持续下降至 3 倍，2006～2010 年这一比例基本稳定在 3.24 倍左右，2010 年以后开始下降，2012 年这一比例降低至 2.8 倍。说明相比城镇内部消费差距，农村内部消费差距一直低于城镇居民。城镇困难户最低 5% 人群组与农村最低 20% 人群组的消费差距，由 2002 年的 2.1 倍下降至 2012 年的 1.7 倍，其中这一比例的变化趋势与农村最高 20% 与最低 20% 之比的变化趋势几乎一致。说明城乡低收入阶层之间仍存在一定的消费差距，但基本呈现缩小趋势。由于不同收入阶层的需求偏好和消费倾向不同，消费差距的扩大极易造成消费断层，进而影响整体消费结构的优化。

第三，地区之间消费差距开始放缓。

图 2 - 8 给出了 1999 年以来东部、中部、西部、东北部人均消费水平的差距变化特征。我国东部地区由于率先发展起来，相比于西部、中部和东北部地区，全社会固定资产投资占比和人均 GDP 上升在东部地区最快。从图中可知，东西部之间的消费差距最大，东部与东北部、东中部之间的消费差距要小些。近十年来，地区消费差距之间大致经历了由上升到开始下降的相同变化趋势。1999～2005 年，中国收入最高的东部地区和最低的西部地区之间的消费差距由 2.1 倍上升至 2.3 倍，东部和东北部、东中部之间的消费差距分别从 1.3 倍、1.8 倍上升至 1.6 倍、2.0 倍。

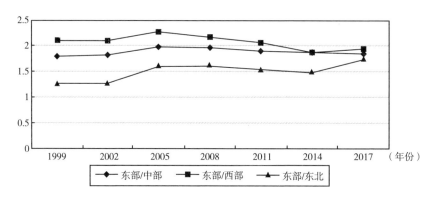

图 2 - 8 地区之间的消费差距

2000 年以来，为促进区域间协调发展，我国政府相继作出了实施"西部大开发""振兴东北老工业基地""促进中部地区崛起"等重大战略决策。特别是近年来，我国区域发展战略向纵深层次推进，区域间的产业梯度转移步伐开始加快，中西部地区的经济发展潜力不断得到释放，东、中、西部地区之间经济社会发展的协调性得到一定程度增强。据统计，2017年中部、西部、东北地区的固定资产投资占全国固定资产投资总额的比重分别为25.9%、26.5%和4.9%，比2000年提高了8.4个、7.4个和−3.5个百分点。此外，我国区域间发展的协调性增强，也促进了地区之间消费差距的缩小。根据图2−8我们发现，2005～2017年，东部与中部、西部之间的消费差距均出现了不同程度的下降，尤其是东部与西部之间的消费差距下降幅度最大。但东部与东北地区的消费差距在2014年之后有扩大倾向，这也可能反映了近些年东北地区经济发展后劲不足的问题。

值得指出的是，由于统计方法的限制，一些学者认为我国居民消费率存在一定程度的低估，主要认为：第一，住房等服务性消费统计方法存在缺陷。我国居民自有住房是按照成本法计算的，但近年来房地产市场的快速发展使得住房租金出现上扬，自有住房消费按成本法计算会比按市场租金计算存在低估。第二，网络消费等新兴电子商务消费规模上不全面。新兴服务业的不断涌现拓宽了服务业涵盖的范围，但目前对服务业的统计存在遗漏，造成居民消费的真实水平被低估。然而，上述因素并不会影响目前居民消费水平偏低的特征事实。

本章第一节对总需求结构，最终消费需求结构，平均消费倾向和边际消费倾向，三大需求对GDP增长的贡献率和拉动，消费品零售总额与固定资产投资总额增长率，城乡、地区、不同居民之间的消费差距等基本特征的全面分析，从宏观层面上揭示了改革开放以来我国投资和消费失衡，居民消费需求不足的总体状况。研究发现，改革开放后我国消费呈现出以下特征事实：中国消费需求不足一方面表现为整体性不足。最终消费率（特别是居民消费率）基本呈持续下降趋势，低于国际水平；消费对经济增长的贡献率不高，我国最终消费、居民消费年均实际增长率低于GDP实际增长率；社会消费品零售总额的增速远低于固定资产投资总额的增速。另一方面也表现出结构性不足。从部门构成来看，政府消费需求较多且较为稳定，而居民消费需求相对不足；从城乡分布来看，城镇居民消费需求过多，而农村居民消费需求相对不足；从区域分布来看，东部地区消费需求较大，而中西部地区相对较低；

从消费人群来看，高收入群体消费量较多，中低收入人群消费量不足；从消费种类来看，公共服务消费需求较多，而非公共服务消费需求相对不足；从消费差距来看，城乡消费差距在拉大，城镇内部消费差距整体高于农村内部消费差距；从消费倾向来看，居民平均与边际消费倾向呈长期下降态势，预防储蓄在增加；从消费结构来看，中国居民消费结构正在由生存型向发展型、由物质型向服务型升级，服务消费、信息消费、绿色消费、时尚消费、品质消费、农村消费等新消费，将是我国消费升级的重要领域。

在上述已有消费需求不足的严峻形势下，我国消费需求增长还将面临一系列棘手的新挑战。未来我国经济增长速度将适度放缓，这可能会引起较长时期的产业结构调整、就业和收入增长预期下降，给国内消费需求持续稳定增长带来不利的影响；转变经济发展方式、跨越"中等收入陷阱"形势严重，要求尽快优化消费需求结构，充分释放消费需求潜力；资源环境压力日益加大和应对气候变化要求尽快形成可持续的消费模式；全球经济环境正在缓慢复苏或抵抗衰退时期，国际贸易保护主义会时而加剧，国内经济发展对内需依赖程度将不断加大。因此，新的发展阶段各方面矛盾都要求更加注重扩大消费需求，必须加快转变经济发展方式，破解体制机制矛盾，更加注重依靠经济增长的内生动力支撑和带动经济发展。

第二节　影响提高居民实际消费能力的收入分配基本特征

经过30多年的经济转型，中国经济发展出现了两个显著特征：一是经济持续高速增长；二是居民消费需求持续下降。从居民消费需求持续下降的原因来看，收入分配等体制机制问题的长期积累是导致我国居民消费需求不足的根本因素。本章第二节和第三节将主要从收入和制度视角，分别概述改革开放以来我国收入分配、城乡二元结构、社会保障、政府支出结构、消费环境等影响居民消费需求的主要政策，为理解居民消费需求不足的形成提供政策背景，在此基础上剖析收入分配制约居民实际消费能力和体制机制矛盾制约居民消费潜力释放的作用机理。

我国居民收入水平增长偏低、国民收入分配结构失衡以及居民收入差距日益扩大已是不争的事实，这成为提高居民实际消费能力的主要障碍。近年来，国民收入分配格局向政府和企业倾斜明显，国民收入在初次分配中的劳动份额不断下降，从 1996 年的 51.2% 持续下降为 2009 年的 38.5%；城乡居民人均收入比从 1990 年的 2.2 扩大到 2009 年的 3.3；城乡相对收入差距的基尼系数从改革开放前的 0.16 左右上升到 2007 年的 0.45。此外，我国城乡二元体制、户籍就业政策、政府支出结构、财税金融体制、投资体制、消费环境、消费刺激政策等体制机制的不完善，也逐渐成为进一步释放居民潜在消费能力的主要障碍。因此，从长期来看，提高居民整体消费能力，急待改善结构性收入分配不公（包括居民间收入差距与国民收入分配结构）等制约消费的体制机制障碍。

为了更好地从收入分配体制机制层面来分析消费需求不足的原因，本节将依据相关收入统计数据和收入不平等指数，分别从影响居民消费需求的收入水平、收入来源结构、收入分配结构和收入差距的长期变化特征进行分析。

一、收入水平增速偏低

改革开放以来，党中央、国务院多次强调：要深化收入分配制度改革，努力实现城乡居民收入增长和经济发展同步、劳动报酬增长和劳动生产率提高同步，一定程度上促进了城乡居民收入和财富的快速增长。据统计，2017年，我国城镇居民人均可支配收入 36396 元，比 1978 年增长了 106 倍；农村居民人均可支配收入 13432 元，比 1978 年增长了 100 倍。此外，城乡居民拥有的财富显著增加。截至 2012 年末，城乡居民人民币储蓄存款余额达 39.96万亿元，比 1978 年末增长 1896 倍，年均增长约 24.9%，城乡居民财富拥有量的增长速度远高出城乡居民收入的增长速度。

我国城乡居民收入虽然显著提高，但城乡居民收入增长速度仍明显滞后于经济增长。城乡居民收入增长缓慢制约了消费扩大，这是近年来我国消费率偏低、消费对经济增长贡献率连续下降的一个重要原因。

从图 2-9 可以看出，1979~2017 年大部分年份居民收入增长均滞后于经济增长。1978 ~ 2017 年，扣除物价上涨因素后，人均 GDP 实际年均增长率为 9.4%。而城镇居民人均可支配收入年均实际增长率仅为 7.4%，农村居民人均纯收入年均实际增长率为 7.7%，均低于人均 GDP 的实际增长率。特别是 20 世纪 90 年代后农村居民收入增长缓慢，1990 ~ 2009 年，城镇居民的人均可支配收入平均增长幅度高达 8.3%，而农村居民的这一增长幅度仅为 5.3%。因此，农村居民收入增长缓慢制约了农村居民消费需求的扩大。

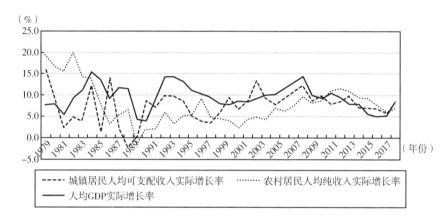

图 2 - 9　城镇居民可支配收入、农村居民纯收入和 GDP 的增长率

值得提出的是，近年来政府对提高居民收入和改革收入分配制度的力度和决心加大，城乡居民收入与国内生产总值的匹配性进一步提高，从 2010 年开始城乡居民年均实际收入增长率普遍高于 GDP 年均实际增长率，且农村居民人均纯收入年均实际增长率高出了城镇可支配收入的实际增长率。

二、收入来源结构不合理

近十几年来，城乡居民各类收入占比发生了显著变化，但收入占比的不合理格局仍未改变。从表 2 - 1 可以看出，2000 ~ 2017 年，城镇家庭人均工资性收入占人均可支配收入比重从 2000 年的 71.2% 不断下降至 2017 年的 61.0%。一般而言，城镇家庭的房产、股票、保险等财产性收入应远远高于农村家庭，但从城镇收入结构比例看，2000 年和 2017 年城镇财产性收入分别仅占总收入的 2.0% 和 9.9%，城镇家庭财产性收入比例偏低且上升较慢，财产性收入严重依赖净利息收入，投资渠道单一。近年来，可能得益于个体经营者人数增加，个体工商户增值税和营业税起征点提高，税赋降低，城镇经营性收入比重相对提高较快。虽然城镇企业退休人员基本养老金水平和最低生活保障标准在不断改善，但城镇转移性收入比重并没有大幅提高。一般而言，家庭非基本收入的消费需求和服务消费需求的边际消费倾向更高，城镇家庭财产性收入、转移性收入等非基本收入来源占家庭总收入的比重较低，抑制了服务消费的快速增长。

表 2-1   城乡家庭收入来源结构占比   单位:%

各类收入	城镇			农村		
	2000 年	2010 年	2017 年	2000 年	2010 年	2017 年
工资性收入	71.2	65.1	61.0	31.2	38.8	40.9
经营性收入	3.9	8.2	11.2	63.3	45.2	37.4
财产性收入	2.0	2.5	9.9	2.0	3.3	2.3
转移性收入	22.9	24.2	17.9	3.5	7.2	19.4

根据表 2-1 可知，对于农村而言，经营性收入和工资性收入一直是农村家庭的主要收入来源。2000 年和 2017 年，两种收入之和占家庭总收入的比重均在 78% 以上。近年来，农村家庭对这两种基本收入的依赖程度有所下降。但相对城镇家庭，农村家庭在这两种基本收入来源的占比仍然很高。

随着市场经济的发展和农民收入水平的提高，农民财产性收入来源日趋多元化，财产性收入有较大提高。但农村居民财产性收入总量小，占比低的情况仍比较突出。从表 2-1 中可以看出，农村财产性收入占比从 2000 年的 2% 上升至 2013 年的 2.3%，但仍然较低。

近年来，以"三农补贴"为主的国家政策性补贴逐渐提高，农村居民"新农保""新农合""低保"等社会福利标准逐步提高，农村居民转移性收入增速明显提高，农村转移性收入占比从 2000 年的 3.5% 上升至 2017 年的 19.4%，这一比重逐步赶上城镇居民。

因此，农村居民转移性收入和财产性收入过低，农村再分配调节不足和农村投资渠道有限，制约了农村家庭实际消费能力的提高。

三、收入分配结构失衡

劳动者报酬占 GDP 的比重和居民收入占国民收入的份额不断下降已经引起社会的广泛关注。20 世纪 90 年代以来，我国消费率持续下降，特别是居民消费率降幅较大，与我国失衡的收入分配结构直接相关。

图 2 - 10 描述了 1992 以来我国劳动者报酬的基本格局变化。根据图 2 - 10 可知，1992 ~ 1999 年，劳动者报酬在要素收入分配中的比例基本稳定在 52% ~ 55%，这与发达国家的情况也基本相符。但在 2000 ~ 2004 年，劳动者报酬比例出现了大幅下降，2004 年由于统计口径变化，劳动者报酬在 GDP 中所占比例出现短暂上升，2005 年后又出现快速下降，这一趋势一直到 2012 年。[1] 而 2000 年以后，我国企业营业盈余和政府税收净额却是不断上升的。从 2013 年开始，呈现出明显的改善趋势，2016 年恢复到 52.5%。

经济发展过程中劳动者报酬不断走低在一定程度上与国家的经济发展战略选择相关。我国较长时期内的经济发展模式表现出比较强烈的资本密集型特征。在改革过程中，基于资本短缺的状况，某些政策也倾向于通过压低劳动报酬以提高资本收益，从而达到提高资本积累和引进外资的目的（王小鲁，2012）。因此，劳动者的权利和收益不能得到很好的保护，导致了劳动报酬占国内生产总值的比重在一个较长的时期中呈现下降趋势，这是中国收入不平等程度不断提升的根本原因之一，进而会导致社会总体消费需求下降。

在初次分配中，劳动者报酬、生产税净额、资本收入（包括财产收入和经营性留存）分别是居民部门、政府部门和企业部门的主要收入来源。国民收入的再分配以各部门初次分配收入为起点，经过收入税、社会保险缴款或福利、社会补助，以及其他经常性转移等再分配项目，形成可支配收入。表

---

① 一些学者认为由于采用错误统计口径计算劳动者报酬比重，我国劳动者报酬占 GDP 比重一直在下降，其原因是农村经济的纯收入包括其劳动要素对 GDP 的贡献在下降，而不是全社会公司化和工薪制就业的劳动者报酬在 GDP 中的比重在下降（华生，2011）。目前，如果综合考虑劳动者、资本和国家三大分配主体的所得情况，那么中国劳动报酬在 GDP 中所占份额为 47% 左右；无论是基于哪一种统计口径，中国劳动报酬占 GDP 的比重都是偏低的，与其他中等收入和高收入国家相比尤其如此。

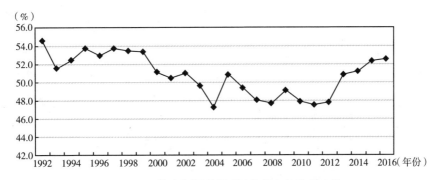

图 2 - 10　劳动者报酬占国民总收入的比重变化

资料来源：图中的劳动者报酬占比利用 2004 年经济普查之后调整过的资金流量表数据计算而成，原始数据来源于《中国资金流量表历史资料：1992 - 2004》和相应年份《中国统计年鉴》资金流量表的实物交易部分。①

2 - 2给出了 1992 ~ 2016 年政府、企业（金融部门和非金融部门）和居民部门在初次分配总收入结构和可支配总收入结构的比重变化。

表 2 - 2　　　　　　　　政府、企业和居民三者分配关系　　　　　单位：%

年份	初次分配总收入结构			可支配总收入结构		
	政府	企业	居民	政府	企业	居民
1992	16.57	17.37	66.06	19.96	11.70	68.34
1993	17.29	20.10	62.61	19.65	15.73	64.62
1994	17.08	17.77	65.15	18.51	14.53	66.96
1995	15.22	19.53	65.25	16.55	16.22	67.23
1996	16.62	16.90	66.48	17.88	13.69	68.44
1997	17.08	16.90	66.02	18.30	13.10	68.60
1998	17.74	16.19	66.06	18.13	13.45	68.41
1999	17.15	17.81	65.05	18.10	14.70	67.20
2000	17.65	18.96	63.39	19.20	16.60	64.20

---

①　劳动者报酬可以通过资金流量表、省际收入法和投入产出表三种方法计算出来，但每种方法的结果由于统计口径不同而有所差异，本节中的劳动者报酬是根据资金流量表数据计算而得。资金流量表反映了初次分配阶段 GDP 按劳动者报酬、生产税净额、财产收入和经营性留存划分的要素分配。与收入法 GDP 的要素分类相比，区别仅在于它们对资本收入的划分，在资金流量表中资本收入被分为财产收入和经营性留存，而收入法 GDP 则将其分为固定资产折旧和营业盈余。在理论上，资金流量表中劳动者报酬、生产税净额和资本收入在 GDP 中的占比应与收入法 GDP 相同（白重恩等，2009）。

续表

年份	初次分配总收入结构			可支配总收入结构		
	政府	企业	居民	政府	企业	居民
2001	12.67	21.40	65.93	15.01	18.92	66.07
2002	13.94	21.57	64.49	16.23	19.34	64.43
2003	13.62	22.28	64.09	16.09	19.94	63.97
2004	13.74	25.12	61.14	16.43	22.51	61.05
2005	14.20	24.52	61.28	17.55	21.60	60.84
2006	14.53	24.74	60.73	18.21	21.54	60.25
2007	14.74	25.65	59.61	19.01	22.10	58.89
2008	14.73	26.61	58.66	18.98	22.74	58.28
2009	14.58	24.73	60.69	18.28	21.19	60.53
2010	14.99	24.51	60.50	18.41	21.19	60.40
2011	15.38	23.95	60.67	19.19	20.03	60.78
2012	15.63	22.73	61.65	18.47	19.54	61.99
2013	15.22	24.12	60.66	19.77	18.94	61.29
2014	15.24	24.67	60.09	20.50	18.85	60.65
2015	14.95	24.16	60.89	19.81	18.55	61.64
2016	14.46	24.25	61.28	20.01	17.89	62.10

注：采用 2004 年经济普查之后调整过的资金流量表计算而得。

资料来源：《中国资金流量表历史资料：1992－2004》和相应年份《中国统计年鉴》资金流量表的实物交易部分。

表 2－2 给出了 1992 年以来我国政府、企业和居民三者之间的分配关系，可以发现：第一，1992～2016 年居民收入所占份额呈持续下降的态势，初次分配总收入结构中居民收入所占份额下降了 4.78 个百分点，可支配总收入结构中居民收入所占份额下降近 6.24 个百分点。与此相对应的是，企业收入所占份额大幅上升，1992～2016 年企业收入所占份额从 17.37% 上升到 24.25%，政府收入份额比较稳定。第二，收入再分配存在向政府倾斜的现象。自 2002 年以来，居民收入份额经过再分配后所占的份额低于初次分配，而政府收入份额经过再分配后所占份额高于初次分配，这与李实等（2013）的结果相一致。

此外，根据统计资料，我国居民工资增长速度长期低于财政收入增长速度。1979～2008 年，财政收入年均实际增长率高达 15%，而我国职工的年均实际工资增长率仅为 7.7%。尤其自 1996 年开始我国财政收入总额呈逐年大幅增长之势，而无论是职工工资总额的增速，还是职工工资水平的增速均非常缓慢。

消费者为何没有消费能力？从我国收入分配格局不合理来看，主要表现为：在国民收入的初次分配格局中，我国居民部门的收入占比总体呈下降的趋势；在国民再分配收入的格局中，可支配收入占 GDP 比重下降幅度也较大，其中劳动者报酬占比下降是居民可支配收入占比下降的最重要原因，居民的财产性收入占比、居民从政府那里得到的转移支付占比、居民经营性收入占比都在下降，而居民所交的税收占比、居民净社保缴费占比却在上升；中低收入阶层占比明显偏低，由于高收入阶层的收入在居民总收入中占比较高，必然会造成边际消费倾向和平均消费倾向的下降，进而影响消费支出的增长。

四、收入差距不断拉大

本节将分别从全国性收入差距、城乡收入差距、地区收入差距、行业间收入差距来仔细分析我国居民收入差距的基本特征。

（一）全国收入差距不断拉大

改革开放以来，政府一直高度重视收入分配体制改革，但居民收入差距仍呈现出不断扩大的趋势。图 2－11 给出了改革开放以来我国收入差距的整体变化，可以发现，中国社会各阶层的收入差距在不断拉大，基尼系数从 1981 年的 0.31 上升至 2008 年的 0.491，特别从 20 世纪 90 年代中期以来，基尼系数呈逐年快速递增的趋势。尽管 2008 年后呈现下降趋势，但到 2017 年依然保持在 0.467 的水平。

（二）城乡居民收入差距不断扩大

长期以来，我国城乡居民之间的收入差距一直居高不下。改革初期，城乡收入比在 2.5 倍左右，相对较低。由于农村经济体制改革先于城市，20 世

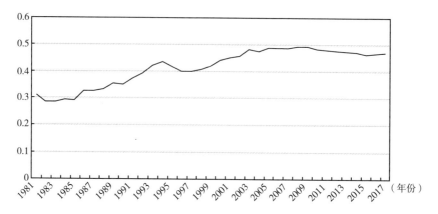

图 2－11　全国基尼系数的变化

资料来源：1981～2002 年数据来自拉瓦利昂和陈（Ravallion and Chen，2007）；2003～2017 年数据来自《中国住户调查年鉴》。

纪 80 年代初期城乡居民收入比降到 2 以下，存在大幅度下降，但城乡居民的收入之间始终保持着一定差距。从 20 世纪 80 年代中期开始，城乡收入差距逐步上升，特别是 90 年代开始了快速扩大的趋势。2002 年，城乡收入比达到 3.11，首次超过 3，且此后城乡收入差距一直维持在 3 以上，2009 年最高为 3.33，而世界上多数国家这一比例在 1.6 以下。值得提出的是，从 2010 年开始，城乡收入比开始下降，2017 年这一占比为 2.71，下降到 2000 年以来的最低点，如图 2－12 所示。

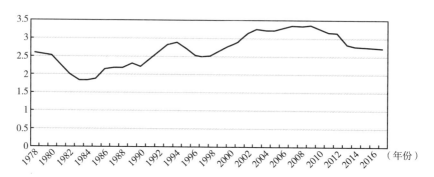

图 2－12　城乡居民收入差距的演变

注：城乡收入差距＝城镇人均可支配收入/农村人均纯收入。

资料来源：各年《中国统计年鉴》。

我国城乡居民之间存在完全不同的社会保障福利待遇,如果从福祉的角度来考察城乡居民的差异性,可能会远远大于上述用货币收入衡量导致的城乡收入差距。尽管近年来,政府加大了农村社会福利体系的建设力度,如农村社会养老保险、新型农村合作医疗及农村义务教育经费减免等,但农村社会福利体系发展相对滞后的状态并没有产生根本性改善。根据罗楚亮和李实(2006)对2005年城乡居民福利规模的比较,研究发现:城镇居民在养老、医疗、义务教育、最低生活保障、住房、就业和生育的福利收入总额为17480亿元,占GDP总量的9.6%,人均量为3113元,人均福利相当于人均收入的30%;而农村居民在养老、医疗、义务教育、最低生活保障的福利收入总额为2144亿元,占GDP总量的1.2%,人均量为288元,人均福利相当于人均收入的8.9%。因此,可以看出,农村居民各项社会保障福利制度的覆盖范围与保障程度都远低于城镇居民,如果从城乡福利的角度来考察城乡居民收入,则这种差距会更大。

除城乡间的收入差距在拉大,城乡内部的收入差距也呈不断扩大之势。根据李实等(2013),改革开放以来,无论是城镇还是农村的内部收入差距均一直处在上升状态,农村居民收入基尼系数从1978年的0.21上升到2007年的0.37,城镇居民收入基尼系数从1978年的0.16上升到2007年的0.34,农村内部收入差距一直都高于城镇内部。

从不同收入群组的收入占比来看,全社会高收入阶层与低收入阶层的收入差距也明显拉大。近年来,城镇内部各阶层之间收入差距的扩大速度明显加快,高收入户的收入增长速度远超过了低收入户的收入增长。1999年20%的城镇高收入户收入占当年城镇居民总收入的42.4%;而2012年20%的高收入者的收入占总收入的46.2%,20%的低收入者的收入仅占总收入的6%。

城乡居民的财富差距也较大。根据2011年的CHFS调查数据,平均来看,中国城市家庭的金融资产为11.17万元,非金融资产为145.7万元,资产合计为156.9万元,城市家庭财富净值为146.8元。而中国农村家庭金融资产为3.1万元,非金融资产为12.3万元,资产合计为15.4万元,农村家庭负债总额为3.6万元,农村家庭财富净值为11.8万元。城乡内部的财富和资产差距也很不均等。2011年处于资产分布90%以上分位数家庭的资产占社会总资产比例为85%，处于财富分布90%以上分位数家庭的财富占社会财富的比例高达86.7%，城市这一比例更高，达到了89.5%（中国家庭金融调查研究报告，2012）。

根据2017年的CHFS调查数据测算，2016年最高20%收入阶层的家庭总储蓄几乎相当于全国储蓄总额的77.1%，其持有的金融资产总额占全国金融资产总额的59.9%。农村地区更明显，农村地区最高20%收入阶层的家庭储蓄总额接近农村居民总储蓄的81.6%。而低收入阶层中大多数家庭为负储蓄，收不抵支的现象十分严重。2016年全国41.8%的家庭当年储蓄为负。高收入家庭的消费远超低收入家庭。2016年收入最高20%的家庭消费金额达12.4万元，而收入最低的20%家庭仅消费2.7万元。

此外，发达国家是橄榄型社会结构，而我国是典型的金字塔型结构，中等收入人群比例小，这样的收入和财富结构同样制约了居民消费的扩大。

（三）地区间的收入差距位居高位

不同区域的经济政策优势不同，地区政策倾斜使得区域发展不平衡，这既是地区间收入差距拉大的重要原因，也是造成不同地区同一社会阶层居民收入差距不断拉大的原因。

根据《中国统计年鉴》的相关数据，我国收入最高的东部地区和最低的西部地区间的人均GDP之比在20世纪80年代大致在2.2，从90年代开始逐渐扩大，2017年达到3.2。而东部和中部地区、东北地区间的收入差距均低于东西部间的收入差距。

虽然地区人均GDP近年来存在缩小趋势，但地区工资差距却呈不断上升趋势。从地区工资水平看，1990年我国地区间最高工资与最低工资比为1.84；到2017年最高工资与最低工资比上升为2.37，其中北京市平均工资最高，而河南省最低。

（四）行业之间的收入差距远高于国际水平

20世纪80年代，我国行业之间的工资收入差距基本保持在2倍以下，与多数国家行业工资差距较为接近。数据显示，20世纪90年代我国行业间的工资收入差距上升较为平缓，但 2000 年以后我国行业间收入分配向技术密集型、资本密集型行业和新兴产业倾斜，尤其是垄断行业的收入非常高，行业收入差距出现了急剧跳跃。2003 年城镇单位在岗职工工资最高的行业与最低的行业年平均工资之比为 3，2008 年达到最高点，行业工资比为 4.3，2009 年开始出现小幅下降。2012 年，城镇单位在岗职工工资最高的行业与最低的行业年平均工资之比为 3.65，其中最高的信息传输、计算机服务和软件业年平均工资为 133150 元，工资最低的农林牧渔业年平均工资仅为 36504 元，绝对工资差距达到 96646 元。2018 年城镇非私营单位在岗职工工资最高的行业与最低的行业年平均工资之比为 4.05，其中最高的信息传输、计算机服务和软件业年平均工资为 147678 元，工资最低的农林牧渔业年平均工资仅为 36466元，绝对工资差距达到 111212 元。也就是说，信息传输、计算机服务和软件行业职工单个季度的工资几乎相当于农林牧渔行业职工的全年工资，行业差距远高于国际水平。

2003～2017 年最高/最低行业收入差距如图 2－13 所示。

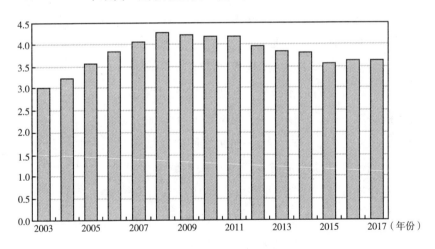

图 2－13 最高/最低行业收入差距

注：最高/最低行业收入差距＝城镇单位就业人员最高行业的平均工资/城镇单位就业人员最低行业的平均工资，原始数据来源于各年《中国统计年鉴》。①

———————————

① 国家统计局城镇住户调查数据 2002 年之前的行业分类包括 16 个行业，而 2003 年以来行业分类更为细致，包括 19 个行业，为了有可比性，我们仅用了 2002 年以后的数据。

如果我们把各类福利补贴等其他收入也包括进城镇行业工资中，那么不同行业之间分布的不平等程度会更高。近年来，企业高管薪酬与普通职工收入之间的差距不断扩大，部分私营企业、简单劳动者的工资明显偏低。据统计，2017 年我国上市公司高管平均年薪为 111 万元，是当年全国普通职工平均工资（7.61 万元）的十几倍。企业职工行业平均工资之间的不平等可能也会大于城镇职工行业平均工资之间的不平等。此外，收入分配秩序不规范问题仍然突出。例如各种腐败现象和"灰色收入"现象，少数部门的不合理高收入，国家监管不到的地下经济，国家税收制度对高收入的调控失灵。如果把这一部分不规范收入考虑进去，中国居民收入不平等程度还会更高（王小鲁，2012）。

总体来说，上述分析了改革开放以来我国收入水平、收入来源结构、收入差距、收入分配结构等收入分配体制存在的长期矛盾，收入分配问题既阻碍了居民消费能力的提高，也阻碍了消费结构的升级，主要表现为：

第一，居民收入在国民收入分配中的比重偏低、劳动报酬在初次分配中的比重偏低制约了我国总体消费能力的提高。收入是决定消费的根本性因素，消费能否快速增长在很大程度上取决于收入的增长状况，我国城乡居民收入增速滞后 GDP 增速，抑制了我国实际消费能力的增长。城乡居民收入增速偏低的同时，收入分配格局不合理的问题也越来越突出，居民收入占比和劳动收入份额的持续下降，直接造成了我国居民消费率持续降低。

第二，城乡之间、行业之间、居民之间以及城乡居民内部消费差距也日益提高，不利于推动整个消费需求的扩张和城乡居民消费结构的优化升级。根据边际消费倾向递减规律，随着收入的增长，边际消费倾向趋于降低，不均衡的居民内部收入分配会使得消费总量减少。一般来说，高收入居民的消费倾向较低，而低收入居民的消费倾向较高。因此，如果收入分配更加平等，则会提高整个社会的消费倾向；反之，收入分配差距越大，社会的消费倾向就越低。从城乡、行业以及居民之间收入分层情况来看，目前我国收入水平和增速较快的是边际消费倾向较低的高收入群体，而边际消费倾向较高的中低收入群体增长缓慢。特别是中等收入群体收入增速较低必然会造成整体消费倾向不高、有效需求不足，这也从总量上制约了我国消费规模的增速。由于中等收入家庭收入比重较小，造成对耐用消费品、住房、交通通信、文化教育、娱乐服务等重点消费领域的支出较少，也难以通过这些消费需求的带动效应拉动其他上下游产业发展。

第三，收入差距阻碍了城乡居民消费结构的优化升级。对于城乡低收入群体，虽然自身边际消费倾向较高，对新产品、新服务具备较大的消费潜力和消费意愿，但由于收入水平相对较低，再分配的转移收入也不足，造成消费结构升级有限。对于城乡中等收入群体，虽然已经具备一定的消费能力，但由于所拥有的社会财富比重较小，难以对消费结构升级提供更加有力的支撑。对于城乡高收入阶层，大部分高中档消费品的消费需求已经趋于饱和，正在将消费兴趣集中于更加高端的产品服务，消费领域出现个性化、小众化趋势。因此，只有合理的收入分配格局才有利于加快拉动消费结构升级。

第四，城乡居民的收入分配和再分配政策效果非常有限，抑制了城乡居民消费需求的扩大。一方面，城镇的"低保"和"失业保险"政策对于缓解城镇贫困具有较大的作用，但对于缩小城镇收入差距的作用则相当有限，且过高的医疗保险、养老保险等缴费率降低了城镇居民的可支配收入。一些促进收入差距扩大的制度性和政策因素仍在发挥很大的作用，垄断行业的超高工资问题仍没有得到解决，这不仅扩大了城镇内部的收入差距，而且带来了严重的社会收入分配不公。另一方面，农村贫困标准在过去30多年间呈现增长趋势，贫困救助标准不断提高，但农村的"低保"政策对缓解农村收入差距的作用也相当有限。1985年，我国农村贫困标准为每人每年206元，约为当年农民人均纯收入的50%，虽然此后根据物价指数逐年进行了调整，2011年11月扶贫标准进行了大幅上升，由2010年的1274元提高到2300元，但这也仅相当于2011年农民人均纯收入的33%。与世界发达国家的贫困救助支出相比，我国城镇和农村的低保支出占财政支出的比例仍非常低。低收入群体和贫困人口的消费能力提高，有助于刺激消费和扩大内需，而我国城乡低收入群体和贫困人口在再分配和扶贫政策的帮助下提高收入的能力有限，缩小收入差距的作用有限，这不利于城乡消费需求的扩大。

第三节　影响释放居民潜在消费能力的体制机制基本特征

深化制约居民潜在消费能力释放的体制机制改革是加快建立扩大消费需求长效机制的关键和制度保证。多年来，一些体制机制矛盾制约着居民消费，但从 2000 年以来我国采取了户籍制度改革、劳动力市场制度建设、农村补贴、教育"两免一补"、社会保障制度改革、个人所得税起征点调整、家电下乡等一系列影响城乡消费需求的相关政策措施，取得了一定的进展，但仍有很多亟待解决的问题。本节主要阐述除收入因素外，影响我国居民潜在消费能力释放的基本特征，体制机制矛盾制约居民潜在消费能力释放的传导机制，以及与消费需求相关的现行体制机制仍需改进的地方，为本书后续的实证分析提供政策背景，为构建释放居民潜在消费能力长效机制的政策建议提供启发性思路。

一、城乡二元结构抑制了居民潜在消费能力的释放

2002 年，党的十六大报告明确提出了我国城市化应坚持走大中小城市和小城镇协调综合发展的道路，从而改变了改革开放以来长期实行的"农村人口就地城镇化"的小城镇化模式。2012 年，党的十八大指出推进经济结构战略性调整，应以推进城镇化为重点，提升城镇化水平和质量。2013 年，十八届三中全会进一步指出，城乡二元结构是制约我国城乡发展一体化的主要障碍，应该健全体制机制，逐步形成以工促农、以城带乡、工农互惠、城乡一体的新型工农城乡关系，让广大农民平等参与现代化进程、共同分享现代化成果。

改革开放以来，我国城镇化进程不断加速。1978～2017 年，城镇化水平由 17.9% 上升到 58.52%，上升了近 41 个百分点；城镇总人口年均增加 1602.5 万人，而乡村总人口则年均减少 533.8 万人。

随着我国城镇化和工业化进程的不断加快，城镇吸纳就业的能力也在不

断增强。据统计，1978～2017 年，城镇就业人员占全国就业总人数的比重从 24% 上升到 54.7%，乡村就业人员占比从 76% 降低至 45.3%。大量农村富余劳动力向非农产业有序转移，根据《全国农民工监测调查》数据可知，2017 年我国农民工数量达到 2.87 亿人。近年来，在城市化战略调整背景下，我国城市化效率有所提升，众多研究认为城市化对增加和聚集我国居民消费的拉动机制逐步形成，城市化有利于激发我国居民的消费潜力。

虽然 30 多年来我国城镇化进程总体呈不断上升之势，但随着工业化和城市化进程加快，城乡社会经济差距逐渐拉大，城乡之间的二元经济社会结构体制逐渐上升为主要矛盾，引发了诸如农业落后、农村发展缓慢、农民增收难等许多深层次问题，长期制约着农村居民消费需求。制约农村居民消费需求的城乡二元经济社会结构弊端，主要体现在以下三个方面。

（一）不公平的户籍管理制度

自从 1958 年我国以法律形式将城乡二元户籍制度固定下来之后，便衍生出就业、教育、医疗、社保、土地、金融等诸多二元制度。在户籍就业制度等改革滞后的情况下，上亿农村流动人口及其子女在城市不能享受城镇居民的户口、教育、养老等待遇，农村人口进入城市并没有发挥拉动消费增长的作用。主要原因是：一方面，这种缺乏安全感的状态导致农村进城人员仅仅把城市作为挣钱而非消费的地方，尽量缩减在城市的消费，把大部分收入汇回农村按照农村方式消费；另一方面，作为长期居民在城市的隐性人口，由于在农村居住时间减少，在农村实现消费升级的意愿不强，从而导致城乡"两个家"都不具备改善消费水平的条件（高安峰、张忠发、刘宁，2011）。正是由于农村户口、隐性市民、农村暂住人口等多重身份，阻碍了进城人群消费方式的城市化转变。这种状况与城市化的本质是相违背的，因此，农村人口进入城市并没有充分发挥出带动消费增长、提升消费结构、创造消费需求的积极作用。

（二）城乡分割的教育制度

尽管从 20 世纪 90 年代后期开始，政府采取了增加农村义务教育的资金投入，实行"两免一补"政策，减免部分中西部地区贫困家庭的教育费用等一系列加强农村教育的新举措。但城乡分割的教育制度仍非常明显，农村基础教育方面得不到优质的教育资源，优质教师、生源等教育资源过度集中于城市，导致农村教育在入学起点、教学过程、升学结果等多个方面均落后于城市。这主要表现在：一是城乡居民之间的学历差距逐渐拉大。据有关调查数据显示，在城市人口拥有高中、中专、大专、本科、研究生学历的人数，分别约为农村人口的 4 倍、17 倍、56 倍、282 倍和 323 倍（高安峰、张忠发、刘宁，2011）。二是总教育经费结构中，农村的教育经费支出结构明显偏低。在全社会教育开支中，城市教育经费占 77%，而农村这一比重仅占 23%。三是农村劳动力的平均受教育年限偏低。农村劳动力平均受教育年龄约为 7.3 年，比城市水平少 4 年多；根据 2017 年的《全国农民工监测调查》数据，在农民工中文盲占 1%，小学文化程度占 13.0%，初中文化程度占 58.6%，高中文化程度占 17.1%，大专及以上文化程度占 10.3%。外出农民工和本地农民工中高中及以上文化程度也分别仅占 30.8% 和 24.2%。四是农村留守儿童教育问题日渐突出。农村留守儿童家庭教育的缺失、学校教育的缺位、社会教育的缺乏，不利于农村留守儿童教育水平的提高。

（三）"割据式"的社会保障制度和劳动就业制度

第一，城乡之间存在巨大的养老福利差距。改革开放以前，我国基本的政治—经济单位（城市的工作单位和农村的集体组织）承担社会保障的职能。这种制度架构导致了独立的社会保障缺失，并且城市和农村居民之间存在持久、巨大的社会福利差距。大部分农村保险仅停留在市、县一级统筹，抗风险能力较弱，跨省之间的社会保险关系接续较难，一部分农民工的社保福利制度没有得到较好落实。根据《改革开放 40 年中国人权事业的发展进步》，从城乡最低生活保障程度看，截至 2018 年 9 月，城市保障了 1068.8 万名贫困居民，基本实现了应保尽保；而 2017 年末农村贫困人口为 3046 万人，农村居民低保人数为 3551.1 万人。

第二，配置不公的医疗制度在城乡之间广泛存在。据统计，我国 80% 以上的优质卫生设备和医疗人员主要集中在城市，特别是大城市，而农村乡镇医疗卫生机构一直由于投入少又缺乏优质医生而难以发展，中央财政用在乡以下的卫生医疗经费占整个财政用于卫生事业经费的比重仅为15%左右，其卫生服务质量难以适应农村需要，农民长期处在"看病难、看病贵"的困境中，农民"因病致残、因病返贫"的问题十分突出。城乡社会医疗保障体制存在巨大差距，基本医疗保险大部分在城市，"新农合"刚刚覆盖大多数农村地区，且存在"报销难、转院难"等问题。

第三，农村人口就业受到一定歧视。多年来，我国对城乡居民一直实行有差别的就业制度，尽管改革开放以来劳动力市场逐渐完善，但非市场性的城乡就业界限仍十分明显。近年来，我国城镇地区已经建立了较为完备的就业和再就业体系，但是农村劳动力转移就业（包括失地农民的就业、外来劳动力的流动就业）没有引起重视，普遍存在农村劳动者就业歧视的现象。主要表现为：没有形成城乡平等就业的劳动力市场；大多数城市没有将农村劳动力纳入就业计划，进行统一的城乡劳动保障管理；农村劳动力得不到全方位、平等的就业服务；针对农民和农民工的农业和非农职业技能培训远远不能满足企业需要，部分地区的最低工资标准没有得到很好执行；农民工的权益维护和社会保障缺位。

因此，城乡分割二元体制下长期存在户籍制度、土地管理制度、教育制度、社会保障制度和劳动就业制度的不公平，在城乡之间构筑了一道壁垒，限制了城乡经济协调发展，限制了农村剩余劳动力向城市的正常自由流动，限制了城乡之间物质、信息和各种生产要素的合理流动，致使城乡之间的资金、劳动力和技术等生产要素配置失衡，农村各项社会事业和基础设施建设相对落后，造成城乡居民发展的机会与环境不平等，制约了整体消费需求的增长。这一方面表现出城乡二元体制造成城乡居民收入差距持续扩大，进而导致农村居民购买力低，影响了农村居民消费能力的提高；另一方面城乡二元结构的体制机制矛盾，降低了农民的消费预期和消费意愿，制约了农村居民消费需求潜力的充分释放。

二、不完善的社会保障制度抑制了居民潜在消费能力的释放

直到21世纪初期，我国才开始在全国范围内建立一个涵盖养老、医疗、

失业保险、最低生活保障等的社会福利和社会保障体系。城市公共养老金系统改革开始于 20 世纪 90 年代初期，企业职工和公共部门的员工分别有不同的养老金计划（双轨制）。1995～1997 年间实施了一项重大改革，即建立企业职工基本养老保险制度，把融资体系从单纯的现收现付制变为混合的现收现付制度，并且引入了强制性个人账户，而公共部门仍然采用完全的现收现付制。随着政府收入的快速增加，公共部门的养老金也迅速增加。由于企业退休员工和公共部门退休职工之间存在巨大的养老金差距，2005 年后，政府多次提高企业退休员工的养老金收入。2009 年，国务院通过一个试点方案，即新型农村社会养老保险，最初这项保险仅覆盖全国人口的 10%，现在已经基本扩展到全部农村地区。

在中国改革开放前，城镇职工的医疗保障有公费医疗和劳保医疗。20 世纪 90 年代后期城镇开始了医疗保险改革。1998 年底，国务院制定了城镇职工基本医疗保险制度，但公务员和其他城镇居民之间也存在双轨制，并且本地户口的城镇居民和农村流动人口之间也存在巨大差别。为填补农村地区医疗保险的空白，2003 年国家建立了新型农村合作医疗（新农合）制度，国家不断加大投入，新农合报销比例明显提高，到 2017 年新农合的参与率超过 98%。

20 世纪 90 年代末开始国有企业改革，为应对下岗职工数量的增加，1999 年初，国务院颁布了《失业保险条例》，由于这一法规的出台，企业职工开始缴纳失业保险。失业保险于 20 世纪 90 年代末期出现，到 2018 年，参与率非常低，失业保险金额也并不高。① 2006 年，新的试点项目在东部沿海地区的 7 个省和直辖市开展，该项目的目的是扩大失业保险基金的支出范围并且促进失业人员的再就业（如社会保障费用补贴和促进创业的贴息贷款）。

对于提高城镇和农村地区低收入家庭的社会福利，国家陆续从 20 世纪 90 年代中后期开始，出台了《城市居民最低生活保障条例》《农村五保供养工作条例》《廉租住房保障办法》《经济适用住房管理办法》《农村最低生活保障制度》，加大对低收入群体的最低收入、廉租房等方面实施保障的政策力度，

---

① 根据中国统计局数据可知，2018 年仅有不到 23% 的城镇失业人员领取了失业补助。

通过这些政策和制度构筑起新型社会救济和社会保障网络，保障社会最低收入群体的最基本生存条件和消费水平（李实等，2013）。

自 1978 年以来，我国社会保障事业经历了一个"低层次—制度建立—逐步完善—全面推进"的演变过程。近年来，按照"全覆盖、保基本、多层次、可持续"的发展方针，以"增强公平性、适应流动性、保证可持续性"为重点，政府积极推进各个层次社会保障事业的建立和统筹发展，截至 2012 年已基本建成覆盖城乡的社会保障体系，城乡居民基本医疗保险制度开始逐步衔接。截至 2018 年，我国城镇职工基本养老保险的参加人数为 41902 万人，比 1989 年末增加 36191 万人；城镇职工基本医疗保险的参与人数为 31681 万人，比 1994 年增加 31307 万人，而城乡居民社会养老保险的参加人数为 52392 万人；我国 2566 个县（市、区）已经开展了新型农村合作医疗工作，参合率在 98% 以上。

此外，我国城乡扶贫工作也取得了重要突破。1978～2012 年，我国先后执行过不同的贫困线，从 200 元升至 2300 元，农村贫困标准不断提高①。根据 1978 年标准，1978 年全国农村绝对贫困人口约为 2.5 亿人，约占总人口的 1/4，而到 2007 年下降至 1479 万人，平均每年脱贫人数为 811 万人；按照 2008 年标准，2007 年农村贫困人口为 4320 万人，2010 年下降为 2688 万人，平均每年脱贫 544 万人；按照 2010 年制定的新扶贫标准，2010 年农村贫困人口为 16567 万人，2012 年为 9899 万人，不足全部人口的 10%，平均每年脱贫 3334 万人（李实等，2013）。2012～2017 年，中国每年有 1000 多万人稳定脱贫；2017 年，中国农村贫困人口减少到 3046 万人。2018 年中国农村贫困人口为 1660 万人，贫困发生率降低到 1.7%。

目前社会保障制度制约居民消费潜力释放的弊端，主要体现在以下几个方面。

第一，社会保障存在不公平。我国城乡社会保障体系制度存在显著差异，城乡社会保障的待遇水平仍严重不均等，城市居民享有的养老、医疗等社会福利待遇仍远远高于农村居民。农民工社会保障的考虑也很不充分，社保、

---

① 农村贫困标准可见中国人社部网站。

医疗等福利制度依赖于户籍制度,农民工不能真正市民化,制约了消费规模的扩大。地区分割的社会保障体制致使地区之间也存在社会保障差距。城市内部的不同群体之间也存在社会保障待遇水平的显著差距,如城镇职工、城市居民和机关事业单位的退休金制度和公费医疗制度存在严重不平等。

第二,社会保障力度不够。据统计,2017 年,我国社会保障支出仅占 GDP 总量的 3.0%,而美国社保支出占 GDP 的比重高达 17%,一些北欧国家如瑞典和芬兰分别达到了 35%、38%,但这些国家的"社保缴费率"都比中国要低;目前我国普通城镇职工的养老金替代率只有 40% 左右,远低于养老金替代率国际最低标准 55%;2017 年,农村非低保户的基础养老金仅 55 元,新农合补助标准为 420 元,说明我国财政对社会保障支出的支持力度仍不够。社会保障制度的完善程度和水平高低是制约城乡居民特别是低收入家庭消费的重要因素,农村低收入家庭消费疲软的主要原因就是不完善的社会保障制度使得潜在消费需求难以释放。而我们知道完善社会保障制度有助于降低未来支出的不确定性,减少消费者预防性储蓄,扩大当期消费。因此,建立完善的医疗保障体系,也是刺激消费、拉动内需、促进经济增长的一个重要方式。

第三,不完善的社会保障体制机制限制了新兴消费热点和消费领域的形成。随着经济发展和社会进步,广大居民对一系列新兴消费品和服务需求激增。消费者不仅对中高档耐用品、住房、汽车等传统消费热点保持较高热情,而且对教育、娱乐、文化、通信、保健、家政、养老、旅游等新兴消费热点也正产生浓厚兴趣。但是,不完善的社会保障体制机制矛盾制约了这些潜在需求的有效释放,削弱了这些新兴产业和消费领域的发展动力,使消费增长点无法迅速形成,而且也在很大程度上减缓了产业结构优化和升级的进程。

三、不合理的政府支出制度和税收制度抑制了居民潜在消费能力的释放

从改革开放之初到 20 世纪 90 年代初期,我国财政改革没有从根本上改善国家的财力状况,地区财力困境时有发生,地方政府严重抵制基础教育和

卫生医疗等公共服务支出，也造成了财政分配差距过大和地区公共服务严重不均衡。从 1994 年 1 月开始，我国在财政和税收制度方面启动了根本性改革，分税制改革正式实施，规范了中央政府和省级政府的收入和支出，大大增强了中央政府的经济调控能力和地方政府提供公共服务的能力。1999 年，财政改革主要致力于支出管理，重新构造预算编制和规范执行过程。2007 年，全国绝大部分省、市、县实施了国库集中支付制度改革。近年来，因为各地方政府财政能力差异较大和区域间地方公共服务差异日趋扩大，在分税制改革过程中我国又相继启动了公共服务均等化实施措施，国家通过财政转移支付手段不断加强地区间财力均等化和地区间公共服务均等化。

政府财政支出按功能性质划分，包括投资性政府支出、消费性政府支出、民生性政府支出三个部分，与公共服务相关的民生性政府支出和消费性政府支出对居民消费的影响尤为明显。国内外研究认为，政府支出结构在教育、医疗卫生、社会保障等公共服务方面支出的增加，能有效促进居民消费。而我国政府对教育、医疗卫生和社会保障的支出规模有较快增长，但其在财政总支出中的比重并没有明显提高，并且显著低于国际平均水平。

表 2-3 中根据不同经济发展程度，把国家区分成高、中、低收入国家。我们发现，2008 年，对于国家财政医疗卫生支出占政府支出的比重，高收入国家平均约为 13.6%；中等收入国家平均约为 12.7%；低收入国家平均约为 10.5%；而我国 2017 年为 7.1%。对于社会保障支出占政府支出的比重，高收入国家平均为 30.2%；中等收入国家平均为 31.5%；低收入国家平均为 25%；而我国 2017 年为 12.1%；对于教育支出占政府支出的比重，高收入国家平均为 12.8%；中等收入国家平均为 11.4%；低收入国家平均为 12.9%；我国 2017 年为 14.9%。

表 2-3　　　　　政府公共服务支出比重与人均 GDP 的关系

人均 GDP（美元）	医疗卫生占政府支出的比重（%）	社会保障占政府支出的比重（%）	教育占政府支出的比重（%）	三项总和（%）
0~3000	8.7	20.8	13.2	42.7
3000~6000	12.2	29.2	12.6	54.0
6000~10000	12.7	31.5	11.4	55.7

续表

人均 GDP（美元）	医疗卫生占政府支出的比重（%）	社会保障占政府支出的比重（%）	教育占政府支出的比重（%）	三项总和（%）
10000 ~ 20000	13.8	27.7	12.9	54.4
20000 以上	13.4	32.7	12.7	58.9
中国（2012 年）	5.8	10.0	16.8	32.6
中国（2017 年）	7.1	12.1	14.9	34.1

注：人均 GDP 为 0 ~ 3000 美元和 3000 ~ 6000 美元称为低收入国家，人均 GDP 为 6000 ~ 10000 美元称为中等收入国家，人均 GDP 为 10000 ~ 20000 美元和 20000 美元以上称为高收入国家。表 2 - 3 中的前 5 行数据为 2008 年的结果。

资料来源：各国医疗卫生支出数据来源于世界卫生组织，社会保障、教育和政府支出数据来源于世界银行。

总体来看，我国财政支出结构还有较大优化空间。因此，逐步增加公共财政对教育、社会保障层面的支出，同时逐步缩小城乡、区域和不同群体之间公共品的分配差距，不仅可以缓解居民收入分配不公，还可以改善居民对未来消费的支出预期，从而直接或间接释放居民潜在消费需求。

个人所得税是政府实施收入再分配的重要工具之一。索尔莱斯（Souleles，2012）和阿加瓦尔等（Agarwal et al.，2007）国外一些学者的研究认为政府可通过提高个税起征点来减轻居民的税收负担、促进税收的公平性，从而提高家庭可支配收入，增加消费。王鑫和吴斌珍（2011）研究了 2006 年个人所得税起征点提高对消费的影响，发现调高个人所得税起征点对我国居民消费也有显著的刺激效果，减税后的消费收入弹性上升较大，特别是东部地区、高收入地区的影响更为显著。

我国个人所得税政策存在调整"惰性"，过去很多年并没有随着居民收入的快速变化而做相应调整。在 1986 年国务院发布《个人收入调节税暂行条例》之后的 20 年中，每月工薪所得起征点在法律上始终保持在 800 元；2006 年 1 月，首次将工薪所得起征点提高到 1600 元/月；在 2008 年 3 月将这个标准提高到 2000 元/月；2011 年 9 月，我国个人所得税的 9 级累进税率被压缩为 7 级累进税率，同时起征点从 2000 元/月提高到 3500 元/月。2018 年 10 月，我国个人所得税的起征点上调到 5000 元/月。

总体来说，根据图 2 - 14 可知，我国个人所得税和城镇居民税负变化的主要特点表现出以下几点。

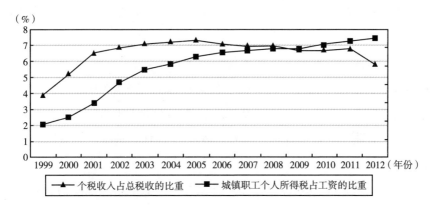

图 2 – 14　个人所得税占总税收的比重和城镇工薪所得税占工资总额的比重

资料来源：1999～2012 年《中国财政年鉴》和 CSMAR 数据库。

第一，自 20 世纪 90 年代末期开始，我国个人所得税收入出现大幅增长。个税年均增长率远远超过 GDP 增长率和总税收增长率，个人所得税占总税收的比重从 1999 年的 3.9% 上升到 2011 年的 6.75%。

第二，我国个税收入增长主要来自城镇工薪所得税负的增长。虽然我国个人所得税包括工资薪金所得、个体工商户生产经营所得、企事业单位承包经营所得、利息股息红利所得等项目，但工薪所得税收收入从 1994 年分税制开始时的 28 亿元增长到了 2011 年 3902 亿元，年增长率达到 35% 以上，远远高于个税其他项目税种收入的增长速度。与此同时，工薪所得税占个税收入的比例逐年提高，从 1994 年的 39% 上升为 2011 年的 64%，工薪所得税收入占城镇职工工资总额的比值从 1999 年的 1.8%，增长到了 2012 年的 6.5%。可见，我国工薪收入阶层的平均税负正在快速增长，这会影响我国城镇家庭的边际消费倾向。

第三，纳税人群比例呈上升趋势，较多中等收入群体进入高税率层级，个人所得税的工薪阶层"工资税"特征明显，而个税的累进性不断下降。由于我国个人所得税制存在调整"惰性"，2006 年之前的个税累进性是不断下降的。虽然政府从 2006 年起三次调整起征点，并在 2011 年压缩税率层级，但收入最高的 10% 纳税人纳税份额不断下降，几次调整起征点都没有改变个税累进性下降的趋势。

目前不合理的政府支出结构和个税负担制约居民消费的弊端，主要体现在以下两点。

第一，我国政府财政支出在中长期对医疗、养老、教育、住房等民生性的公共服务领域投入相对不足，由于公共服务具有明显的收入再分配作用，不合理的政府支出结构将直接导致居民的预期消费支出增加。这主要体现在两方面：一方面，在社会保障、医疗、养老、教育等基础性公共服务方面投入不足，使得广大居民对未来支出预期大幅提高。另一方面，不稳定的就业前景和未来收入状况也抑制了居民消费预期，降低了居民边际消费倾向。根据表2-3中的国际经验，随着人均 GDP 的增长，政府公共服务支出占政府支出的比重基本呈现逐步上升趋势。一般认为，人均 GDP 在 3000~10000 美元阶段时，公共服务的改善将对居民消费从耐用消费品向服务性消费领域升级起到重要促进作用。而在 2017 年，我国教育、医疗和社会保障三项支出占政府总支出的比重仅为 34.1%，大大低于人均 GDP 为 3000 美元以下的国家。根据世界 26 个国家的历史数据，政府公共服务支出占政府总支出的比重每提高 1 个百分点，居民消费占 GDP 比重将增加 0.2 个百分点。因此，政府公共服务支出不足成为我国居民消费率下降的重要原因之一。

第二，个税制度改革的收入分配效应缩小、消费刺激效应微乎其微。随着市场经济体制的逐步发展，一些税收体制的局限性对扩大需求的负面作用正在日益显现。这主要体现在两方面：一方面，个人所得税的扣除和累进标准使城镇高收入群体的平均税率反而比中等收入群体的税率低，抑制了中低收入群体消费能力的提高；个人所得税没有起到有效调节城镇内部收入差距的作用，虽然高收入人群缴纳的个人所得税要高于低收入人群，但是个人所得税占其收入的比例并不是很高，许多高收入人群可以通过各种方式进行避税。另一方面，现行税制中间接税与直接税比例不合理的问题较为突出。总体来看，间接税比重高、直接税比重低的格局并没有发生根本改变，严重影响着税制整体调控功能的发挥。以间接税收入为主意味着政府税收主要是通过含有较高间接税的消费品来实现，由于高收入者消费倾向低于低收入者消费倾向，因此，这种税负机制势必导致低收入者税负高于高收入者税负，既不利于消费需求的增长，又不利于市场经济效率与公平目标的实现。

四、补贴过低的惠农政策与扶贫政策抑制了居民潜在消费能力的释放

多年来，政府不断推出新的农村改革政策，旨在千方百计增加农民收入，解决"三农问题"。为减轻农民负担，增加农民收入，自 2004 年以来，中共中央连续出台了多个"一号文件"，实施了以"四减免"（农业税、牧业税、农业特产税和屠宰税）、"四补贴"（种粮直补、农资综合直补、良种补贴和农机具购置补贴）为主要内容的支农惠农政策，全面取消农业税，建立农业补贴制度，中共中央对农业投入的力度进一步加大，农民与政府的"取"与"予"的关系发生了根本性改变。2006 年，政府在全国范围内取消了实施已久的农业税，共减轻农民税费负担 1200 多亿元，人均减负 140 元，且用于改善农村生产、生活的基础投资增加到 310 亿元。近年来，地方政府主管部门侧重加强城乡市场信息服务体系的平台建设，引导农产品产需衔接，积极促进农民增收。为充分发挥流通对消费的引导作用，加强农村市场体系建设，优化农村消费环境，商务部从 2005 年起开始推行"万村千乡工程"。截至 2007 年底，全国 31 个省（区、市）的 2187 个县和 2373 家企业参与了"万村千乡市场工程"建设，农家店覆盖全国 75% 以上的县（市、区）。政府从 2003 年开始，相继推出了多项农村补贴措施。如自 2003 年开始，国家对种粮农民实行直接补贴及农资综合补贴；自 2007 年开始，开展生猪标准化规模养殖场（小区）建设，农业保险保费补贴试点；2008 年，实施对粮食大户的奖励政策，继续实行粮食最低收购政策，开展奶牛标准化规模养殖小区建设；2018 年，继续完善农业保险保费补贴政策。①

为减少农村地区绝对贫困人口，我国从 20 世纪 80 年代中期开始制定了农村贫困地区扶贫开发的政策，建立了国家级和省级贫困县；20 世纪 90 年代后，扶贫政策开始强调"扶贫到户"；2001 年，国务院颁布了《中国农村扶

---

① 资料来源于商务部网站。

贫开发纲要（2001－2010 年)》，随后又推出"整村推进规划"，主要对象是全国范围内的 15000 个贫困村（李实等，2013）；从 2004 年开始，大力支持农村劳动力参与非农技能培训项目，鼓励农业产业化，土地退耕等政策也稳步推进。2013 年，习近平总书记做出了"实事求是、因地制宜、分类指导、精准扶贫"的重要指示，此后我国对农村地区扶贫开发工作做出了一系列战略部署。

总体来看，近年来我国强农惠农政策体系更加完善，涉农投资支出结构更趋合理。国家实施的"四减免、四补贴"，取消农业税，"万村千乡市场工程"建设，整村扶贫等惠农政策，在一定程度上提高了农村居民的收入水平和消费能力。

目前惠农政策与扶贫政策抑制居民潜在消费需求难以释放的弊端，主要体现在以下几个方面。

第一，惠农资金投入不够，地方政府配套压力较大。国家对农业的补助标准偏低，配套资金占比过大，县财政落实较困难。一方面，近年来国家惠农资金的投入增长较快但总量仍显不足，项目资金补助标准偏低，农民积极性不高。如虽然种粮农资综合补贴力度在加大，但是农业生产资料价格上涨速度远远高出补贴水平的增速，农业生产成本增加极大地弱化了惠农政策的实惠。另一方面，大多数惠农政策均要求落实地方财力配套资金，然而县级财力有限，难以全额或部分配套到位，从而影响农村新增惠农项目的顺利实施。

第二，多头多次发放，造成部门发放成本和农民领取成本高；部分惠农补贴资金到位不及时，部分惠农补贴标准过低，惠农效果不明显。由于各项惠农补贴性质、管理单位等不同，如财政部门负责"粮补、退耕还林、家电下乡"等补贴，民政部门负责"低保、救助补助"等补贴，卫生部门负责"医疗补贴"等。各项补贴发放的依据、要求各不相同，形成了不同部门"多头多次发放"，带来了发放成本和领取成本高的问题，此外多头管理带来的多头检查又增加了基层的行政成本。近年来，惠农补贴资金到位不及时和补贴标准过低的现象，降低了很多农民特别是年轻农村劳动力进行农业生产的积极性。

五、不完善的消费政策与消费环境抑制了居民潜在消费能力的释放

自 20 世纪 90 年代末期以来，随着市场供求格局的重大变化和买方市场的形成，着力扩大国内消费需求已成为我国宏观政策的着力点。消费政策由过去短缺经济时期的限制性消费政策转变为鼓励消费、扩大消费的政策，中央政府出台了一系列促进消费的政策措施，主要包括以下几个方面。

第一，逐渐明确了扩大居民消费需求的中长期政策目标。党的十六大报告明确提出：扩大内需是我国经济发展长期基本立足点；党的十七大报告也提出：要实现"居民消费率稳步提高，形成消费、投资、出口协调拉动的增长格局"；党的十八大报告进一步提出：要牢牢把握扩大内需这一战略基点，加快建立扩大消费需求长效机制，释放居民消费潜力；党的十九大报告指出，要"在中高端消费、创新引领、绿色低碳、共享经济、现代供应链、人力资本服务等领域培育新增长点、形成新动能""完善促进消费的体制机制，增强消费对经济发展的基础性作用"。

第二，逐步完善了释放居民消费需求的法律、法规体系。与消费品市场的发展和市场化进程相适应的是，我国消费市场的法制化进程也在不断加快，近年来全面清理、废止了一些不适应市场的法律文件，制定、颁布了一批重点法律、法规和规章，包括《反不正当竞争法》《关于制止低价倾销行为的规定》《商品市场登记管理办法》《直销管理条例》《连锁店经营管理规范》《商业特许经营管理办法》《汽车品牌销售管理办法》《零售业态分类规范意见》《二手车流通管理办法》等，基本形成了适应我国消费市场良性运行的法律框架，促进了消费市场的有序竞争、规范化、制度化发展（任兴洲，2010）。党的十九大进一步指出，要"加快建立绿色生产和消费的法律制度和政策导向"。

第三，消费刺激政策体系逐步形成。近年来，为不断适应新兴消费市场的发展，政府及时整顿了限制消费的一些规定，出台了促进消费的政策措施，促进了消费市场的发展。如适时调整了汽车消费政策，包括简化了购车手续、降低了新车购置税费和二手车交易税费、鼓励发展小排量经济型汽车。积极

引导服务业发展，扩大服务消费领域，给予必要的政策优惠和资金支持，鼓励社区服务业和一些新兴服务业的发展。积极出台消费信贷政策，为居民提供住房、汽车、教育等消费信贷支持，增加信用卡消费网点（任兴洲，2010）。金融危机后，及时推行了"家电下乡"政策，刺激农村消费需求。自2007 年 12 月起，在山东、河南、四川、青岛三省一市进行家电下乡试点，之后推广到 14 个试点省市，对彩电、冰箱、手机等产品给予产品销售价格 13%的财政资金直补，并从 2009 年 2 月 1 日起向全国推广。家电下乡、汽车摩托车下乡等一系列惠农政策，对释放农村消费需求、推动农村消费市场升级、提高农村居民生活质量起到了积极作用。

第四，初步建立了规范消费秩序、保护消费者权益的政策体系。近几年来，我国政府主管部门不断加强价格执法检查、产品质量监督管理力度。如坚决制止乱涨价、乱收费；严厉打击制假、造假等行为；加大对违规行为的的惩治力度，保护消费者合法权益，营造安全的消费环境；切实执行《食品安全法》，实施《流通领域食品安全管理办法》，健全流通领域的食品协议准入、检验检测、索证索票和不合格商品退市等制度。以保障食品安全和规范交易行为为重点，组织开展专项整治活动。加强商业诚信建设，形成良好的商业信用环境（任兴洲，2010）。

总体来看，我国现行消费政策体系虽然逐步形成，但总体上来看还不够完善，尚待进一步发展，不完善的消费政策与消费环境制约消费的弊端，主要体现在以下几个方面。

第一，消费政策体系不健全、系统性不强，使我国的中长期消费目标并不明确。由于我国市场经济体制建立时间较短，消费市场发育尚不够充分，多年来偏重于投资增长，消费政策缺乏系统性、全面性、细致性和有效性，并没有建立非常明确的应对危机冲击和用于经济稳定期的消费政策体系；不同于居民收入的倍增计划，政府并没有制定什么短、中、长期消费规模目标；也没有建立区分不同收入、不同地区等异质性消费家庭的消费刺激政策标准；对一些非理性的消费领域和难以刺激的消费领域缺乏长期和有效的政策体系，如非理性的居民住房消费和奢侈品消费市场、难以启动的服务消费和农村消费领域等仅存在短期、临时的措施。

第二，消费法律法规体系不完善、执行力度有限，制约了消费需求增长，特别是网络消费的健康发展。自改革开放以来，面对不断出现的新型消费方式、消费领域，我国互联网消费方面的相关立法相对滞后；目前对低收入群体的住房保障立法仍未推出；消费法律层级较低，多数消费方面的市场监督缺乏权威性和相应实施细则，导致消费者的一些消费权益得不到真正的保障；对一些服务类的消费市场缺乏相应的政策规范，市场秩序混乱的问题比较突出，政府的公共服务政策不够明晰；中央政府和地方政府在一些相关的消费政策上有时出现不协调，如中央政府对住房市场的政策调控，地方政府执行力度不够，导致住房调控政策效果不佳。

本章重点分析了我国居民消费需求变化的五大基本特征和存在的五大基本问题；然后在此基础上分别分析了收入分配制约居民实际消费能力的传导机制，以及体制机制制约居民潜在消费能力释放的传导机制。本章是后续第三至第十章的理论基础，本书第三至第六章将基于本章第二节的理论分析思路，重点从收入因素研究我国居民实际消费能力的增长；本书第七至第十章将基于本章第三节的理论分析思路，重点从制度因素研究我国居民潜在消费能力的释放，从而形成一个统一的收入、制度与居民消费能力的理论和实证研究框架。

第三章
劳动收入份额、收入差距与中国居民消费*

第一节　引　　言

后危机时期，"调结构、扩内需、惠民生"成为中国政府对未来经济发展的重要承诺，而"结构性收入分配不公"[①] 将直接影响着内需的变化、调结构的成败和劳动者福利水平的提高。本章将沿着"收入—居民实际消费能力"主线，重点从国民收入分配结构和居民收入差距视角分析我国居民消费不足的形成机制，检验劳动要素份额、城乡收入差距的消费影响效应，为提高居民实际消费能力等经济政策提供理论依据和经验支持。

多年来，居民消费需求不足和"结构性收入分配不公"是中国经济高速发展的两大突出问题。根据图 3 - 1 可知，我国最终消费率从 1993 年的57. 9% 下降为 2017 年的 53. 6% ，其中居民消费率从 1993 年的 43. 7% 下

＊ 本章主要内容在"邹红，喻开志. 劳动收入份额、城乡收入差距与中国居民消费 [J]. 经济理论与经济管理，2011（3）"的基础上进行了拓展修订。

① "结构性收入分配不公"包括国民收入分配结构失衡与居民部门内部的收入分配不平等。

降为 2017 年的 39%，政府消费率在此期间基本稳定在 13%～17% 之间。国民收入分配格局向政府和企业倾斜明显，国民收入在初次分配中的劳动份额不断下降，从 1993 年的 49.5% 持续下降到 2017 年的 47.5%，与发达国家相比，中国劳动收入份额也远处于较低水平。此外，城乡居民人均收入比从 1993 年的 2.7 下降到 2017 年的 2.2，城乡相对收入差距的基尼系数从改革开放前的 0.16 左右上升到 2017 年的 0.45 左右。由图 3-1 可以进一步发现：最终消费率的下降主要是居民消费率下降所致；劳动收入份额的下降、城乡收入比的上升与居民消费率的下降基本呈交替变动关系，其中劳动收入份额下降与城乡收入比上升的一致趋势明显，这说明劳动收入份额和城乡之间收入差距也许是我国居民消费需求不断降低的重要因素。

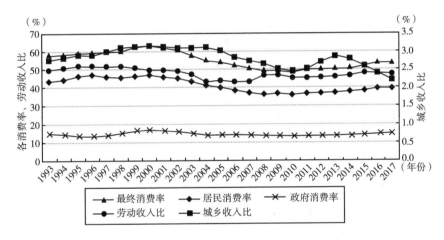

图 3-1 1993～2017 年各消费率、劳动收入份额与城乡收入差距

资料来源：《新中国五十五年统计资料汇编》《中国国内生产总值核算历史资料：1952-2004》以及 1993～2017 年中国统计年鉴，数据经作者分类整理所得。

本章主体结构安排如下：第二节回顾并评述现有理论与实证文献；第三节在扩展的新古典增长理论中建立城乡收入不平等、劳动要素份额与总消费的理论框架；第四节建立计量模型并进行数据描述；第五节运用不同的估计方法进行实证检验，分析我国居民消费不足的长期形成机制；第六节是主要结论。

第二节　已有相关研究回顾

一、居民收入差距、国民收入分配影响消费的理论研究

居民收入差距与居民消费的关系主要反映在各种消费函数理论中。早在凯恩斯（Keynes）的绝对收入假说中就曾指出，边际消费倾向（MPC）与收入水平成反比，收入越高，MPC 越小，因而高收入阶层的边际消费倾向一般低于低收入阶层，收入分配差距的扩大会进一步降低社会平均消费倾向（凯恩斯，1983）。随后发展起来的确定性和不确定性消费函数理论，包括生命周期假说（广义 LCH）、持久收入假说（PIH）、理性预期假说（RE - PIH）和随机游走假说等，都从不同角度揭示了居民内部收入分配与总消费之间存在相关性，但也有学者认为收入分配对总消费的影响是不确定的。因此，运用不同的模型来分析居民收入差距与居民消费的关系，其结论可能是不一致的，有待于利用中国数据进行数量研究。需要指出的是，上述各种消费函数理论的研究对象都是居民内部收入分配对居民消费需求的影响，几乎不涉及国民收入分配格局问题。

虽然"国民收入分配"的研究是一个古老的话题，古典经济学家和新古典经济学家曾对一国或多国生产要素之间分配的合理性、要素收入占比变化的动因与规律、要素收入占比与经济增长等有过激烈的争论，却鲜有理论模型专门研究过国民收入分配结构与居民消费问题，两者的关系只能间接散见于新古典增长理论和内生增长理论中。索罗（Solow，1956）认为一国经济中劳动收入份额比重较低，意味着该国投资比重较高，而劳动所得用于消费的边际倾向要远远高于资本所得，因而国民收入的初次分配格局与居民消费密切相关，将直接决定一国经济的未来发展模式。鉴于适合中国收入分配结构、收入差距与居民消费需求理论模型的缺失，本章试图结合我国城乡的二元经济，将收入分配嵌入到新古典经济增长理论框架中来探讨三者之间的关系和收入不平等的均衡机制。

二、居民收入差距、国民收入分配与消费的经验研究

大量经验文献考察了居民内部收入差距对居民消费需求的影响。卡特勒等（Cutler et al.，1992）利用国外微观数据，检验了收入分配与有效需求的关系，认为边际消费倾向确实同收入不平等存在负相关关系，但数据选择的不同会影响这种关系的显著程度。李军（2003）利用中国宏观数据进行分析研究，认为消费水平的上升与收入分配不平等或消费差距的降低具有相关性，且其长期影响尤为显著。但它们大多局限于收入分配均匀程度（诸如基尼系数等）对消费的影响，对宏观的国民收入分配格局对消费的影响这一更基本问题的研究相对不足。

一些经验文献也考察了国民收入分配格局对居民消费需求的影响。库伊吉斯等（Kujis et al.，2005）根据中国资金流量表等数据进行分析，认为导致中国内需不足（特别是消费需求不足）的原因在于中国居民收入占国民收入的比重持续下降。方福前（2009）运用中国城乡分省宏观面板数据进行实证分析，认为劳动收入份额与最终消费率呈现为显著的正相关关系，指出我国消费低迷并不是居民储蓄增加的结果，劳动收入份额的降低才是中国近年来消费低迷的主要原因，只有在经济发展的同时，保持较高的劳动报酬率，真正提高居民的消费购买能力才会带来居民消费率的稳步提高。然而在有关收入分配结构与居民消费关系的国内外实证文献中，收入分配、城市化率、人口年龄结构与居民消费率的关系研究对数据和变量处理、模型设定、估计方法比较敏感，有待进一步研究。此外，多迪和加西亚·佩纳洛萨（Daudey and Garcia-Penalosa，2007）的研究认为要素间收入差距提高会显著恶化人际收入分配格局，劳动收入在国民收入中所占比重越低，个人收入分配的基尼系数越高。这意味着，在过去十多年间，中国人际收入差距拉大可能与要素收入分配失衡有关。

除收入分配结构和收入差距这些根本因素外，大量文献中影响居民消费的解释因素还包括：我国长期城乡分割的二元体制和不平衡的区域发展战略，拉大了消费的城乡差距和消费的地区差距（俞建国，2010）。城市化水平和质

量是推动居民消费增长和经济发展的重要动力，但我国现行城市化模式一定程度上制约了农民工的消费水平和服务业的发展（国务院发展研究中心课题组，2010）。人口年龄结构和老龄化会影响居民消费需求，但我国少儿抚养系数和老年抚养系数对消费的影响缺乏一致性解释，人口老龄化对农村消费和城市消费具有不同影响（李文星等，2008）。在我国以刺激投资和出口的财政金融体制、以生产性投资为主的产业结构制约了居民消费需求增长和消费结构升级，产业结构的协调发展对提高居民消费能力具有重要作用。中国的历史、文化和经济发展水平等因素与西方发达国家不同，决定了中国居民消费行为和消费习惯有自己的特点，导致中国居民有较高的储蓄倾向或较低的消费倾向。上述研究文献为本章解释变量的选择奠定了较好的理论基础。

总体而言，学者们研究消费问题时，甚少建立专门的收入分配结构、收入差距与居民消费需求的理论模型；实证研究也存在进一步拓展的空间：现有文献或者注意到了国民收入分配结构对消费的影响，或者注意到了居民收入差距对消费的作用，仍甚少把两者结合起来共同检验其对居民消费率的交互影响，而这些恰恰反映了消费率下降的长期作用机理，如果控制其他潜在影响消费率的因素后，结论是否稳健仍需加以识别。为此，本章将收入分配嵌入新古典经济增长理论框架中，从理论上分析收入分配结构、收入差距与居民消费需求的作用机制，并运用 1993 ~ 2017 年省际面板数据，基于国民收入分配结构、居民收入差距以及两者的交互作用角度，通过各种不同的识别方法以及控制其他潜在影响居民消费率的各种因素，对中国居民消费低迷的形成机制以及动态变迁进行分析，以期通过深刻而细致的数量化分析为我国构建扩大内需的长效机制提供某些启发性思路（邹红、喻开志，2011）。

第三节　收入分配与总消费的理论模型

一、基本假设

本章从新古典增长理论的基准模型出发，把人口进行分组，研究不同人力资本人口组的收入分配与总消费问题，并把两者嵌入新古典增长理论模型中，分析劳动收入份额、收入差距与总消费三者之间的作用机制。假设经济是无限期经济，总人口为常数 L，t 表示经济期数，在新古典竞争经济中，只存在具有不同人力资本水平的技术性工人（城镇劳动力）和非技术性工人（农村劳动力）两种劳动者[①]。假定农村劳动力只具有基本的劳动能力，人力资本水平为 1，城镇劳动力的人力资本水平为 h_t。借鉴乌迪德·甘勒等人（Oded Galor et al, 1993）和郑彩祥（2009）的做法，本章假设人力资本投资是不可分的，$A_t = A$ 为常数，物质资本折旧率为 0，人力资本折旧率为 1；个体在期末重新做出人力资本投资的决策，若选择成为城镇劳动力需要进行人力资本投资，本章假定人力资本生产仅需要人力资本投资，人力资本生产函数为：

$$h_t = h(e_{t-1}), h'(e_{t-1}) > 0, h''(e_{t-1}) < 0$$

令 $\theta = \dfrac{h'(e_{t-1})e_{t-1}}{h(e_{t-1})}$ 表示人力资本的生产弹性，显然 $0 < \theta < 1$。经济中只生产一种产品，这种产品不仅可用于消费，也可用于物质资本、人力资本投资。令 n_t 表示 t 期总人口中城镇劳动力所占比例，则 t 期经济中城镇劳动力的数量为 $L_{ut} = n_t L$，而城镇劳动力提供有效劳动的数量为 $L_{ut} = h_t n_t L$。农村劳动力的数量为 $L_{rt} = (1 - n_t)L$。生产函数为 $Y_t = F(K_t, L_{ut}, L_{rt})$，其中，$K_t$ 表示物质资本存量，遵照新古典生产函数的一切性质和规模报酬不变。

二、基本模型

假定 ρ 为贴现率，C_t 表示 t 期经济中的居民总消费。生产函数为 $Y_t = AK_t^\alpha L_{rt}^\beta L_{ut}^{1-\alpha-\beta}$，其中 $\alpha > 0$，$\beta > 0$，$\alpha + \beta < 1$。

人力资本总量为 $H_t = L_{ut} = h_t n_t L$，人力资本生产函数为 $h_t = h(e_{t-1})$，物质资本的变化路径为 $K_{t+1} = Y_t - C_t - E_t + K_t$，总的人力资本投资水平为 $E_t = n_t e_{t-1} L$。

[①] 基于中国的二元经济结构，本章把劳动力市场简单分为城市部门的城镇劳动力和传统农村部门的农村劳动力，这也不失一般性。

即期效用函数为 $u_t^i = u(c_t^i)$，其中，u_t^i 表示第 i 个人第 t 期的效用，每个人均追求个人效用的最大化。在总量层次上，设想整个经济体系追求的是全部人口总效应在无限时期的最大化，[①] 因此，目标函数为：

$$\max_{K_t, n_t e_{t-1}} \sum_{t=0}^{\infty} \frac{1}{(1+\rho)^t} \sum_{i=1}^{L} u_t^i(c_t^i) \qquad (3-1)$$

假设即期效用函数为 $u_t^i = c_t^i$，则：

$$\sum_{i=1}^{L} u_t^i(c_t^i) = \sum_{i=1}^{L} c_t^i = C_t \qquad (3-2)$$

那么目标函数就变成：

$$\max_{K_t, n_t e_{t-1}} \sum_{t=0}^{\infty} \frac{1}{(1+\rho)^t} C_t$$

$$C_t = AK_t^\alpha \left[(1-n_t)L \right]^\beta \left[h_t n_t L \right]^{1-\alpha-\beta} - K_{t-1} + K_t - E_t \qquad (3-3)$$

1. 均衡求解。

把约束条件代入目标函数中得：

$$\max_{K_t, n_t e_{t-1}} \sum_{t=0}^{\infty} \frac{1}{(1+\rho)^t} \left[AK_t^\alpha (1-n_t)^\beta (h_t n_t)^{1-\alpha-\beta} - K_{t-1} + K_t - E_t \right] \qquad (3-4)$$

分别对 K_t、n_t、e_{t-1} 求一阶导数，整理并进一步变形得：

$$\frac{\rho K_t}{Y_t} = \alpha \qquad (3-5)$$

$$n^* = \frac{(1-\theta)(1-\alpha-\beta)}{(1-\theta)(1-\alpha-\beta)+\beta} \qquad (3-6)$$

在目标函数效用最大化的条件下，我们可以求得目标函数关于 n_t 的偏导数是大于 0 的，表明效用函数是 n_t 的增函数，因为本章使用的是即期效用函数，所以 c_t 也是 n_t 的增函数，即总人口中城镇劳动力所占比例越大，一国总消费将会越大。式（3-6）表明：整个经济如果处于均衡状态，人力资本结

[①] 需要指出的是，本模型是建立在整体优化的基础上，因而没有涉及城乡人口教育水平的选择问题。

构中就存在最优的城镇劳动力比例（城市最适度人口规模），如果在城市化发展过程中城市部门的人口规模超过其最适度人口规模，也会影响一国总消费和经济产出。

2. 收入差距。

按照工资等于边际产出的原则，城镇劳动力的工资水平为 $w_{ut} = (1 - \alpha - \beta)Y_t/n_t$，农村劳动力的工资水平为 $w_{rt} = \beta Y_t/(1 - n_t)$，则两者工资比为 $Z = \dfrac{w_{ut}}{w_{rt}} = \dfrac{(1 - \alpha - \beta)}{\beta} \dfrac{(1 - n_t)}{n_t}$。

当经济均衡时，城镇劳动力的工资水平为 $w_{ut} = \rho K_t \dfrac{(1 - \alpha - \beta)}{a} \dfrac{1}{n_t}$，农村劳动力的工资水平为 $w_{rt} = \rho K_t \dfrac{\beta}{a} \dfrac{1}{1 - n_t}$，城镇劳动力和农村劳动力的工资之比为 $Z = \dfrac{w_{ut}}{w_{rt}} = \dfrac{1}{1 - \theta}$。这表明均衡时城镇劳动力具有更高的工资，因为只有当 $\theta = 0$ 时，两类工人的工资才可能相等，但 $\theta = 0$ 意味着所有劳动者都是农村劳动力，此时则与收入分配差距问题无关。

3. 收入分配与总消费。

如果将经济中的收入分配不平等程度定义为：

$$G = \frac{\text{城镇劳动力收入占总收入比例}}{\text{城镇劳动力占总人口比例}} - 1 \qquad (3-7)$$

那么，均衡时收入分配不平等程度为：

$$G = \frac{\beta\theta}{(1 - \theta)(1 - \alpha)} \qquad (3-8)$$

上述分析说明：一旦引入人力资本的人口分组，Solow 稳态增长路径就将是收入不平等的增长路径。式（3-8）考察的是城镇劳动力组工资收入份额与该组人口比例的关系，可以发现，均衡时的收入分配存在不平等，因为 G 的取值一定不等于 0；而收入分配状态指标是个常数，因此在均衡时，收入分配不平等的程度是稳定的。

把式（3-8）纳入式（3-6）中，整理并进一步变形得到：

$$n^* = 1 - \frac{1}{\theta} \cdot \frac{1}{1 - G}$$

那么，

$$\frac{\partial n}{\partial G} = -\frac{1}{\theta} \cdot \frac{1}{(1 - G)^2} < 0 \qquad\qquad (3-9)$$

由于 $0 < \theta < 1$，$G > 0$，因此 n 是 G 的减函数，即总人口中城镇劳动力所占比例越大，越有助于降低收入不平等程度。

综合以上 C_t 是 n_t 的增函数和式（3-9）中 n_t 是 G 的减函数，可推出 C_t 是 G 的减函数，在模型设定的条件下，收入分配不平等不利于实现整个经济总消费的最大化。同时模型还揭示了影响总消费的其他几个因素：（1）城镇劳动力的人口比例。城镇劳动力人口比例和 G 的变化方向相反，表示如果总人口中城镇劳动力越少，城镇劳动力的收入份额越是超过其人口比重，收入分配将存在不平等，从而影响总消费。因此，城镇化水平和人口结构也可能是影响总消费的重要变量。（2）劳动收入份额（非资本收入份额）。城镇劳动力的收入份额（$1-\alpha-\beta$）和 G 的变化方向如果一致，就表示城镇劳动力的收入份额越高，收入分配就会越不平等，总消费会越低。总劳动收入份额（$1-a$）和 G 的变化方向相反，表示非资本收入份额越低，收入分配越不平等，总消费越低，这表明劳动收入份额与收入差距存在一定的理论联系，提高劳动收入份额将有利于实现整个经济总消费的最大化。

结合上述理论分析和当前我国的实际状况，收入分配结构、收入差距影响消费率的作用机理可进一步概括为：第一，我国劳动收入份额偏低且持续下降，资本收入增长过快，致使居民消费能力不足，而劳动所得用于消费的边际倾向要远远高于资本所得，因而劳动收入份额越低，居民消费需求增长将越缓慢。第二，我国城乡二元结构明显，一般而言，城市居民支付能力较强，但购买意愿相对不足；农村居民有购买愿望，但支付能力有限。城乡居民收入差距拉大将造成全社会整体消费倾向降低和城乡消费水平差距长期扩大。第三，劳动报酬在初次分配中的比重不断下降，更多的是使劳动群体的主要组成部分农民工、城乡中低收入者工资收入增长缓慢，导致居民收入差距不断拉大。因此，过低的劳动收入份额导致收入分配差距拉大，尤其会导致个人初次分配的收入差距不断扩大，同时又会影响消费需求。第四，政府高度重视坚持扩大内需特别是消费需求的战略，有利于加快收入分配制度改革的进程，有利于提高劳动收入份额和扭转城乡收入差距扩大趋势。因此，劳动收入份额、城乡收入差距与消费需求三者相互交织、密切相关，然而这三者之间的具体效应大小有待于更进一步的实证分析。

第四节　计量模型与数据

一、模型设定

本章第三节在理论上分析了消费率的影响因素，以及劳动收入份额、收入差距与总消费之间的现实作用机理，本节将通过实证方法从数据中验证中国居民消费率偏低的动态形成机制。鉴于我国居民所处的制度和消费环境并不稳定，特定的西方消费函数并不适合本节。因此，本节先分别从劳动收入份额和收入差距两个角度分析消费率，基本面板回归方程为：

$$CGDP_{it} = c + \beta_1 X_{it} + \beta_2 cdr_{it} + \beta_3 odr_{it} + \beta_4 pgdp_{it} + \beta_5 ri_{it} + \beta_6 ui_{it} + \beta_7 urb_{it} + u_i + \varepsilon_{it}$$

$$(3-10)$$

其中，下标 i 代表地区，t 为时间；c 为常数项，u_i 为不可观察的地区效应[①]，ε_{it} 为随机扰动项；CGDP 表示各地区居民消费率，即居民消费占按支出法计算出的地区 GDP 的比重；X 分别代表 Ls 和 uri，其中，Ls 是劳动者报酬除以用收入法统计的 GDP；uri 为城市家庭人均可支配收入与农村家庭人均纯收入的比值，可衡量城乡收入分配的不平等。为了检验估计结果的稳健性，模型中还加

---

① 观察不到的时期效应我们通过在回归方程中加入各年的时间哑变量来控制。此外，考虑到中国发展不平衡、地区差异等国情，我们在回归方程中加入了东部与西部两个地区哑变量。东部地区（11 个省市）包括北京、天津、河北、辽宁、上海、江苏、浙江、福建、山东、广东、海南；中部地区（9 个省）包括山西、内蒙古、吉林、黑龙江、安徽、江西、河南、湖北、湖南；西部地区（10 个省、自治区）包括广西、四川、贵州、云南、西藏、陕西、甘肃、青海、宁夏、新疆。

入了基本解释变量和一些潜在变量。模型的基本解释变量包括其他收入变量（如人均对数 GDP、农村家庭人均收入增长率、城市家庭人均可支配收入增长率）；潜在影响的重要变量包括人口结构变量（少儿抚养系数、老人抚养系数）[①]，城市化率（反映地区差异和经济发展水平的变量），具体变量定义如表 3 - 1 所示。最后，我们将加入滞后一期的居民消费率把静态模型拓展为动态模型，并利用动态省际面板数据和 GMM 估计方法消除可能存在的识别性偏误。

表 3 - 1　　　　　　　　　　变量的定义与统计量

变量	定义	均值	标准差	最小值	最大值
cgdp	居民消费率	39.09	8.04	20.06	73.26
Ls	劳动者报酬占省际 GDP 的比例	49.21	7.61	31.44	88.68
uri	城镇人均可支配收入/农村人均纯收入	2.94	0.70	1.58	5.90
Ls-uri	劳动收入份额与城乡收入比的交互项	146.06	46.78	55.84	414.86
cdr	0～14 岁人口占 15～64 岁人口比例	29.27	10.05	9.60	59.26
odr	65 岁及以上人口占 15～64 岁人口比例	11.52	2.77	4.97	21.90
pgdp	实际人均地区 GDP 的对数	9.58	1.03	7.12	11.77
ri	农村居民家庭人均纯收入增长率	12.15	8.86	-33.08	57.61
ui	城市居民家庭人均可支配收入增长率	12.25	8.00	-11.97	56.86
urb	城市人口占总人口的比例	41.32	18.67	12.65	89.61
东部哑变量	东部省份取值为 1，其他为 0	0.37	0.48	0	1
西部哑变量	西部省份取值为 1，其他为 0	0.33	0.47	0	1

进一步地，为了考察国民收入分配结构与居民收入差距对消费率的交互影响，我们在模型中还引入了 Ls × uri 交互项，同时区分了城市化率的异质性，得到新的面板模型为：

$$CGDP_{it} = c + \beta_1 Ls_{it} + \beta_2 uri_{it} + \beta_3 Ls \times uri_{it} + \beta_4 cdr_{it} + \beta_5 odr_{it} + \beta_6 pgdp_{it} +$$

$$\beta_7 ri_{it} + \beta_8 ui_{it} + \beta_9 urb_{it} + u_i + \varepsilon_{it} \qquad (3-11)$$

[①] 人口年龄结构通常用儿童抚养系数（0～14 岁人口与 15～64 岁人口之比）、老年抚养系数（65 岁及以上人口与 15～64 岁人口之比）和总抚养系数（儿童和老年抚养系数之和）三个指标衡量，由于模型多重共线性问题，本章没有考虑总抚养系数这一变量。

二、数据

本章利用中国 31 个省区市中的 30 个进行面板实证分析，重庆因为该直辖市成立时间较晚而将其数据并入四川省。由于缺乏部分年份的省际劳动者报酬比重、分地区抚养系数等数据，样本期为 1993 ~ 2017 年，完全样本数量共 750 个。表 3 - 1 列出了各变量的定义和基本的描述性统计结果。劳动收入份额、城乡收入比、城市化率数据通过《新中国五十五年统计资料汇编》《中国国内生产总值核算历史资料（1952 ~ 2004 年)》和 2005 ~ 2009 年《中国统计年鉴》计算而得，部分数据来自各省统计年鉴。人均 GDP、农村家庭人均纯收入增长率（ri）、城市家庭人均可支配收入的增长率（ui）数据直接通过《新中国五十五年统计资料汇编》和 2005 ~ 2017 年《中国统计年鉴》计算而得（个别缺失数据由作者运用插值法计算得出）。抚养系数数据来自《1990 年以来中国常用人口数据集》和《中国人口统计年鉴》。

第五节　估计方法和结果分析

一、估计方法

我们将使用动态面板 GMM 估计方法，在式（3 - 10）和式（3 - 11）中引入因变量的滞后项，得到估计模型如下：

$$CGDP_{it} = c + \beta_0 CGDP_{it-1} + \beta_1 X_{it} + \beta_2 cdr_{it} + \beta_3 odr_{it} + \beta_4 pgdp_{it} + \beta_5 ui_{it} +$$
$$\beta_6 ri_{it} + \beta_7 urb_{it} + u_i + \varepsilon_{it} \tag{3-12}$$

$$CGDP_{it} = c + \beta_0 CGDP_{it-1} + \beta_1 Ls_{it} + \beta_2 uri_{it} + \beta_3 Ls \times uri_{it} + \beta_4 cdr_{it} + \beta_5 odr_{it} +$$
$$\beta_6 pgdp_{it} + \beta_7 ui_{it} + \beta_8 ri_{it} + \beta_9 urb_{it} + u_i + \varepsilon_{it} \tag{3-13}$$

差分广义矩（difference - GMM）和系统广义矩（system - GMM）估计是动态面板 GMM 估计的两种方法，这些方法一定程度上能有效控制某些解释变量的内生性问题，通过将弱外生变量的滞后项作为工具变量纳入估计方程，从而获得一致性估计。扎克等（Zucke et al., 1998）和汪伟（2009）认为在一般情况下系统广义矩估计比差分广义矩估计更有效，且两步估计优于一步估计，因此我们在回归中使用两步估计。

我们分别对本章构建的模型用动态面板两步差分广义矩（twostep - difference - GMM）以及两步系统广义矩（twostep - system - GMM）方法估计，作为对照我们还报告了固定效应估计结果。

二、实证结果和分析

表 3 - 2（加入动态结构的基本模型）和表 3 - 3（劳动收入份额和收入差距交互项对居民消费的异质性分析）给出了实证方程的参数估计结果，第四至七列是两步差分 GMM 和两步系统 GMM 的估计结果。表 3 - 2 和表 3 - 3 中，两步 Sargan 差分统计量对应的 p 值均为 1.0，这表明系统广义矩估计新增工具是有效的。根据不同模型需要，在工具变量的设置上我们作了如下处理：由于我国实行严格的计划生育政策，将少儿抚养系数与老人抚养系数当作外生变量，同时地区虚拟变量也肯定是严格外生变量，为了稳健起见，其他变量均作为弱外生变量对待，我们使用系统"内部工具"，用弱外生变量的滞后值作为它们自己的工具变量，这与汪伟（2009）的处理较为一致。表 3 - 2 和表 3 - 3 中的样本 Sargan 检验 p 值均为 1，表明工具变量整体上是有效的；绝大部分 Hansen - J 检验的 P 值都处于 0.1 ~ 0.9，表明上述回归方程都不存在识别不足和过度识别问题。

表 3 - 2 劳动收入份额、收入差距对居民消费的影响

自变量	固定效应		两步差分 GMM		两步系统 GMM	
lagcgdp	0.7676 *** (0.0386)	0.8663 *** (0.0231)	0.4791 ** (0.2239)	0.5746 *** (0.1674)	0.8486 *** (0.0889)	0.9306 *** (0.0492)
Ls	0.0750 *** (0.0220)	—	0.2813 *** (0.0967)	—	0.2967 ** (0.1129)	—
uri	—	0.4153 ** (0.1827)	—	- 2.3181 ** (0.9857)	—	- 0.3927 * (0.2151)

续表

自变量	固定效应		两步差分 GMM		两步系统 GMM	
cdr	− 0.0062 (0.0308)	− 0.0078 (0.0359)	− 0.0001 (0.0890)	− 0.0584 (0.0908)	− 0.0572 (0.1686)	0.0243 (0.0325)
odr	0.0127 (0.0591)	− 0.0930 (0.0654)	− 0.0487 (0.1515)	0.0770 (0.2238)	0.1925 (0.1609)	0.0600 (0.0530)
constant	48.5067*** (15.5792)	7.3187*** (1.9550)	—	—	− 2.6420 (22.6206)	2.1564 (1.7283)
pgdp	YES	YES	YES	YES	YES	YES
ri	YES	YES	YES	YES	YES	YES
ui	YES	YES	YES	YES	YES	YES
urb	YES	YES	YES	YES	YES	YES
year	YES	YES	YES	YES	YES	YES
N	720	720	690	690	720	720

注：表格括号中报告的是标准误，***、**、* 分别表示在 1%、5%、10% 的水平上显著。差分方程和系统方程都使用的 IV 式工具变量为少儿抚养系数、老人抚养系数、东部与西部虚拟变量，其他变量的滞后值用于 GMM 式工具变量，滞后阶数为（2，5）。

资料来源：以上估计结果均通过 Stata 15 实现。

在表 3 - 2 中，我们首先运用固定效应、两步差分 GMM 和两步系统 GMM 模型估计基本回归方程即式（3 - 12），发现各解释变量均非常显著，劳动收入份额在两步差分 GMM 和两步系统 GMM 估计中的系数变化并不大，但两者与固定效应的系数相差较大。城乡收入比在固定效应模型中的系数为 0.4153，但在两步差分 GMM 和两步系统 GMM 估计中的系数却变成了负数，分别为 − 2.3181 和 − 0.3927。

从数量关系来看，劳动收入份额上升 1 个单位，居民消费率将上升约 0.29 个百分点，城乡收入比下降 1 个单位将引起居民消费率上升约 1.21 个百分点，我们发现劳动收入份额越高的地区，居民消费也高于平均消费水平。这验证了劳动收入份额的快速下降和城乡收入比的快速上升促使中国居民消费的减少。与李稻葵等学者（2009）的研究结果一致，我国多年来对不公平的国民收入分配格局进行调整，其对居民消费需求起到较大的扩张效应，而且这一扩张效应要比仅在居民部门降低收入差距带来的消费扩张效应更大。

为了分析劳动收入份额和收入差距交互项对不同城市化率的地区居民消

费的异质性影响，首先根据城市人口占总人口的比重将样本三等分，然后在基本回归方程式（3 – 12）中进一步加入劳动收入份额与城乡收入比的交互项。如表3 – 3所示，我们发现模型中重要变量的系数和显著性在不同城市化率的地区都有一定变化，城市化率越低的地区，劳动收入份额和收入差距的交互效应对居民消费率的抑制作用越大。与克鲁格和佩里（Krueger and Perri，2006）的研究一致，交互项很显著且符号都为负，表明劳动收入份额对居民消费率上升的贡献会随着城乡收入差距的持续下降而被强化，随着城乡收入比的不断上升而被弱化，且城乡收入比的强化和弱化作用会更为明显。从表3 – 2和表3 – 3中可看出，劳动收入份额、城乡收入比和两者的交互项是除滞后因变量之外的其他所有变量中最为稳健的变量。

表3 – 3 劳动收入份额和收入差距交互项对居民消费的异质性影响

自变量	系统 GMM 高城市化率	系统 GMM 中等城市化率	系统 GMM 低城市化率
lagcgdp	1. 0030 *** （0. 1129）	0. 7615 *** （0. 1075）	0. 4173 ** （0. 1717）
Ls	0. 6128 （0. 7552）	0. 9692 ** （0. 3787）	1. 4159 *** （0. 2823）
uri	4. 5076 （12. 2715）	13. 2233 ** （5. 4855）	17. 9140 *** （5. 2560）
Ls – uri	− 0. 1154 （0. 2817）	− 0. 2697 ** （0. 1074）	− 0. 2947 *** （0. 0805）
cdr	− 0. 0911 （0. 0681）	0. 0548 （0. 0406）	0. 1244 （0. 1186）
odr	0. 1060 （0. 0954）	0. 1301 （0. 0990）	0. 7458 （0. 6419）
constant	− 24. 9386 （31. 9704）	− 42. 0046 ** （16. 8992）	− 68. 4392 *** （16. 8368）
N	224	224	227

注：表格括号中报告的是标准误，*** 、 ** 分别表示在1%、5%的水平上显著。根据城市人口占总人口的比例，前33%是城市化率最高的地区，后33%是城市化率最低的地区。系统方程使用的IV式工具变量为少儿抚养系数、老人抚养系数、东部与西部虚拟变量，其他变量的滞后值用于GMM式工具变量，滞后阶数为（2，5）。

资料来源：以上估计结果均通过 Stata 15 实现。

根据表 3 - 3 可知，动态扩展模型中的其他变量对居民消费率也有一定影响。滞后一期的居民消费率（lagcgdp）的系数显著为正，这说明中国居民的"习惯形成"特征非常平稳，高速经济增长并不一定能带来居民消费率的上升。从人口年龄结构因素来看，少儿抚养负担（cdr）的下降是促使居民消费率下降的重要原因之一，而老年抚养负担（odr）对消费率的影响并不显著，随着人口老龄化程度的加深和"人口红利"的集中释放，人口年龄结构抑制消费的效应可能会被弱化。

第六节　结　　论

本章通过构建一个包含人力资本人口分组的新古典经济增长模型，先从理论上分析了劳动收入份额、收入差距与总消费三者之间的内在机理，然后采用动态 GMM 估计方法，重点检验国民收入分配结构、城乡居民收入差距以及它们的交互作用对居民消费率的影响，从劳动收入份额和城乡收入差距角度揭示了中国消费率偏低的动态形成机制，发现劳动收入份额、城乡收入差距是影响居民实际消费能力的主要决定因素，劳动收入份额对居民消费的提升作用会随着城乡收入差距的持续上升而被弱化，尤其是在城市化率比较低的地区。这为后续第四章和第五章分析收入不平等对耐用品消费不平等和非耐用品消费不平等的可能影响奠定了一定的研究基础。

第四章
收入不平等对家庭耐用品消费不平等的影响*

第一节 引 言

我国城乡之间、地区之间、不同群体之间的收入不平等和消费不平等是居民消费率长期偏低且持续下降的重要原因（方福前，2009）。促进消费需求增长，我们不仅应追求居民收入分配的公平，还应体现食物、耐用品、教育、医疗、住房、社保等消费和服务的平等。收入不平等和消费不平等都是经济不平等的重要组成部分，然而，相较于微观消费数据，收入数据更直观且容易获得，更多学者专注于我国收入差距或工资差异的研究（赵人伟等，1999；陈钊等，2010；邢春冰和李实，2010），而消费差距①的研究相对较少。本章重点探讨收入不平等与耐用品消费不平等的度量比较，以及收入不平等对家庭耐用品消费不平等的影响。②

---

* 邹红，李奥蕾，喻开志. 消费不平等的度量、出生组分解和形成机制——兼与收入不平等比较[J]. 经济学季刊，2013（4）.

① 习惯上，"收入不平等"与"收入差距"同义。为此，本章也称"消费不平等"为"消费差距"。如果没有特别指出，为简洁起见，本章把耐用品存量消费不平等简称为消费不平等。

② 如果没有特别指出，本章中的消费不平等均为耐用品消费不平等。

相比收入不平等而言，消费数据在衡量福利分配差距方面有多方面的优良性质（邹红等，2013）：（1）卡特尔和卡茨（Cutler and Katz，1992）、布兰德尔和普雷斯顿（Blundell and Preston，1998）、克鲁格和佩里（Krueger and Perri，2006）认为消费能够更加直接地衡量居民的福利水平，能够反映其持久收入和终身福利的变化；（2）迈耶和苏利文（Meyer and Sullivan，2009）认为耐用品财富的积累有助于消费者获得信贷市场的支持，且耐用品与非耐用品及其细分能反映家庭的福利构成情况；（3）低收入群体为获得政府补贴易低报收入而不是消费（迈耶和苏利文，2010），蔡等（Cai et al，2010）进一步发现特权及灰色收入导致收入数据不如消费数据准确；（4）卡特尔和卡茨（1992）认为收入数据容易受到暂时性冲击的影响，波动性较大，而消费数据的稳定性更强；（5）约翰逊等（Johnson et al，2005）指出发展中国家的贫困和不平等问题的常用指标是基于消费来度量的。因此，作为经济不平等的重要组成部分，越来越多的学者开始将视角转向消费不平等，以期更全面衡量居民福利水平差异。

消费不平等是衡量商品与劳务消费的差距，属于经济公平范畴，是为了缓解消费不平等，事关民生改善和福祉增进；当前世界经济复苏缓慢，国内经济存在持续下行的压力，缓解消费不平等又事关我国经济效率和平稳持续增长问题。自2008年全球金融危机爆发以来，我国实施了应对危机冲击的家电下乡、家电汽车以旧换新等刺激政策，实施两年多的家电以旧换新政策，拉动直接消费超过3400亿元，据悉2012年部分省份延续了2010年结束的以旧换新和汽车下乡两大补贴政策。[1] 家电下乡政策一方面有力地激活了广大农民的潜在消费能力，提振了国内耐用品消费市场;[2] 另一方面政府给予家电政策补贴也促进了城乡之间耐用品消费的公平，是打破城乡二元体制和促进城乡一体化发展的一个重要政策尝试。

---

[1]　数据和政策资料见商务部网站。

[2]　郑筱婷、蒋奕、林暾（2012）使用匹配倍差法，利用县级消费和储蓄收入评估了"家电下乡"政策对社会平均消费水平的影响，发现这一政策并未使试点县户均消费增长高于非试点县，从整体来看并没有起到拉动居民消费的作用。但此书并没有使用微观个体数据，无法揭示出该政策对微观决策主体之间家庭收入和消费不平等的影响。

因此，本章将系统研究长期以来我国耐用品存量消费不平等的大小、动态规律、分解效应和形成机制，并与收入不平等进行深入比较，利用耐用品城乡消费不平等的经验认识，可对已实行的家电下乡政策效应进行简要评估，也可为新一轮消费政策的实施重点提供决策支持。本章其他部分构成如下：第二节为已有相关研究回顾；第三节为数据说明与处理；第四节为耐用品消费不平等和收入不平等的趋势、大小及分解；第五节为耐用品消费不平等的形成机制，第六节是结论。

第二节 已有相关研究回顾

国外对消费不平等的研究主要从两个角度入手。一是将衡量收入不平等的标准方法（如基尼系数、泰尔指数及分位数之比等）应用于消费不平等指标，或者基于居民的人口学特征予以分组，讨论消费不平等的大小和演变趋势。卡特尔和卡茨（1992）对 20 世纪 80 年代美国的数据进行了分层统计以及等值因子的调整，发现消费和收入不平等变化的趋势相同，但收入不平等的增长幅度远远大于消费不平等。而阿塔纳西奥等（Attanasio et al.，2012）却发现在 1980～2010 年间美国消费不平等的增长幅度几乎与收入不平等的增长幅度相同，可见学者们对两种不平等大小的比较仍存在分歧。约翰逊和希普（Johnson and Shipp，1997）根据家庭类型和教育程度分解消费不平等，认为消费不平等增长的 3/4 可由组间不平等和人口结构的变化解释。巴雷特等（Barrett et al.，2000）用对数方差、基尼系数、阿特金森指数等指标考察澳大利亚消费差距的大小，并利用阿特金森指数的分解，验证了老龄化和家庭人口结构的变化对消费不平等仅有微小的影响。雅佩利和皮斯塔费里（Jappelli and Pistaferri，2010）成功解释了收入不平等高于且增速快于消费不平等，认为收入的不平等更多地是由收入冲击引起的。

二是在 LC—PIH 的一般框架内，探究收入不平等和消费不平等差异的演化机制和形成原因。迪顿和帕克森（Deaton and Paxson，1994）、奥塔克和齐藤（Ohtake and Saito，1998）将消费不平等分解为年龄效应、出生组组间效应和时间效应，重点强调了老龄化对消费不平等的影响，发现组内消费和收入的不平等随着年龄的增加而加大。他们认为，收入冲击的积累导致了收入分配结果的恶化，冲击还将通过 LC—PIH 机制造成居民间的消费差距。布兰德尔和普雷斯顿（Blundell and Preston，1998）指出，出生组组内收入和消费的方差和协方差的演变可以识别永久性和暂时性的外部冲击。克鲁格和佩里（2006）通过构建收入风险分担和信贷市场内生发展的消费模型，发现消费不平等并没有显著的增加，这与收入不平等的变化规律有所不同。布兰德尔等（Blundell et al.，2008）研究了收入不平等与消费不平等之间的关系，探寻了收入冲击作用于消费不平等的贡献程度和保险平滑机制，认为收入冲击持续时间的变化是美国 1980 年收入不平等和消费不平等趋势分离的原因，税收、转移支付和家庭劳动供给对消费不平等具有重要作用。希思科特等（Heathcode et al.，2009）将消费、劳动供给和部分保险纳入一个统一的分析框架，研究了收入冲击对劳动力供给和消费的影响。布若佐夫斯基等（Brzozowski et al，2010）发现加拿大的税收和转移支付制度抵消了收入不平等的大部分增长，使得消费不平等相对平稳。

基于上述国外文献，我们发现消费不平等与收入不平等既有区别也存在内在关联。区别在于衡量居民福利差距的角度和准确性不同，在不同国家和不同历史时期，两者作为经济不平等的代理变量可互相补充，更为完整地刻画居民的福利差距（约翰逊等，2005）。而联系在于消费不平等和收入不平等的分解具有理论上的含义，分解结果对应了居民面临的是预期到的冲击还是未预期到的冲击。目前，我国的社会保障体系仍不完善，民间金融发展受到限制。居民消费存在诸多顾忌，特别是低收入群体面临较强的信贷约束，为应对未来风险，只好减小消费增加储蓄，而高收入群体具有的强劲的购买能力和信贷市场的支持更有利于他们消费。从这个角度来看，消费不平等反映出的真实福利差距要比收入不平等更为严重，且高收入群体的消费支出占总消费支出的比例较小，又难以成为居民消费的主要力量。因此，消费不平等不仅能从微观层面反映居民的福利分配状况，还能为国内需求不足提供解释。此外，消费差距的变动可以反映出财富分配的变动情况（Blundell and Preston，1998），因此也可将其作为财富不平等的代理变量之一。

一些学者也研究了中国的消费不平等。曲兆鹏和赵忠（Qu and Zhao，2008a）认为消费不平等的快速增长主要发生在 1988～1995 年，而 1995～2002 年是收入不平等的快速增长年份，价格效应和城市家庭更高的消费增长是城乡消费不平等增加的主要来源。蔡洪滨等学者（Hongbin Cai et al.，2010）发现城镇地区的收入和消费不平等均持续上升，城市消费不平等要大于收入不平等，且消费不平等紧密跟随（co-movement）收入不平等走势，文章也从所有制调整、城市化、全球化和家庭特征等因素入手分析了城镇地区收入差距的形成原因，但没有分析消费不平等的形成原因。曲兆鹏和赵忠（2008b）从年龄及人口老龄化视角，考察了我国农村的消费和收入不平等问题，认为我国农村消费不平等要低于收入不平等，老龄化对不平等的效应很小，由于更多侧重研究老龄化对消费不平等的微小影响，可能会忽略消费不平等更为重要的形成原因。高振宇和曾志雄（Zhenyu Gao and Zhixiong Zeng，2010）利用世界收入不平等数据，发现中国经济发展与居民消费不平等存在负向关系，认为我国经济发展提高了金融市场的有效性，更好的消费平滑机制降低了居民的消费不平等。国外关于微观家庭消费和消费不平等的文献较多，而有关中国消费不平等的研究仍然较少，[①] 且都侧重于非耐用品消费或食物消费等领域，缺乏专门针对耐用品消费不平等的研究，缺少收入不平等与消费不平等的比较研究。

第三节　数据说明与处理

国外已有文献所使用的消费数据范畴具有异质性，如在迪顿和帕克森（1994）的文章中，我国台湾（非耐用品）、美国（非耐用品和非医疗支出）、

[①]　关于耐用品的研究多集中在耐用品消费的调整机制以及影响因素上，见尹志超和甘犁（2009）、樊潇彦等（2007）。

英国（非耐用品）三个地区消费数据包含的内容就不一样；而克罗斯利和潘达克（Crossley and Pendakur，2006）将非耐用品消费和估算的住宅消费代表总消费。本章将使用中国家庭营养与健康调查（CHNS）1989 年、1991 年、1993 年、1997 年、2000 年、2004 年、2006 年、2009 年共 8 次调查数据，重点关注家庭电器这一耐用品消费项。

本书单独用一章研究耐用品消费不平等，主要有以下原因：第一，根据生命周期和持久收入消费理论，消费主要取决于长期或一生的收入，预期收入对非耐用品消费和耐用品消费都有重要影响。但相比非耐用品，耐用品的购买费用支出一般比较高，更能反映家庭所面临的收入风险和流动性约束。第二，耐用品在家庭财富中占有更大比例，也更容易反映出家庭生命周期内的财富和生活水平，在缺少家庭财产数据的情况下有些文献会直接采用耐用品存量来衡量家庭财富水平。第三，耐用品消费与消费者的家庭特征相关性较大，不同的家庭特性对耐用品购买决策可能有显著影响。第四，CHNS 数据采用的是面对面采访式记录，而非日记式。相比非耐用品，耐用品购买件数少，金额大，购买者记忆较深刻，这保证了耐用品消费数据的相对准确性。

CHNS 中家用电器及其他商品包括收音机和录音机、录像机、黑白电视机、彩色电视机、洗衣机、冰箱、空调、缝纫机、电扇、计算机、照相机、微波炉、电饭煲、高压锅、电话、手机、VCD/DVD、卫星电视共 18 项。根据问卷中"该种电器总价值多少钱"这个问题①，我们将每个家庭中各类耐用品的估计价值加总，就得到耐用品消费存量数值。因此，本章的耐用品不平等反映的是耐用品存量消费的不平等。

本章主要采用出生组分析，出生组是基于个体上的概念，而 CHNS 问卷中调查的是整个家庭的耐用品消费情况。由于家庭消费的不可分割性，获得个人消费数据不如获得个人收入那样方便。因此需要对家庭的消费和收入水

———————

① 该问题询问的是该户迄今为止拥有电器的存量价值。国内外大多数文献都是直接用耐用品的存量价值去衡量耐用品消费水平，但也有少部分国外文献使用自行估算耐用品消费流的方法衡量耐用品消费水平，但鉴于 CHNS 数据并没有提供各耐用品的价格、产品型号、产品质量、折旧年限等具体消费信息，同时消费流测算目前也缺乏统一标准化的方法，因而我们没有对耐用品消费流进行估算。

平进行调整，将家庭层面的消费和收入调整到个体层面，得到家庭的"真实"福利。文献中的普遍做法是用等值因子消除家庭规模经济的影响①，如 OECD 等值因子和单位根等值因子（OECD，2008）。但我国并没有统一的等值因子，为了文献间的比较，本章采用家庭规模代替，即用家庭总的消费值除以家庭规模得到人均值。

由于不同省份不同年份的价格水平存在一定差异，消费和收入必须进行价格调整。我们运用 CHNS 提供的居民消费价格指数（CPI）将人均消费调整到 2009 年的水平②，人均收入也将进行同样的调整。此外，在进行数据清理时，我们保留家庭消费和收入为正的样本，去除收入和消费数据中 1% 最高和最低的异常值，共得到 23027 个有效样本。表 4 - 1 是收入和耐用品消费③的统计量描述。

表 4 - 1　　　　　　　　　　收入和耐用品消费的描述统计

年份	样本数	收入				耐用品消费			
		均值	标准差	最小值	最大值	均值	标准差	最小值	最大值
1989	952	3333.77	2144.14	270.88	19886.35	792.57	1024.22	30.56	8746.90
1991	2915	3033.63	2123.61	194.30	29476.00	1354.74	1539.06	30.55	11136.36
1993	2642	3450.48	2704.17	191.76	34810.43	1372.43	1596.35	29.96	12514.22
1997	3069	4170.92	3150.42	202.99	32067.74	1544.88	1802.88	30.82	11986.01
2000	3400	5229.85	4205.35	192.95	34611.39	1771.87	2091.45	30.99	12407.19
2004	3331	6790.74	5849.24	194.76	35170.47	1935.88	2178.01	31.03	12760.31
2006	3317	7502.19	6405.62	190.86	35373.46	2034.54	2225.25	30.07	12784.09
2009	3401	10140.95	7496.83	190.30	35630.78	2351.42	2386.13	30.86	12725.66

---

① 使用等值因子将家庭层面调整至个人层面暗含了一个假定，即不存在家庭内部的不平等，资源对家庭的所有人都是平均分配的。事实上，对于家用电器这一特定耐用品，这个假设是相当有效的。但有文献指出，忽略家庭间的不平等将导致估计偏误，见莉丝和塞茨（Lise and Seitz，2011）。

② 与我们的做法不同，其他文献大多没有对耐用品的消费进行价格调整，而是在回归分析中通过引入年份哑变量对价格因素进行控制，如尹志超和甘犁（2009）。

③ 如不特别指明，本章之后的耐用品消费和收入都是指经过价格调整的人均值。

第四节　耐用品消费不平等和收入不平等的
趋势、大小及分解

一、时间趋势

不平等的分析建立在收入和消费平均水平上，收入差距与经济增长的关系取决于城乡收入差距水平和经济发展阶段（王少平和欧阳志刚，2007）。国际经验表明，当人均 GDP 为 1000 美元时，收入差距扩大可能会阻碍经济的进一步发展。因此，分析收入和消费的时间趋势有一定意义，可得到不同历史阶段下经济不平等的直观印象。

从表 4–1 中我们可以看到收入和耐用品消费的平均值与标准差的时间趋势。过去 30 多年，我国的经济改革取得了巨大成就，居民的收入水平持续增长；20 世纪 90 年代的收入增长速度较为平稳，直到 2000 年以后，居民的收入才有一个较大的飞跃，特别是 2006～2009 年，人均收入增加了约 35%。虽然，居民收入和消费的平均值持续增加，但两者的标准差也在增加，尤其是从 1997 年后居民收入波动愈发显著。这说明自 20 世纪 90 年代末期以来，我国的改革开放进程全面深入推进，国企、医疗、教育、就业等体制改革和动荡的外部经济环境，加剧了收入风险。

相对于收入，耐用品存量消费的标准差跳跃度更小，耐用品存量消费变化较为平缓。这可能一方面说明我国城乡耐用品存量消费水平仍然比较低；另一方面与耐用品的消费特点有关，消费者若本期购买，下期一般不会购买相同的耐用品，耐用品消费结构升级受限于这一特点。可从表 4–1 中看出家用电器的购买表现出不同的阶段性特征，呈现出两个耐用品大规模结构升级阶段，但其他年份的耐用品平均消费较为稳定。[①] 表 4–1 中耐用品时间趋势

---

① 格罗斯曼和拉罗克（Grossman and Laroque，1990）最早提出（S，s）模型，指出理想的耐用品消费有上下界，实际的消费将在区间内进行调整。

与 20 世纪 90 年代中后期以购买彩电、电冰箱、洗衣机为主的消费结构升级和 2003 年以后以通信产品和汽车为主带动的消费结构升级相吻合。

二、不平等的度量

与雅佩利和皮斯塔费里（2010）一样，我们选择对数方差、基尼系数、90 分位数与 50 分位数之比、50 分位数与 10 分位数之比作为不平等的衡量指标。四个度量指标有各自的特点，从不同角度对不平等进行了全面的衡量。其中，只有基尼系数满足"转移支付原理"[①]，对数方差具有特定的理论含义，之后将加以说明。鉴于基尼系数的变化只能反映出总体的不平等，我们还用 90 分位数、50 分位数和 10 分位数之间的对比，来评价不同阶层收入和消费差距的相对变化，如图 4 – 1。

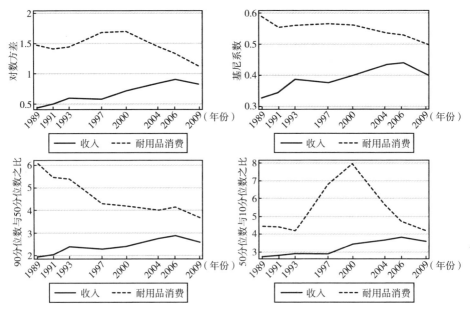

图 4 – 1　收入不平等和耐用品消费不平等

从图 4 – 1 中我们有以下几点发现。

---

① 简单地说，转移支付原理指的是如果财富从富人转移到穷人，不平等程度就会降低，并且富者的财富转移不能太大，以至于使穷者和富者的经济地位互换（徐宽，2003）。

第一，耐用品消费不平等大于收入不平等。[①] 收入的基尼系数在 0.3 ~ 0.45 之间，而耐用品消费的基尼系数一直保持在 0.5 以上。这主要与耐用品的"耐用性""家庭内部公共物品"和耐用品购买决策等特点有关。随着改革开放的全面推进，先富裕起来的高收入群体首先享受到了经济增长的成果，耐用品的消费总是先于低收入群体且经过了多次升级，而低收入群体的耐用品更多是第一次购买，这均造成了我国家庭耐用品消费不平等在很长时间内都维持在高位。随着家庭日常耐用消费品的饱和，从 2000 年开始耐用消费品不平等指标呈下降趋势（邹红、李奥蕾、喻开志，2013；李奥蕾，2013）。

第二，耐用品消费不平等不断下降而收入不平等却日益上升。[②] 从 20 世纪 90 年代中期开始，特别是 2000 年以后，我国经济增长和收入水平增速加快，城乡居民逐渐开始大规模购买"新三件"，升级替代"老三件"，耐用品消费逐渐饱和，居民间的消费差距不断缩小。同时，劳动者收入份额在过去十多年间持续下降，作为居民收入最重要的组成部分，收入份额的波动加剧了风险的预期，滞后了居民消费结构升级的时间并使其速度降低。值得注意的是，耐用品消费不平等与收入不平等的差异逐渐变小。自 2006 年以后，消费不平等大幅下降，这可能是由于社会保障等公共服务体系的完善，增强了居民平滑消费的能力；收入分配状况变好，说明了政府改善民生的各项政策初见成效。

第三，中产阶级兴起，低收入群体生活好转。自 2000 年以后，基尼系数和对数方差指标代表的消费差距开始缩小且有趋同之势。随着科技的进步和我国市场经济的逐步完善，彩电、冰箱等家用电器全面进入普通家庭，中间阶层和低收入群体的生活水平得到改善。消费的 90/50 分位数之比反映了高消费阶层与中等消费阶层的福利差距在下降。消费的 50/10 分位数之比则是中等消费阶层和低消费阶层的比较，先于 1993 ~ 2000 年上升，在 2000 年后下降。20 世纪 90 年代，中等消费阶层率先进行耐用品消费的升级，在 2000 年

---

① 这与前面用标准差表示的收入和消费的分配结果恰好相反，原因是虽然两者都表示与平均值的偏离程度，但基尼系数对高收入者在计算中赋予的权重小，而低收入者的权重大，标准差则对高收入群体和低收入群体赋予同样的权重（Sen，1973）。

② 在数据来源上，我们研究的主要是耐用品消费，并没有考虑居民食品支出、医疗支出、交通支出等消费项，这有可能造成消费不平等估计的偏差。

后达到饱和。

三、出生组与老龄化

出生组组内的不平等提供了更深层次的福利差距信息。迪顿和帕克森（1994）证明了这种分析方法是有效的。相对于面板方法，出生组分析不会出现样本消耗的现象。在这里，我们用户主作为家庭的代表性个体。在中国的家庭文化中，户主通常具有较高的收入和议价能力，对耐用品消费的影响较大。在样本中，全日制的学生并没有完整的收入和消费信息，退休以及年纪较大的老人可能与子女住在一起。为了排除这种干扰，我们保留户主年龄在23~60岁的家庭样本，结合第二节中处理得到的收入和消费数据，最终得到17222个样本，我们根据户主的出生年代每10年构建一个出生组。

表4-2显示了20世纪20年代到80年代共七个出生组的观察值情况，大多数出生组的样本在1000个以上。由于样本的选择和处理，最年老和最年轻的出生组样本量较小，分析容易形成误差，本章重点考察中间20世纪30年代至70年代共五个出生组的不平等。

表4-2　　　　　　　　各出生组在各年的样本数量

出生组	1989年	1991年	1993年	1997年	2000年	2004年	2006年	2009年	总计年
二零后	16	0	0	0	0	0	0	0	16
三零后	157	490	320	167	0	0	0	0	1134
四零后	221	673	627	698	762	504	352	105	3942
五零后	296	877	819	871	992	961	947	940	6703
六零后	129	380	391	615	759	706	697	798	4475
七零后	0	0	0	81	131	195	225	297	929
八零后	0	0	0	0	0	1	4	18	23
总计	819	2420	2157	2432	2644	2367	2225	2158	17222

图4-2是各出生组的组内不平等随年龄增长的变化趋势图，福利差距用消费或收入的对数方差表示。与曲兆鹏和赵忠（2008）不同，本章出生组内不平等曲线更为陡峭，趋势为倒"U"型，只有一个较为明显的波峰，组内

不平等呈现出曲折上升而后下降的趋势，我们将这种差异主要归因于耐用消费品自身的特点。

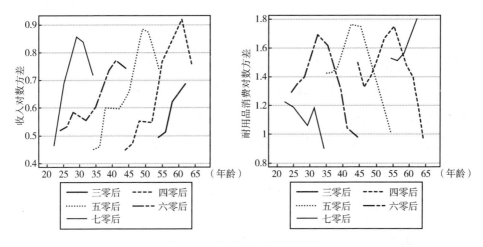

图 4 - 2　出生组组内的不平等

第一，曲兆鹏和赵忠（2008）的研究对象是非耐用品，非耐用品的购买和消费是连续的，因此其消费不平等曲线较为曲折，有多个波峰。而耐用品相比非耐用品而言，在家庭财富中占有更多比例，耐用品购买决策更趋于离散，家庭一定时期内拥有的耐用品存量达到目标数量时，就不再增加，所以本节出生组内的消费不平等呈现出唯一的波峰，这与我国家用电器耐用品的大规模升级时间一致。

第二，曲兆鹏和赵忠（2008）研究中出生组内的不平等曲线有多个波峰且出现的时间不确定，而本节中消费不平等的高峰时间具有规律性，越年轻的出生组消费差距高峰出现的时间越早，如 20 世纪 70 年代出生的人群在 30 岁左右时消费差距最大，而 50 年代则为 45 岁。过去几十年随着我国社会经济结构的巨大转变，不同年代人群的职业、经济能力和消费观念也发生了变化。年轻的出生组享受了经济增长的红利，更倾向于提前消费，这使得年轻出生组较早出现了消费差距的高峰。

我们还发现，年轻出生组（如 20 世纪 70 年代出生组）面临的收入不平等更高一些，而对于消费不平等，年老出生组（如 20 世纪 30 年代出生组）较高。年轻出生组刚进入劳动力市场时，工作不如年老出生组稳定，收入差距较大。年老出生组一般工作事业更加稳定，消费需求旺盛，相较于年轻出生组普遍的较低消费，不平等程度自然高一些。我们也要考虑到，经济多元化的快速发展伴随着宏观风险的持续积累，不同出生组面临着宏观经济的波动和自身异质性风险的冲击，这造成了不同出生组间比较的困难。

以上的分析部分刻画了各出生组不平等的变化趋势，这种不平等同时包括了组内不平等和组间不平等，混杂了随着年龄增长的风险的持续积累。这两种不平等混在一起，不利于厘清真正的不平等关系。由于组间比较的困难，下面将重点考察组内的不平等，以将年龄效应分解出来。

四、耐用品消费不平等的出生组分解

（一）模型

根据迪顿和帕克森（1994）的研究可知，不平等随着人口老龄化而恶化，他们的理论基础是，在永久收入假说的一般框架和相关前提假设下，持久冲击将导致组内的消费不平等随着时间增加而积累。下面将耐用品消费不平等分解为出生组效应和年龄效应。我们沿用奥塔克和齐藤（1998）的模型：[①]

$$Var[\,lnc(j,k)\,] = Var[\,lnc(j)\,] + \frac{1}{\gamma^2}\sum_{l=0}^{k-1}\sigma_h\,(j,l)^2 \qquad (4-1)$$

其中，j 表示出生组所属的年代，k 表示年龄，σ_h 表示个体异质性方差。耐用品消费不平等可分解为两个部分，式（4-1）左边表示出生组总体的不平等；右边第一项为出生组效应，代表了出生组初始的分配差距，右边第二项为年龄效应，代表了随时间变化的未预期到的冲击积累的结果。为便于实证上的检验，构建虚拟变量，建立以下方程：

$$Var[\,lnc(j,k)\,] = \sum_{m=j0}^{J}\alpha_m cohort_m + \sum_{n=k0}^{K}\beta_n age_n \qquad (4-2)$$

---

① 与迪顿和帕克森（Deaton and Paxson, 1994）相比，奥塔克和齐藤（Ohtake and Saito, 1998）的模型更加简明，假设更为宽松。详细推导见奥塔克和齐藤（1998）。

其中，cohort 表示出生组，与之前的分析相同，从 20 世纪 20 年代到 80 年代，每 10 年确定一个出生组，共 8 个。age 表示年龄组，从 23 岁到 60 岁，每 1 岁确定 1 个年龄组，共 38 个。然后构造虚拟变量进行回归分析，系数 α_m、β_n 分别是出生组效应和年龄组效应。

（二）出生组效应

消费不平等的出生组效应尤其具有经济含义，它代表了出生组本身持久收入的差距。在某种意义上，出生组效应才是"真实的不平等"，因为剔除了年龄效应代表的时间风险。出生组效应可比较各不同出生组之间消费和收入的差距，但宏观经济环境的变动使得这种比较意义不大，因为经济增长的成果与收入差距的扩大相互交织，难以分辨出真实的福利差异，只能对不平等的大小有一个大致的印象。

很容易可以看到，表 4 - 3 所有的估计系数在 1% 的水平上显著。出生组效应的比较基于 20 世纪 20 年代出生的人群，1920 年之后的出生组面临更高的收入不平等和更低的消费不平等。比如相对于 20 年代出生的人群，70 年代出生人群的收入不平等要高 0.89，消费不平等要低 1.33。过去 30 多年间，我国的经济结构变动迅速，市场经济体制逐渐完善，宏观经济环境影响了出生组效应。比如 20 世纪 70 年代与 80 年代出生的人收入系数相差较大，这两代人之间的差距要比 50 年代和 60 年代的差距要更大，这也从一个侧面反映了我国社会和经济环境经历了巨大变革。

表 4 - 3 　　　　　　　　　　　出生组效应的估计系数

出生组	收入对数		耐用品消费对数	
	系数	RSE	系数	RSE
三零后	0.259***	0.002	-0.452***	0.006
四零后	0.466***	0.001	-0.581***	0.004
五零后	0.622***	0.002	-0.753***	0.005
六零后	0.733***	0.003	-1.031***	0.007
七零后	0.892***	0.005	-1.334***	0.009
八零后	1.249***	0.167	-1.320***	0.162

续表

出生组	收入对数		耐用品消费对数	
	系数	RSE	系数	RSE
常数项	− 0.118	0.062	1.853 ***	0.077
R²	0.713		0.561	
N	17219		17219	

注：*** 表示在 1% 的置信水平下显著，RSE 为稳健标准差。

资料来源：以上估计结果均通过 Stata 15 实现。

（三）年龄效应

年龄效应的分析是在出生组确定的情况下，探讨收入不平等和消费不平等随年龄变化的特征。我们以 23 岁人群为标准分析年龄效应，为了简洁，表 4 - 4 仅报告了大多数年龄的估计系数结果。

表 4 - 4 年龄效应的估计系数

年龄（岁）	收入对数		耐用品消费对数	
	系数	RSE	系数	RSE
25	0.009	0.064	0.760 ***	0.083
30	− 0.014	0.063	0.437 ***	0.077
35	0.058	0.062	0.620 ***	0.077
40	0.079	0.062	0.437 ***	0.077
41	0.123 *	0.062	0.460 ***	0.077
42	0.106	0.062	0.432 ***	0.077
43	0.130 *	0.062	0.468 ***	0.077
44	0.151 *	0.062	0.338 ***	0.077
45	0.110	0.062	0.403 ***	0.077
46	0.148 *	0.062	0.391 ***	0.077
47	0.284 ***	0.062	0.297 ***	0.077
48	0.211 ***	0.063	0.268 ***	0.077
49	0.332 ***	0.062	0.281 ***	0.077
50	0.347 ***	0.062	0.250 **	0.077
51	0.374 ***	0.062	0.328 ***	0.077
52	0.402 ***	0.063	− 0.001	0.077
53	0.425 ***	0.062	0.192 *	0.077

续表

年龄 （岁）	收入对数		耐用品消费对数	
	系数	RSE	系数	RSE
54	0.394 ***	0.063	0.222 **	0.077
55	0.415 ***	0.062	0.387 ***	0.077
56	0.402 ***	0.062	0.191 *	0.077
57	0.442 ***	0.062	0.206 **	0.077
58	0.478 ***	0.063	0.315 ***	0.077
59	0.492 ***	0.062	0.101	0.077
常数项	−0.117	0.062	1.853 ***	0.077
R^2	0.713		0.561	
N	17219		17219	

注：***、**、* 分别表示在 1%、5%、10% 的置信水平下显著，RSE 为稳健标准差。
资料来源：以上估计结果均通过 Stata 15 实现。

回归结果显示，收入方程的估计系数在 35 岁及以前有正数和负数，并且显著性与非显著性交替出现，直到 35 岁以后，年龄效应开始变得显著并且趋势得到了加强。相对于 23 岁的人群，35 岁及以后的人群面临更大的收入不平等，并且这种不平等的程度越来越高。而消费方程的估计系数的整体趋势恰好相反，几乎所有的年龄段面临的消费不平等都比 23 岁的人群要低，显著性随着年龄的增加而递减。总之，收入不平等和消费不平等的年龄效应显著性趋势存在明显差异，对于特定的出生组，收入差距随着年龄的增加变得更加敏感，年龄越大，收入冲击的累计效果越明显，而消费差距的敏感性越弱。

据奥塔克和齐藤（1998）的解释，组内消费不平等的年龄效应反映了未预期到的冲击，而收入不平等的年龄效应同时包含了未预期到的冲击和预期到的冲击。未预期到的冲击通常加剧了消费不平等，而不是缩小了消费不平等。因此，我们推断预期到的永久性冲击是消费不平等缩小的主要原因，而预期到的永久性冲击可能与收入不平等和其他家庭人口特征相关性较大。比如教育程度就是一种永久性冲击，它有可能加大也可能缩小消费差距。我们将在第五节主要从收入不平等和家庭特征等因素出发，考察耐用品消费不平等的形成机制。

第五节　耐用品消费不平等的形成机制

鉴于我国市场经济改革的不同深入程度，耐用品消费不平等的演进机制可能并不相同，我们将分时期考察耐用品消费不平等的形成原因。城市与农村居民面临不同类型的收入冲击，家庭特征的异质性使得应对冲击的能力不同，我们也将分城市与农村探讨消费不平等缩小的形成原因。此外，我们也会简要比较耐用品消费不平等与收入不平等影响因素的差异。

一、变量选择与数据描述

与之前用出生组对数方差指标度量不平等不同，本节使用组群基尼系数指标来表示不平等。为了保证每一组内有足够的样本数量来获得不平等指标，我们在混合截面数据基础上，采用地区和出生组两个维度构建组群，计算出不同地区不同出生组内的基尼系数表示耐用品消费不平等和收入不平等。综合尹志超和甘犁（2009）与樊潇彦等（2007）对耐用品影响因素的研究成果，我们选取户主的年龄、户主的受教育年限、家庭规模、子女数量、子女平均年龄等作为解释变量，此外，我们在部分模型中也考虑了省份虚拟变量、时间虚拟变量、出生组虚拟变量和城乡虚拟变量。

在数据方面，选取 CHNS 中 1991 年、1993 年、1997 年、2004 年、2006 年和 2009 年共六年的面板数据，以控制观察不到的变量特征。在本节所考察的样本期内（1991～2009 年），我国城乡居民经历了深刻的经济转型，结合两次耐用品消费数量增长和结构升级的阶段特征，本节把整个样本期划分为在市场化初期（1991～1997 年）和改革深化期（2004～2009 年），以期区分经济转型背景下耐用品消费不平等的形成原因。经过样本的筛选，去除缺失和异常值，在市场化初期的样本期内（1991～1997 年）我们最终获得 1521 个样本，改革深化期的样本期内（2004～2009 年）获得 420 个样本。

表4-5为分时期主要变量的描述统计结果。可以看出，在本节使用的样本中，市场化初期的消费不平等大于改革深化期的消费不平等，但波动性有所上升。而收入不平等无论是均值还是标准差都呈现上升趋势。从劳动者的个体特征来看，两个时期其平均年龄均为40岁左右，但受教育年限、家庭规模和城市化水平均有所上升。

表4-5　　　　　　　　　　　主要变量的描述统计

变量	1991~1997年			2004~2009年		
	观察值	均值	标准差	观察值	均值	标准差
消费不平等	1521	0.56	0.04	420	0.48	0.06
收入不平等	1521	0.36	0.03	420	0.39	0.05
户主年龄	1521	40.06	6.21	420	39.61	5.98
户主年龄平方	1521	1643.68	542.1	420	1604.32	487.83
性别	1521	0.94	0.25	420	0.93	0.25
受教育年限	1521	9.4	3.15	420	11.24	3.65
家庭规模	1521	3.68	0.95	420	4.36	1.16
子女数量	1521	1.2	0.44	420	1.79	0.81
子女平均年龄	1521	11.79	2.63	420	10.94	3.32
子女平均年龄平方	1521	145.81	63.49	420	130.62	72.77
城乡	1521	0.24	0.43	420	0.27	0.44

二、实证分析结果

（一）经济转型不同时期消费不平等的形成原因

我们首先主要从家庭特征、收入不平等、滞后一期收入不平等因素，分析市场化初期（1991~1997年）和改革深化期（2004~2009年）消费不平等的形成原因，估计结果如表4-6所示。

表 4 - 6　　　　　　　　经济转型不同时期消费不平等的影响因素

变量	1991 ~ 1997 年			2004 ~ 2009 年		
	（1）	（2）	（3）	（4）	（5）	（6）
	混合 OLS	FE	FE	混合 OLS	FE	FE
收入不平等	2.865 *** (0.012)	—	2.843 *** (0.018)	3.548 *** (0.085)	—	2.876 *** (0.166)
滞后一期收入不平等	0.034 (0.026)	—	0.027 (0.022)	0.081 (0.060)	—	0.048 (0.115)
户主年龄	-0.006 ** (0.003)	0.058 (0.110)	-0.035 * (0.021)	-0.026 (0.016)	0.214 (0.175)	0.002 (0.121)
户主年龄平方	0.0001 (0.000)	0.000 (0.000)	0.000 (0.000)	0.000 (0.000)	-0.000 (0.000)	0.000 (0.000)
户主受教育程度	-0.001 ** (0.000)	-0.004 (0.007)	-0.001 (0.001)	-0.001 (0.002)	-0.004 (0.005)	-0.003 (0.003)
家庭规模	-0.004 *** (0.001)	-0.044 *** (0.015)	-0.005 *** (0.002)	-0.023 *** (0.007)	-0.038 ** (0.017)	-0.040 *** (0.015)
子女数量	0.005 *** (0.002)	0.016 (0.012)	0.004 (0.002)	0.027 * (0.014)	-0.007 (0.032)	0.038 ** (0.019)
子女平均年龄	-0.005 * (0.003)	-0.015 (0.012)	-0.005 (0.003)	0.004 (0.017)	-0.011 (0.029)	-0.003 (0.020)
子女平均年龄平方	0.000 ** (0.000)	0.001 (0.001)	0.000 *** (0.001)	-0.000 (0.001)	0.001 (0.001)	-0.000 (0.001)
常数项	0.178 *** (0.048)	-1.596 (3.984)	1.157 (0.913)	0.228 (0.328)	-7.27 (6.523)	0.102 (5.121)
出生组哑变量	YES	—	—	YES	—	—
年份哑变量	YES	YES	—	YES	YES	—
省份哑变量	YES	YES	—	YES	YES	—
城乡哑变量	YES	—	—	YES	—	—
R-sq	0.95	0.022	0.895	0.921	0.023	0.726
N	1014	1521	1014	280	420	280

注：***、**、* 分别表示在 1%、5%、10% 的置信水平下显著，括号内为标准差①。

资料来源：以上估计结果均通过 Stata 15 实现。

---

① 由于表 4 - 6 ~ 表 4 - 8 中的模型所用样本较少，我们并没有使用稳健标准差（RSE）。

我们首先分别使用了混合 OLS、固定效应和随机效应方法进行了估计。通过豪斯曼检验表明，固定效应更为有效，因此，本节主要分析固定效应的估计结果，为了对照，我们也报告了混合 OLS 的估计结果。表 4-6 的模型（2）和模型（5）是两个时期仅考虑家庭特征的估计结果，不同于非耐用消费品不平等，消费者的家庭特征对耐用品消费不平等的影响非常小且基本都不显著，这可能是由于大部分居民收入已经能满足主要耐用品支出的需要，或耐用品在家庭总消费中的比重不断降低。

从表 4-6 模型（1）和模型（3）可知，收入不平等对消费不平等的影响最为显著。收入不平等的系数为正，与消费不平等呈正相关关系，并且在 1% 水平下显著，这一点与直觉相符，说明我国居民消费不平等主要源自居民收入的不平等，但滞后一期收入不平等对耐用品存量消费不平等没有显著影响。此外，本节通过进一步检验发现，收入不平等对计算机等非必需耐用品消费不平等的影响远远大于且更显著于彩电等日常耐用品消费不平等的影响。

家庭规模对耐用品消费不平等有缓和作用，原因是家庭对耐用品的消费表现出规模经济，如一台电视机可以全家人观看，一台冰箱也可以共同使用。[①] 其他的家庭特征如孩子的个数、户主的受教育年限等变量对消费不平等的影响并不显著，可能是由于这些变量对消费的影响主要通过收入传导。我们还发现，耐用消费品的年龄效应也不显著，这与樊潇彦等（2007）的研究结果是一致的。与教育能缩小我国非耐用品的消费不平等程度相似（曲兆鹏和赵忠，2008a；蔡洪滨等，2010），教育也能降低耐用品消费不平等程度但并不显著。

与模型（3）相比，模型（6）中收入不平等的系数由 2.843 增加到 2.876，随着我国经济体制改革的深入，由于收入不平等程度加剧，改革深化期收入不平等对耐用品消费不平等的作用显著增加。此外，改革深化期家庭规模对耐用品消费不平等表现出更强的缓和作用。

---

① 回归分析中家庭规模对消费不平等的影响显著，这也验证了我们之前将家庭总消费调整到个体消费，从而消除规模经济的做法是有效的。

（二）城乡消费不平等的形成原因

城镇和农村居民之间的不平等差异很大，且他们面临的信贷约束条件不同，这种差异也有可能反映到家庭特征和消费不平等上。因此，我们考察了城乡耐用品消费不平等的形成机制，估计结果如表4-7所示。

表4-7 城市和农村消费不平等成因的比较

变量	1991~1997年		2004~2009年	
	（1）	（2）	（3）	（4）
	城市	农村	城市	农村
收入不平等	2.886 ***	2.900 ***	2.775 ***	3.838 ***
	(0.021)	(0.009)	(0.232)	(0.068)
户主年龄	-0.056 *	-0.004	0.277	0.054
	(0.032)	(0.009)	(0.263)	(0.043)
户主受教育程度	-0.000	-0.000	-0.001	0.000
	(0.002)	(0.001)	(0.006)	(0.002)
家庭规模	-0.009 ***	-0.004	-0.019 ***	-0.011
	(0.002)	(0.003)	(0.008)	(0.007)
子女数量	0.010 **	-0.000	0.024	0.008
	(0.005)	(0.001)	(0.057)	(0.008)
子女平均年龄	-0.002	-0.002	-0.021	0.001
	(0.004)	(0.001)	(0.040)	(0.007)
常数项	1.500	0.067	-9.636	-1.242
	(1.155)	(0.339)	(1.376)	(1.598)
R-sq	0.987	0.993	0.758	0.943
N	408	1113	102	318

注：*** 、** 、* 分别表示在1%、5%、10%的置信水平下显著，括号内为标准差。表4-7报告了主要变量的估计结果。

资料来源：以上估计结果均通过 Stata 15 实现。

为了简洁，表4-7的模型（1）~模型（4）都是固定效应的估计结果。可以看出：两个时期农村收入不平等的系数2.9和3.838都要分别大于城市收入不平等的系数2.886和2.775，即农村收入不平等对消费不平等的影响更为明显。这说明面对永久性收入风险的冲击，农村居民应对能力不足。即使农村信贷市场是完全的，消费的差距也无法消除。增加农村居民收入和低收入者收入更有助于提高居民的总消费率（邹红、李奥蕾、喻开志，2013；李奥蕾，2013）。

两个时期内城乡居民耐用消费品的年龄效应都不显著。但在改革深化期，城乡户主的年龄对消费不平等的影响均为正，反映了市场化后期居民随着年龄的增加可能面对更大的永久性风险，且城镇居民的影响大于农村居民。

城乡家庭规模与耐用品消费不平等呈显著负向变动关系，但家庭规模对降低农村家庭耐用品消费不平等的影响并不显著。可以理解为，相对于农村，城市家庭具有较强的消费能力，家庭成员增加或住房面积增加一般会增加或更新家庭耐用品消费，家庭耐用品作为"家庭内部公共产品"的规模经济降低了消费差距。农村家庭规模扩大带动耐用品升级并不明显，大多数农村家庭耐用品属于初次购买，农村耐用品仍有待普及和升级。

（三）消费不平等的稳健性检验

1. 对数据和模型的稳健性检验。

为了检验表4-6和表4-7结果的稳健性，我们在表4-8的模型（1）中加入耐用品存量消费增长率这一基本解释变量以检验遗漏变量问题；并在表4-8的模型（2）中使用省份和出生组交互的组内方差作为原来以基尼系数衡量消费不平等和收入不平等的代理变量；表4-6中的收入不平等滞后一期对消费不平等并无显著影响，表4-8中模型（3）对被解释变量消费不平等和解释变量收入不平等都进行了三年平均，以考察收入差距对消费不平等是否具有长期影响；模型（4）中加入滞后一期消费不平等变量，使用动态面板系统广义矩估计方法（SYS-GMM）来解决模型的内生性问题；为了检验收入不平等对耐用品和非耐用品消费不平等的不同影响，模型（5）考虑了表4-6中的主要解释变量对总消费支出不平等的影响。

表 4 - 8　　　　　　　　　　　对数据和模型的稳健性检验

变量	1991 ~ 1997 年				
	(1)	(2)	(3)	(4)	(5)
	FE	FE	FE	SYS-GMM	FE
消费增长率	0.003 (0.005)	—	—	—	—
收入不平等	2.842 *** (0.036)	2.843 *** (0.043)	2.827 *** (0.042)	2.843 *** (0.046)	2.850 *** (0.036)
收入不平等三期平均	—	—	0.358 *** (0.035)	—	—
滞后一期消费不平等	—	—	—	0.015 * (0.008)	0.034 ** (0.015)
户主年龄	- 0.027 (0.022)	- 0.030 (0.024)	- 0.030 (0.024)	- 0.038 (0.028)	- 0.025 (0.016)
户主受教育程度	- 0.001 (0.002)	- 0.001 (0.000)	- 0.001 * (0.000)	- 0.001 (0.000)	- 0.002 * (0.001)
家庭规模	- 0.005 ** (0.002)	- 0.005 ** (0.001)	- 0.006 ** (0.001)	- 0.008 *** (0.003)	- 0.016 *** (0.003)
常数项	1.036 (0.912)	1.056 (0.925)	1.059 (0.922)	2.106 (1.358)	1.023 (0.947)
R-sq	0.960	0.965	0.967	0.897	0.992
N	1521	1521	1926	1014	2530

　　注：*** 、** 、* 分别表示在1%、5%、10%的置信水平下显著，括号内为标准差。表 4 - 8 报告了主要变量的估计结果。

　　资料来源：以上估计结果均通过 Stata 15 实现。

　　我们主要关注收入不平等、家庭规模和年龄估计结果的稳健性。表 4 - 8 的模型（1）中耐用品消费增长率系数不显著，且其他变量的结果大体一致，说明模型并未遗漏主要的解释变量。模型（2）中收入不平等代理指标的系数仍显著为正，说明我们用组群基尼系数构造的不平等指标不存在严重的统计误差。模型（3）中收入不平等三期平均的估计系数为 0.358，显著为正，说明收入差距对耐用品消费不平等也有显著的长期影响，但当期收入不平等的估计系数为 2.827，收入不平等对耐用品存量消费的短期影响仍大于长期影响。[①] 据模型（4）和模型（5）可知，滞后一期消费不平等的系数均显著为正，说明耐用品也有一定的习惯形成效应，但要远低于非耐用品。从模型（5）中我们还可以看出收入不平等对总消费不平等的影响程度也很大，说明收入不平等既是耐用品消费不平等变化的主要原因，也是总消费不平等扩大的决定因素。总体来说，表 4-8 中五个模型收入不平等、家庭规模和年龄的估计结果较为接近，这表明我们的结果相对稳健（邹红、李奥蕾、喻开志，2013）。[②]

2. 分位数回归检验。

分位数回归能精确描述自变量对因变量条件分布的影响。如果我们的模型设定是合理的，那么城乡家庭收入不平等应在每个分位数上都对其家庭消费不平等具有正向影响，且消费不平等程度越高，受收入不平等影响越大。为此，我们利用 2009 年数据，使用分位数回归方程进一步进行了估计，表4-9 报告了主要解释变量的回归结果。

表 4-9 消费不平等成因的分位数回归

变量	被解释变量：消费不平等							
	全样本	5%	10%	25%	50%	75%	90%	95%
收入不平等	4.194 *** (0.005)	4.136 *** (0.005)	4.136 *** (0.001)	4.136 *** (0.000)	4.136 *** (0.000)	4.290 *** (0.003)	4.327 *** (0.000)	4.327 ** (0.002)
其他解释变量	YES	YES	YES	YES	YES	YES	YES	YES
常数项	-0.0052 (0.0180)	-0.0549 *** (0.0173)	-0.0215 *** (0.0015)	-0.0356 *** (0.0000)	-0.0136 *** (0.0000)	-0.0039 (0.0100)	-0.0072 *** (0.0009)	-0.0052 (0.0045)
R-sq	0.990							
N	571							

注：*** 、** 分别表示在 1%、5% 的置信水平下显著，括号内为标准差。表 4-9 只报告了主要变量的估计结果。

资料来源：以上估计结果均通过 Stata 15 实现。

———————————

① 因为 CHNS 数据的时期数太少，且每期之间有 2～4 年的时间跨度，1991～1997 年样本无法有效检验收入不平等解释变量滞后三期或以上的长期影响，故表 4-8 中模型（3）的样本为 1991～2009 年样本。此外，我们也检验了收入不平等滞后三期的估计系数，仍显著为正。

② 2004～2009 年稳健性结果与表 4-8 类似，我们不再报告。

据表 4 - 9 可知，所有收入不平等的分位数回归系数显著为正，随着分位数水平的上升，收入不平等对耐用品消费不平等的影响不断增大，从 25% 分位数上的 4.136 迅速上升为 75% 上的 4.29，说明降低耐用品消费不平等，能减少收入冲击对耐用品消费的负面影响，也可能会提高劳动者潜在能力和价格对消费不平等的作用。对于处于低水平和中等水平消费不平等的消费者而言，当收入增加时，其耐用品消费的增加幅度要大于高水平的消费者（分位数在 75% 以下）。可以理解为，一方面，居民的消费水平很低，消费不平等的水平一般也比较低，这样居民会把收入增加的大部分用于耐用品的消费，提高生活水平；另一方面，当居民的消费水平很高时，消费不平等的水平也在加剧，这部分居民不会把其增加的大部分收入用于耐用品消费，而是用于储蓄，储蓄代替了耐用品作为财富的储存方式。而对于处于消费群体的中等收入阶层的消费者而言，随着收入的增加，其耐用品消费也会增加，但是这种消费的增加幅度要小于低消费者。这从消费不平等视角印证了提高我国中低收入群体的收入水平是刺激耐用品消费的关键（邹红、李奥蕾、喻开志，2013）。

第六节　结　　论

根据 LC - PIH 理论，消费主要取决于长期或一生的收入，预期收入对非耐用品消费和耐用品消费都有重要影响。而消费存量与消费流量关系密切，且耐用品存量消费更能准确反映预期的永久收入，耐用品存量消费差距也更能揭示出家庭的财富分配状况，因此本章主要度量和分解了中国耐用品存量消费不平等，探讨了耐用品存量消费不平等的形成机制。研究发现以下几点。

第一，自 20 世纪 90 年代以来，耐用品消费不平等一直大于收入不平等，但耐用品消费不平等不断下降而收入不平等却日益上升。这主要与耐用品的"耐用性""家庭内部公共物品"和购买决策等特点有关，家庭耐用品拥有的耐用品存量达到目标数量后，一般不会轻易调整耐用品规模。此外，高收入群体首先享受到了经济增长的成果，耐用品的消费总是先于低收入群体且经过了多次升级，而低收入群体的耐用品更多是首次购买，这均造成了多年来我国家庭耐用品消费不平等很长时间内都维持在高位。自2000年开始耐用消费品不平等指标呈下降趋势，而收入不平等却日益上升（李奥蕾，2013）。

第二，收入不平等和耐用品消费不平等的出生组规律存在显著区别。各出生组的收入不平等和耐用品消费不平等均呈倒U型趋势，20世纪70年代出生组具有更高的收入不平等和更低的消费不平等。年龄效应对收入不平等和消费不平等的影响并不显著，说明我国两种不平等的老龄化效应仍不显著。预期到的永久性冲击是消费不平等下降的主要原因，而预期到的永久性冲击可能与收入不平等和其他家庭人口特征相关性较大。

第三，耐用品和非耐用品不平等的出生组规律存在显著区别。非耐用品的购买和消费是连续的，消费不平等曲线较为曲折，有多个高峰且高峰出现时间不确定；而耐用品的购买决策则更趋于离散，消费不平等曲线呈现出唯一的高峰且高峰出现时间具有规律性。越年轻的出生组耐用品消费差距的高峰出现的时间越早，如20世纪70年代出生的人群在30岁左右时消费差距最大，而50年代出生组则为45岁，说明不同出生组的消费时间和消费方式不同，年轻的更倾向于提前消费，较早出现了消费差距的高峰（邹红、李奥蕾、喻开志，2013；李奥蕾，2013）。

第四，无论是分时期还是分城乡，收入不平等都是耐用品消费不平等变化的最重要因素。改革深化期收入不平等对消费不平等的作用显著高于市场化初期；两个时期农村收入不平等对消费不平等的影响都更为明显，这说明旨在激活农村耐用品消费市场的家电下乡政策能有效降低我国耐用品消费和总消费的不平等。消费者的家庭特征对耐用品消费不平等的影响非常小且基本都不显著，这与非耐用消费品不平等不同。

第五，本章稳健性检验印证了耐用品的习惯形成效应远低于非耐用品；收入不平等对耐用品存量消费的短期影响大于长期影响；收入不平等既是耐用品消费不平等变化的主要原因，也是总消费不平等扩大的决定因素；提高我国中低收入群体的收入水平，降低收入冲击风险是刺激耐用品消费和降低消费不平等的关键（李奥蕾，2013）。

由于 CHNS 数据缺少连续观测的非耐用品消费数据，第五章我们将拓宽消费数据的覆盖面，使用中国统计局城镇住户调查的非耐用品消费数据，进一步补充和完善关于我国汽车、文化娱乐、交通、服务消费不平等的研究。

第五章
收入不平等对家庭非耐用品消费
不平等的影响*

第一节 引　言

多年来，我国城乡家庭收入较快增长，衣食住行用的条件明显改善，而家庭之间的收入不平等、消费不平等和消费内部结构差异程度也在不断加剧。城乡家庭人均收入比从 1978 年的 2.11 扩大到 2011 年的 3.13。与我国最终消费率和居民消费率快速下降形成鲜明反差的是，城乡家庭消费差距日趋上升，城乡家庭人均消费支出比从 1978 年的 2.04 扩大到 2011 年的 2.91。城镇家庭的恩格尔系数远低于农村家庭的恩格尔系数，农村家庭较多以吃、穿、大众化耐用消费品、居住等生存型消费为主；而城镇家庭除食物外，消费结构主要以交通通信和文教娱乐服务等享受发展型消费为主。近年来，服务性消费逐渐成为提高我国总消费水平、经济结构调整和经济增长的重要力量，1990 年我国居民服务性消费支出占总消费支出的比重为 14% 左右，而 2011 年这一比重超过 35%，但城乡家庭服务性消费支出比也从 1990 年的 2.25 提高到

---

* 邹红，喻开志. 城镇家庭消费不平等的度量和分解 [J]. 经济评论，2013 (3).

2011 年的 3.61。我们在提倡以扩大内需来促进经济增长的同时，要防止城乡家庭非耐用品消费差距，特别是服务性消费差距的进一步扩大。[①]

长期以来，国内外已有文献侧重于分析收入不平等，消费不平等的研究一直被学者们忽略。而相比收入不平等，消费不平等更能准确反映家庭之间真实的福利差异。深入分析家庭各种消费不平等的程度，厘清非耐用品消费不平等的形成机制，这对于当期我国构建扩大居民消费需求的长效机制具有重要的现实意义。因此，本章将利用国家统计局城镇住户调查（UHS）数据，较为系统地度量城镇家庭的非耐用品消费、服务性消费、大宗消费（住房和汽车）、文化娱乐消费、家庭生存型和享受发展型消费、家庭性别资源配置的消费不平等，并与收入不平等进行比较，探讨非耐用品消费不平等[②]的形成机制，为我国降低非耐用品消费不平等和扩大内需提出政策建议。

第二节　已有相关研究回顾

非耐用品消费不平等的研究大多也是基于收入不平等衡量的标准方法，根据截面或面板非耐用品消费数据，计算不同人口特征的基尼系数、泰尔指数、各分位数之比等不平等指标；分析非耐用品消费不平等的大小、时间趋势，并对不平等进行各种分解。

一、国外消费不平等研究

布兰德尔和普雷斯顿（Blundell and Preston，1998）、巴雷特等（Barrett et al.，2000）、潘达克（Pendakur，1998）等学者们研究了一些发达国家的消费不平等，较为一致的结论是在过去 30 年，英国、加拿大、澳大利亚等国家的消费不平等均经历了不同程度的上升，而有关美国消费不平等的趋势并没

---

① 本段的数据通过历年《中国统计年鉴》相关数据计算而得。
② 如果没有特别指出，本章中的消费不平等均为非耐用品消费不平等。

有形成一致的观点。斯莱斯尼克（Slesnick，1993）发现美国于 20 世纪 80 年代消费不平等在下降，可能原因是贫困率的变化对等值因子的选择较为敏感。克鲁格和佩里（krueger and Perri，2006）计算了消费的基尼系数、对数方差、90/10 分位数之比、50/10 分位数之比，结果却表明美国在 20 世纪 80 年代的消费不平等的走势相当平稳。阿塔纳西奥等学者（Attanasio et al.，2004）认为造成不一致观点的原因可能是数据使用、等值因子调整和忽略家庭内部资源配置不平等导致了消费不平等指标存在较大的测量误差。阿吉亚尔和比尔斯（Aguiar and Bils，2011）通过综合利用家庭收支动态调查（PSID）、消费者支出调查（CEX）等多个微观数据库，发现过去三十年间（1980～2010年）美国消费差距和收入差距均在不断恶化。阿塔纳西奥等学者（Attanasio et al.，2012）对利用美国消费者支出调查数据，通过采用家庭规模等值因子调整、把总消费不平等进行分类等方法在一定程度上降低了消费不平等测量误差，研究发现，美国非耐用品消费不平等在 1980～2010 年间的增速和演变趋势几乎与收入不平等一致。

二、国内消费不平等研究

国内学者对消费不平等的研究主要从两个方面展开：一是基于收入不平等衡量的标准方法，研究消费不平等的大小和演变趋势，试图比较收入不平等与消费不平等变化的时间趋势和内在联系。曲兆鹏和赵忠（Zhaopeng Qu and Zhong Zhao，2008a）认为低收入群体存在更大的非耐用品消费不平等，食品等非耐用品消费不平等的快速增长在 1988～1995 年间较为明显，而收入不平等的快速增长则在 1995～2002 年间较为显著。蔡洪滨（Hongbin Cai et al.，2010）发现我国城镇居民的收入不平等和非耐用品消费不平等程度均持续上升，但城镇消费不平等大于收入不平等，而消费不平等与收入不平等的走势基本一致，可文章没有分析非耐用品不平等的形成原因。二是借用测量个人收入分配差距的基尼系数方法，分解消费结构各项基尼系数，得出各分项消费差距对总消费差距的贡献度。戴平生和庄赟（2012）、范金等（2012）采用基尼系数的组群和要素统一分解式考察了消费结构各项基尼系数，发现消费基尼系数大于收入基尼系数，医疗保健、教育文娱和居住类消费基尼系数处前三位，居住类和教育文娱支出的增加推高了总消费的不公平性，教育文娱消费已逐步成为影响居民总体消费差距的重要力量。

本章的主要贡献有：第一，国内研究更多注重总消费不平等或局限于统计局对总消费的八大项消费分类，本章从多个维度对总消费作了进一步细分，细致比较非耐用品消费和耐用品消费、非耐用品消费和服务性消费、服务性消费与文化娱乐服务消费、汽车和住房等特殊的大宗消费，减少了单一总类消费不平等指标引起的测量误差。第二，通过构建家庭消费支出结构不平等（享受发展型消费与生存型消费比）和家庭性别内部资源配置不平等（家庭夫妻代表性消费比），丰富了家庭消费不平等的测量指标。第三，本章利用出生组分解和回归分解方法探讨了消费不平等的形成原因，从出生组和年龄效应视角比较了城镇家庭消费不平等与收入不平等；构建由收入、教育、职业、区域等因素决定的消费方程，分别探讨了服务消费不平等和总消费不平等形成原因的异质性。

本章第三节是数据说明与处理，第四节是非耐用品消费不平等的度量，第五节是非耐用品消费不平等的分解，第六节是结论。

第三节　数据说明与处理

国家统计局的城镇住户调查采用分层（地级以上城市、县级市、县）抽样的方式获得样本，含有完善的家庭人口特征、家庭收入、家庭消费类支出和非消费类支出等信息，该调查采用让被调查户每日记账的方式收集数据，获得的收入和消费数据更为详细和准确。本章使用的数据来自国家统计局广东省城调队的城镇住户调查数据，共获得 2000~2009 年 10 个年份的 20000 多个样本。

本章的收入为城镇家庭的可支配收入。家庭总消费一般可分为耐用品消费和非耐用品消费，迪顿和帕克森（Deaton and Paxson，1994）认为这两大类消费表现出完全不同的规律。本章重点分析家庭的非耐用品消费，指家庭总消费支出减去设备用品后的消费支出，包括食品、衣着、医疗保健、交通和通信、娱乐教育文化用品及服务、居住和其他。服务性消费支出是"家庭支付社会提供的各种文化和生活方面的非商品性服务费用",本章采用通过住户调查加总的服务性消费支出数据。文化娱乐服务消费是指教育文化娱乐服务支出减去文化娱乐用品和教育(包括教材和教育费用)后的支出。汽车消费是交通通信支出中的家用汽车支出。

城镇住户调查数据是以家庭户为单位进行调查的,因此比较完整地记录了家庭每一个成员的信息,可以匹配到家庭内丈夫和妻子代表性的消费支出。夫妻配对样本便于分析家庭夫妻消费的内部不平等和家庭内部资源配置,故本章选取 2000~2009 年 10 个年份家庭配对的在婚夫妻样本作为研究对象。我们去掉了样本中单亲家庭、夫妻双方均不为户主、家庭成员数大于 10 人的家庭,选取了 22~65 岁的户主作为研究对象。另外,我们剔除了收入和消费数据中 1% 最高和最低的异常值,且非耐用品消费大于可支配收入四倍以上的家庭。最后,我们得到 15158 个样本。

由于家庭消费存在不可分割性,而家庭所得收入具有可分性,因而得到家庭中每个人的消费数据就不如得到个人收入那样方便。本章通过构造丈夫代表性消费(男性成人衣服与烟酒消费)与妻子代表性消费(女性成人衣服与美容化妆品消费)之比来表示核心家庭丈夫与妻子消费份额比。为控制家庭规模的影响,本章借鉴 OECD 和阿塔纳西奥等学者(Attanasio et al.,2012)的计算公式①,采用 OECD 等值因子把家庭层面的消费和收入调整到个体层面,在一定程度上消除家庭规模经济的影响,得到家庭的"真实"福利。表5-1 中的总消费为家庭人均非耐用品消费,即人均家庭消费性支出减去人均家庭耐用品消费支出,可支配收入为人均家庭可支配收入。可支配收入和总消费均是等值因子和广东省 CPI 调整后的结果。

根据表 5-1 和表 5-2 可以看出,2009 年,广东省城镇家庭人均可支配收入和人均非耐用品消费分别为 20228 元和 14450 元,略高于全国平均水平的 17175 元和 12265 元。② 对于本章使用的样本,从户主的个体特征看,21%

---

① 等值因子 = 1 + 0.7 × (家庭成人人口数 - 1) + 0.5 × (年龄小于 18 岁的小孩数)。

② 全国平均水平的数据来源于 2010 年《中国统计年鉴》。

的户主为女性，户主平均年龄为 44.21 岁，平均受教育年限为高中，职业主
要为各种类型单位职工和商业工作人员，平均家庭规模为 3.25 人，平均家庭
老人和小孩抚养比为 0.34。广东省珠三角、东翼、西翼和粤北山区四大经济
区域的自然地理条件差异较大，经济发展程度和人口规模也显著不同，珠三
角区域的优势显著高于其他三个区域。

表 5 – 1　　　　　　　　　　家庭可支配收入和总消费的描述统计

年份	样本数	可支配收入				总消费			
		均值	标准差	最小值	最大值	均值	标准差	最小值	最大值
2000	1290	11106.2	7261.8	921.4	59654.3	8372.1	5265.2	864.7	54529.0
2001	995	11962.2	7667.6	1143.0	63270.7	9031.6	5374.9	989.8	58588.3
2002	1224	12682.4	9018.9	1508.3	77337.6	9338.6	7351.8	936.4	83751.4
2003	1175	13333.4	10320.0	1722.9	124906.0	9573.7	7642.5	912.6	123733.1
2004	1229	14420.6	10835.8	1577.7	109306.5	10211.8	8294.4	1025.7	86864.6
2005	1206	15173.0	11383.7	1486.6	125187.5	11054.6	9627.6	1036.0	90541.4
2006	1225	15984.8	11927.8	1210.0	103260.7	11569.7	10317.2	721.2	118846.7
2007	2420	17350.7	11770.2	1521.3	137449.4	13176.4	11150.1	917.0	114981.5
2008	2143	18609.1	13377.7	1168.7	116633.1	13570.0	11981.0	900.8	137126.6
2009	2251	20227.6	13870.9	1193.4	119712.1	14449.9	11929.1	918.1	131041.8

表 5 – 2　　　　　　　　　　家庭人口特征描述统计

变量	样本数	均值	标准差	最小值	最大值
户主性别（女性 = 1）	15158	0.21	0.38	0	1
户主年龄	15158	44.21	8.95	22	65
户主受教育程度	15158	12.43	2.73	1	19
家庭规模	15158	3.25	0.84	2	9
家庭抚养系数	15158	0.34	0.16	0	0.7
地区	样本数	均值	标准差	最小值	最大值
东翼	1668	0.11	0.31	0	1
山区	2425	0.16	0.37	0	1
西翼	1364	0.09	0.28	0	1
珠三角	9701	0.64	0.48	0	1

　　注：东翼主要指汕头、汕尾、潮州和揭阳；山区主要指韶关、河源、梅州、清远和云浮；西翼主
要指湛江、茂名和阳江；珠三角主要包括广州、深圳、珠海、佛山、江门、东莞、中山、惠州和肇庆。

第四节　非耐用品消费不平等的度量

据表 5 – 1 可知，2000 ~ 2009 年，广东省城镇居民的收入水平和非耐用品消费水平持续增长，但家庭人均消费水平增长速度明显小于收入增速，且收入和消费波动明显增加（两者的标准差均增加）。广东省城镇家庭非耐用品消费的剧烈波动，与持久收入假说的理论并不一致，这可能是由于沿海城市现代化的生活消费方式和收入风险加剧，增加了居民消费的不确定性。然而收入和消费的平均值和标准差仅能反映绝对水平的大体状况，下面我们主要采用基尼系数和对数标准差作为不平等的衡量指标来比较各种不平等程度的大小。

从图 5 – 1 可知，在 2000 ~ 2009 年，两种不平等基本呈不断增长之势，可支配收入的基尼系数在 0.326 ~ 0.366 之间波动，非耐用品消费的基尼系数在 0.32 ~ 0.384 之间变化。[①] 值得注意的是，从 2005 年开始非耐用品消费不平等高于收入不平等，这可能是由于城镇家庭消费水平的提高带来了更为严重的消费差距；也可能是由于城镇居民出于逃避个人所得税、以免泄露个人收入信息等原因，收入数据存在明显低报。这一定程度上证实了消费不平等大小更能准确反映家庭的福利水平差异，政府在降低收入不平等的同时应重视居民间不断扩大的消费差距。从 2008 年开始，消费不平等和收入不平等均出现了下降趋势。可能的原因是，2008 年的金融危机使广东城镇居民实际消费或收入水平增速放缓，收入分配、社会保障等民生政策的改善降低了居民收入和消费的不平等。

为了分析非耐用品消费内部差距的相对状况和时间趋势，表 5 – 3 采用基尼系数和对数标准差指标，详细度量了食物消费和耐用品消费、服务性消费和文娱服务消费、汽车和住房等大宗消费、享受型消费与生存型消费、家庭

---

　　① 需要指出的是，不同口径计算出的非耐用品消费不平等大小会略有区别。本章采用常见的统计口径，非耐用品消费等于总消费减去家庭耐用品设备消费（包括洗衣机、电风扇、冰箱等常用的 15 种家庭耐用品）。

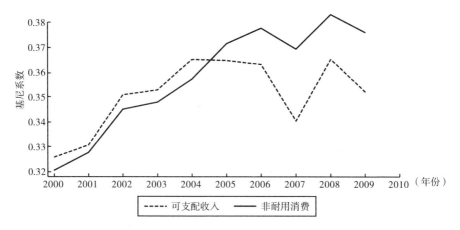

图 5 - 1　非耐用品消费不平等和收入不平等

不同性别消费的消费不平等。从表 5 - 3 中可以看出以下几点①。

表 5 - 3　　　　　　　　　　各种消费不平等的比较

年份	基尼系数				对数标准差			
	食品	耐用品	服务性消费	文娱服务	住房	汽车	文娱/食物	夫妻消费
2000	0.252	0.543	0.440	0.680	0.352	4.430	1.479	1.273
2001	0.237	0.533	0.433	0.685	0.366	4.950	1.485	1.280
2002	0.259	0.528	0.447	0.693	0.374	5.383	1.493	1.291
2003	0.277	0.533	0.450	0.697	0.382	3.705	1.515	1.305
2004	0.247	0.501	0.471	0.704	0.400	6.227	1.582	1.316
2005	0.262	0.482	0.480	0.717	0.403	8.090	1.543	1.319
2006	0.263	0.475	0.475	0.694	0.412	11.132	1.560	1.321
2007	0.261	0.461	0.459	0.711	0.460	10.959	1.531	1.331
2008	0.285	0.486	0.502	0.725	0.500	8.416	1.545	1.318
2009	0.293	0.479	0.482	0.726	0.467	9.933	1.538	1.309

注：表 5 - 3 中的"汽车"为构造的汽车存量价值标准差。因为有些家庭从没有购买汽车，我们不能算出这些家庭汽车价值的对数，因此我们通过构造汽车存量价值的标准差系数来表示汽车消费不平等，公式为汽车消费标准差 = 每个家庭的汽车存量价值与各年所有家庭汽车存量价值均值的标准差，存量价值和存量价值均值都包括那些汽车消费为 0 的家庭。表 5 - 3 中的"文娱/食物"指标为家庭文化娱乐服务对数除以食物支出对数的标准差。"夫妻消费"为核心家庭丈夫消费份额与妻子消费份额之比的标准差。

---

① 借鉴阿塔纳西奥等（Attanasio et al.，2012）的研究，同时考虑到汽车等消费变量存在较多的缺失值，采用基尼系数指标会引起较大的测量误差，且本章在此仅想得出各类消费不平等的直观走势，故表 5 - 3 中的汽车、娱乐/食物、夫妻消费（家庭内丈夫与妻子代表性消费比）采用对数标准差表示消费不平等，而其他消费类型的消费不平等采用基尼系数指标表示。

第一，食物消费不平等显著小于各种消费不平等。食物消费体现居民最基本的生活需要，广东省由于人均收入较高，居民之间的食品消费差距最高不到 0.3。经计算，如果将食品消费从非耐用品消费中剔除，非耐用品消费的基尼系数就将上升到 0.41 ~ 0.44 之间。耐用品虽然也是家庭生存型消费品，但广东省城镇居民耐用品消费不平等一直维持在 0.46 以上，如果把耐用品加入总消费支出中，总消费的基尼系数更会显著高于非耐用品消费的基尼系数。

第二，服务性消费不平等远远高于非耐用品消费不平等。在 2000 ~ 2009 年，沿海广东城镇家庭的服务消费不平等经历了一个快速上升的过程，服务性消费的基尼系数在 0.433 ~ 0.502 之间，显著高于图 5 - 1 中的非耐用品消费不平等的 0.32 ~ 0.384 之间。从服务性消费的进一步细分中，我们可以看到文化娱乐服务消费的基尼系数一直处在 0.68 ~ 0.726 之间，远远高于其他消费不平等。

第三，住房和汽车消费不平等不断增长且居于高位。房地产市场化的不断推进和房价的快速上涨，影响了收入不平等（瞿晶和姚先国，2011），以及与住房相关的消费不平等。十年来，广东省城镇家庭住房消费的基尼系数基本呈快速上涨之势，由 0.35 升至 0.5 左右。与此同时，城镇家庭的汽车消费也快速上升，汽车消费不平等更呈现显著增长之势。从汽车消费的对数标准差来看，从 2005 年开始汽车消费不平等快速上升且一直维持在高位。

第四，娱乐与食物消费支出比的不平等（家庭享受发展型与生存型消费支出结构差距）居于高位。娱乐与食物对数消费支出比的标准差由 2000 年的 1.48 上升到 2004 年的 1.58，其后一直维持在 1.54 上下。莉丝和塞茨（Lise and Seitz，2011）指出这一指标能简单反映家庭消费支出结构内部的不平等，也是非耐用品消费不平等的一种稳健性检验。尽管我国城镇居民消费结构不断升级，但家庭旅游娱乐服务等消费性支出还很少，且极易受到收入等不确定性的影响。

第五，家庭夫妻代表性消费不平等（家庭性别资源配置差距）呈现倒"U"型趋势。家庭夫妻间的消费不平等由 2000 年的 1.27 增长到 2007

年的 1.33，随着女性地位的提升，这种不平等于 2009 年下降至 1.31。家庭夫妻间的消费不平等程度的缩小，从某种意义上来说是女性在家庭内福利水平的改善，降低这种不平等更有利于增进女性的福利水平和生活满足程度。

总体来看，随着收入水平的不断提高，广东省城镇居民消费结构重心已转向享受型消费和发展型消费，服务性消费支出特别是文化娱乐服务消费、大宗消费等享受发展型消费拉大了城镇居民的消费不平等。

第五节　非耐用品消费不平等的分解

以上我们仅仅考察了收入不平等和各种消费不平等的基本状况，这一节我们将从两个方面探寻消费不平等的形成原因。国外标准化消费不平等形成原因的分析主要是将其分解为出生组效应、年龄效应和时间效应，国内一些学者也认为人口老龄化是我国收入差距和消费差距不断增大的重要原因，本节将对消费不平等进行出生组效应和年龄效应分解，检验人口年龄结构变动、消费不平等和收入不平等的关系。同时，将在此基础上进行更为详细的回归方程分解，探寻消费不平等和文化娱乐服务消费不平等的关系。

一、非耐用品消费不平等的出生组效应与年龄效应分解

各出生组年龄不同，所处时代不同，会面临不同的收入和消费冲击。以下我们将构建出生组，分析组内和组间的收入和消费不平等状况。根据我国传统的家庭文化，户主在家庭中一般具有较高的收入和议价能力，对家庭消费的决策权当然也较大。表 5 - 4 将户主作为家庭的代表性个体，依据户主出生年代，每十年构建一个出生组，共形成了六个出生组。

表 5 - 4   各出生组在各年的样本数量

出生组	2002 年	2003 年	2004 年	2005 年	2006 年	2007 年	2008 年	2009 年	总计
三零后	32	13	1	0	0	0	0	0	46
四零后	240	225	213	179	162	219	203	167	1608
五零后	544	458	433	395	353	586	484	522	3775
六零后	354	387	451	476	512	1001	802	853	4836
七零后	54	76	115	146	198	598	618	665	2470
八零后	0	16	16	10	0	16	36	44	138
总计	1224	1175	1229	1206	1225	2420	2143	2251	12873

表 5 - 4 展示了 20 世纪 30 年代到 80 年代共六个出生组的样本值统计情况，绝大多数出生组样本在 1000 个以上。由于最年老出生组（20 世纪 30 年代）样本量较小，仅有 46 个，容易造成估计偏差。因此，本章将重点考察 20 世纪 40 年代至 80 年代共五个出生组的非耐用品消费和收入的不平等。

（一）模型

根据迪顿和帕克森（1994）的模型可知，收入不平等将随着人口老龄化而不断恶化。在永久收入假说的一般理论框架和相关前提假设下，家庭面对的持久冲击将导致组内的非耐用品消费不平等随着时间增加而积累增大。这里我们沿用奥塔克和齐藤（Ohtake and Saito, 1998）的模型，将非耐用品消费不平等和收入不平等分解为出生组效应和年龄效应：

$$Var[lnc(j,k)] = Var[lnc(j)] + \frac{1}{\gamma^2}\sum_{l=0}^{k-1}\sigma_h(j,l)^2 \qquad (5-1)$$

其中，j 表示各出生组年代，k 表示年龄，σ_h 表示个体异质性方差，l 表示年份。不平等可以分解为两个部分：式（5 - 1）左边表示各出生组总体的不平等情况；而右边第一项则为出生组效应，表示出生组初始的分配差距，右边第二项为年龄效应，表示随时间变化未预期到的冲击结果。为便于实证上的检验，构建虚拟变量，建立以下方程：

$$Var[lnc(j,k)] = \sum_{m=j_0}^{J}\alpha_m cohort_m + \sum_{n=k_0}^{K}\beta_n age_n \qquad (5-2)$$

其中，cohort 表示出生组，与前面分析一致，我们根据每 10 年确定一个出生组，共确定 20 世纪 30 年代到 80 年代六个出生组。age 表示年龄组，从 23 岁到 65 岁，每 1 岁确定 1 个年龄组，一共 43 个年龄组。然后我们通过构造虚拟变量再进行回归分析，系数 α_m、β_n 就是我们要得到的出生组效应和年龄效应（李奥蕾，2013）。

（二）出生组效应

根据相关文献，出生组效应才是"真实的不平等"，因为这样剔除了年龄效应所代表的时间风险。同时，出生组效应可比较不同出生组之间的消费和收入的不平等，但宏观经济环境的变动使得这种比较并不是很有用，因为很难识别家庭真实的福利差异，只能对消费和收入的不平等的大小有一个总体了解（奥塔克和齐藤，1998）。

非耐用品消费不平等的出生组效应具有重要的经济含义，因为它代表出生组本身的持久收入差距。表 5 - 5 中所有的估计系数在 10% 的水平上显著。我们可得到两点基本认识：第一，基于不同出生组的不平等效应比较，相比更年老的出生组（20 世纪 40 年代、50 年代和 60 年代），更年轻的出生组（20 世纪 70 年代和 80 年代）存在更大的收入不平等和非耐用品消费不平等。各出生组效应的比较是基于基准组（20 世纪 30 年代），表 5 - 5 说明 20 世纪 30 年代之后的出生组面临着更高的收入不平等和更高的非耐用品消费不平等。比如相对于 20 世纪 30 年代出生的人群，80 年代出生的人群的收入不平等高出 0.3425，非耐用品消费不平等高出 0.3455。第二，基于同一出生组两种不同的不平等效应比较，更年老的出生组的收入不平等效应大于非耐用品消费不平等效应，而更年轻的出生组的非耐用品消费不平等效应大于收入不平等效应。如相对于 20 世纪 30 年代出生的人群，70 年代出生的人群的收入不平等要高 0.2667，而非耐用品消费不平等要高 0.2747，消费差距更加明显。这也说明，相比年老的出生组，更年轻的出生组工作经验较少，但喜欢追求现代化的生活方式和消费模式，因此，相比收入不平等，消费不平等更大。

表5-5　　　收入不平等和非耐用品消费不平等出生组效应的估计系数

出生组	收入对数		非耐用品消费对数	
	系数	RSE	系数	RSE
四零后	0.1107**	0.0040	0.0685*	0.0042
五零后	0.1204***	0.0043	0.0799***	0.0046
六零后	0.1972***	0.0044	0.1935***	0.0047
七零后	0.2667***	0.0046	0.2747***	0.0049
八零后	0.3425***	0.0064	0.3455***	0.0069
常数项	-0.1867***	0.0223	0.1093***	0.0238
R^2	0.7543		0.7212	
N	12872		12872	

注：***、**、*分别表示在1%、5%、10%的置信水平下显著，RSE为稳健标准差。表5-5考查了20世纪30年代到80年代共六个出生组，其中以30年代的出生组为基准组，以下估计结果均通过Stata 15实现。

（三）年龄效应

由于年龄组的虚拟变量较多，有43个年龄虚拟组，我们将年龄组的估计系数用图5-2加以说明。年龄效应的分析是考虑全部出生组样本且在控制住出生组因素不变的情况下，以23岁人群为参照组，区别不同年龄进行回归得出的估计系数（李奥蕾，2013）。

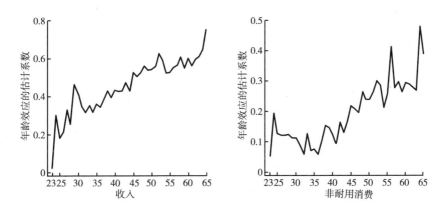

图5-2　收入不平等与非耐用品消费不平等的年龄效应

回归结果显示，收入和非耐用品消费的估计系数都呈不断上升趋势，所有的估计系数都在 10% 的水平上显著，且总体而言，收入的估计系数大于非耐用品消费的估计系数。从图 5 - 2 可知：相对于基准组（23 岁），30 岁之后的年龄组将面临更大的收入不平等，并且收入不平等程度越来越强。与收入方程不同，非耐用品消费方程的估计系数呈现出阶段性的趋势。在 23 ~ 30 岁之间，可能刚开始组建年轻家庭，没有小孩，养老和健康支出也较少，消费方程的估计系数呈现显著上升再下降的趋势。在 55 ~ 65 岁之间，有些家庭老年人有稳定的社会保障和医疗保障，而有些家庭却要为今后的养老和健康支出进行预防性储蓄，消费方程的估计系数又呈现显著上升的趋势。而在 30 ~ 55 岁之间，几乎所有年龄段均显著随着年龄的增加而有所递增。

根据图 5 - 1 和图 5 - 2 可知，对于特定的出生组，收入不平等随着年龄的增加变得更为敏感。随着年龄的增加，收入不平等冲击的累加效果越来越明显，非耐用品消费不平等的年龄敏感性特征与收入差距基本一致，这与收入不平等和耐用品消费不平等的年龄效应显著不同。

二、非耐用品消费不平等的回归方程分解

以上我们主要从人口年龄结构因素，讨论了收入不平等和消费不平等形成的不同特点。但消费结构内部存在很不一致的消费不平等，汽车、住房、文化娱乐服务消费不平等远远高出食物消费和总消费不平等程度，意味着分项消费不平等的形成原因也不一样。本节将借鉴回归方程的收入差距分解方法，以期探讨文化娱乐服务消费不平等和总消费不平等更为详细的形成原因。

我们以文化娱乐服务为例代表享受发展型消费，以非耐用品消费代表家庭总消费，基于回归方程的分解框架来分析消费决定方程中各变量对于消费差距的影响。本章采取了文献中一种比较常用的方法（陈钊等，2010）来衡量各解释变量对消费不平等的贡献度，以及估计模型和残差对消费不平等的解释程度。基本思想为：第一，将消费决定函数的某一个自变量 X 取样本均值，然后将 X 变量的平均值和其他变量的实际值一起代入基本消费决定方程，

得到消费预测值，同时利用组群基尼系数方法计算出对应的消费不平等系数。[①] 该消费不平等系数与根据真实数据计算出的消费差距之差衡量了 X 变量对于消费差距的贡献。第二，通过上述类似回归估计思路能获得模型各变量的估计系数和残差，在此基础上用已知系数代出模型的估计值，然后用估计值与原始值的比值作为解释变量对被解释变量消费差距的解释度，而残差与原始消费差距的比值来表示没有被解释的消费差距部分。

根据消费需求和消费不平等的影响因素文献（曲兆鹏等，2008；邹红等，2011）可知，我们先确定解释变量，估计总消费和文化娱乐消费决定方程。然后，在两个消费决定方程的基础上进行两种消费差距的分解。

我们建立的消费决定方程如下：

$$c_{it} = \beta_t w_{it} + \gamma'_t X_{it} + \varepsilon_{it} \qquad (5-3)$$

其中，w 表示家庭的人均年可支配收入，c 为家庭的人均非耐用品消费，下标 i 表示家庭，t 表示年份。X 是一组由包括收入和户主信息等变量构成的向量，解释变量具体包括可支配收入、性别、年龄及其平方、受教育程度、职业类型、家庭抚养系数、家庭规模和区域虚拟变量。总消费和文化娱乐消费回归模型的拟合程度均较高，R^2 都在 0.6 以上。[②]

本章通过回归估计方法得到模型各变量的估计系数和残差，在此基础上计算出模型对消费差距的解释度，以及残差对消费差距的解释度。根据这样的原则，我们得到了 2002～2009 年总消费和文化娱乐消费在这八个年份的不平等状况，在表 5-6 中我们报告了 2002 年和 2009 年两种消费不平等，我们的模型分别可以解释 2002 年总消费差距和文化娱乐消费差距的 87.5% 和 88.6%，2009 年总消费差距和文化娱乐消费差距的 86.6% 和 91.6%。[③]

从表 5-6 可知，不管是总消费还是文化娱乐消费决定方程，加入可支配收入这一变量后大大提高了模型的解释力度。无论是用基尼系数，还是用泰

---

① 本章采用年份—区域—出生组三个维度，计算出不同年份、不同区域和不同出生组内的基尼系数表示消费不平等。

② 限于篇幅，我们没有报告基础回归方程的估计结果，有兴趣的读者可向作者索要。

③ 考虑到本节的样本期，2002 年是起始年份，而 2009 年为最末年份，所以本节仅列出了这两年的估计结果，主要目的是考察各变量对消费差距贡献的时间趋势。

尔指数或变异系数作为消费差距的度量指标,每种因素对收入差距贡献度的排序没有变化,因此,本节仅使用基尼系数作为消费差距的度量指标,使用基于回归方程的分解方法研究各影响因素对消费差距的贡献度。

表5-6　城镇家庭总消费和文化娱乐消费差距的基尼系数及模型的解释度

基尼系数及模式解释度	2002 年		2009 年	
	总消费	文化娱乐服务消费	总消费	文化娱乐服务消费
原始数据计算的基尼系数	0.3452	0.7033	0.3762	0.7116
估计数据计算的基尼系数	0.3021	0.6230	0.3256	0.6519
残差对消费差距的解释度（%）	12.50	11.42	13.45	8.39
模型对消费差距的解释度（%）	87.50	88.58	86.55	91.61

注:本表通过回归计算得到变量的估计系数和残差,在此基础上计算出模型对消费差距的解释度,以及残差对消费差距的解释度。

基于回归方程的收入差距分解方法可以对决定消费差距的各个因子按其重要性进行排序,进而找到影响消费不平等的重要因素。在表5-7中我们报告了2002年和2009年消费决定方程中8个因素对于总消费差距和文化娱乐服务消费差距的贡献。我们可以发现几个重要的特点。

表5-7　　　　2002 年和 2009 年消费差距影响因素的分解

变量	2002 年				2009 年			
	总消费		文化娱乐服务消费		总消费		文化娱乐服务消费	
	Gini	百分比（%）	Gini	百分比（%）	Gini	百分比（%）	Gini	百分比（%）
可支配收入	0.1213	40.152	0.2812	45.140	0.1429	43.890	0.3111	47.727
性别	0.0209	6.921	0.0482	7.738	0.0191	5.870	0.0413	6.329
年龄	0.0211	6.985	0.0314	5.047	0.0206	6.336	0.0373	5.723
受教育程度	0.0249	8.250	0.0660	10.598	0.0276	8.475	0.0638	9.783
职业	0.0209	6.926	0.0614	9.850	0.0236	7.255	0.0599	9.196
抚养系数	0.0208	6.896	0.0414	6.651	0.0220	6.753	0.0439	6.730
家庭规模	0.0330	10.929	0.0419	6.720	0.0305	9.372	0.0424	6.511
区域	0.0391	12.941	0.0514	8.257	0.0392	12.054	0.0522	8.001
总基尼系数	0.3021	100	0.6230	100	0.3256	100	0.6519	100

注:各因素对消费差距的贡献度通过回归分解方法得到,更详细的信息见邹红,喻开志.城镇家庭消费不平等的度量和分解［J］.经济评论,2013（3）.

各年城镇家庭可支配收入对两种消费差距的贡献度均达到了40%以上。与总消费差距相比,收入水平的提高,会更加拉大文化娱乐服务的消费差距,2009年收入对文化娱乐消费差距的贡献度达到了47.7%。说明缩小消费差距的根本仍在于缩小收入差距,增加低收入群体的收入水平可以降低基本生存型消费的不平等,更能降低享受发展型消费的不平等,这大于布兰德尔等学者（Blundell et al.,2008）发现的发达国家收入冲击作用于消费不平等20%的贡献程度和保险平滑机制效应。

对于总消费差距而言,区域、家庭规模和教育的贡献度排在第二大类重要因素。相比2002年,2009年区域和家庭规模对消费差距的贡献度有所下降,而教育的贡献度却有所上升。广东的珠三角、东翼、西翼和粤北山区四大经济区域的经济发展差距显著影响了城镇家庭的消费差距;此外,家庭规模的增加也会拉大消费差距;不同教育水平的回报率显著不同,且在此期间教育的回报率存在明显上升,教育对消费差距的贡献度理所当然地相应上升。

对于文化娱乐消费差距而言,教育、职业和区域的贡献度排在第二大类重要因素,但相比2002年,2009年这三种因素对消费差距的贡献度均有所下降,而收入水平的贡献度却有所上升。值得注意的是,提高教育水平,发展文化教育对降低文化娱乐消费差距具有日益重要的作用。

性别、年龄和抚养系数对总消费和文化娱乐消费差距的贡献均在5% ~ 7%之间,对两种消费差距仅起到微弱的作用,这也进一步说明了相比收入、教育等因素,目前中国消费不平等的年龄效应较小。

第六节　结　　论

本章利用2000 ~ 2009年广东省城镇住户调查数据,详细度量了城镇家庭各种消费不平等的大小,采用出生组分解和回归分解方法,比较分析了消费不平等和收入不平等、总消费不平等和服务消费不平等的形成机制。研究发现:在2000 ~ 2009年,城镇家庭收入基尼系数基本在0.326 ~ 0.366之间变化,而消费基尼系数由0.32增长至0.384,2004年开始消费不平等高于收入不平等。除食物消费不平等外，服务消费、汽车、文化娱乐的消费不平等显著大于总消费不平等和收入不平等。更年轻的出生组（20 世纪 70 年代和 80 年代）存在更大的收入不平等和更大的消费不平等，但出生组的消费不平等效应大于收入不平等效应。各年城镇家庭可支配收入对总消费差距和文化娱乐消费差距的贡献度均达到了 40% 以上，对于总消费差距而言，区域、家庭规模和教育的贡献度位居其次，而对于文化娱乐消费差距而言，教育、职业和区域的贡献度排在第二大类重要因素。降低收入不平等、提高人力资本、发展服务业、完善消费刺激政策，对于降低我国城镇家庭的耐用品和非耐用品消费不平等，扩大居民消费需求具有重要意义。

本书的第四章和第五章分别细致分析了城乡耐用品消费不平等和收入不平等的大小、时间趋势和影响机制，以及城镇各种非耐用品消费不平等和收入不平等的度量、分解和影响机制，得出除劳动收入份额、收入差距外，收入不平等也是影响居民实际消费能力的重要因素，降低收入不平等能显著缓解城乡居民的消费不平等。

第六章
收入结构视角下扩大居民服务消费的实证研究 *

第一节 引 言

随着改革开放的深入,我国经济快速增长,城乡居民收入水平和消费水平稳步提升,消费结构不断升级,服务性消费和服务性消费结构也取得了长足发展。1992 年,我国居民服务性消费占总消费支出的比重为 14%,而 2011年这一比重达到 35%。此外,服务性消费支出对居民总消费的拉动效应明显,1992~2011 年间,服务性消费拉动总消费年均增长 3.6 个百分点。[①] 服务性消费已经成为提高我国总体消费水平、经济结构调整和经济增长的重要力量,应该充分重视服务性消费在提高居民消费率方面的积极作用,培育我国经济增长的长期动力。服务性消费代表消费结构升级的最终趋势,是最主要的消费增长点,其主要包括文化娱乐、旅游、教育、养老等。[②] 目前美国、日本、

---

* 邹红,喻开志. 收入结构视角下扩大居民服务消费的实证研究 [J]. 财经科学, 2013 (5).

① 数据来源于各年中国统计年鉴。

② 新的消费增长点应与扩大消费需求长效机制相结合 [EB/OL]. 中国经济日报, 2012 - 12 -
28, http://xf. chinadaily. com. cn/2012/1228/4222. shtml.

英国等发达国家服务业占 GDP 的比重均在 70% 以上，而我国仅有 41% 左右。因此，如何扩大服务消费，优化服务性消费结构，促进产业结构转型成为我国经济发展中被日益关注的重要问题之一。本章将在前面几章对劳动收入份额、收入差距、收入不平等影响居民实际消费能力的研究基础上，重点从收入来源结构视角分析家庭总消费能力和服务性消费能力的影响。

第二节　已有相关研究回顾

国内学者们对于总消费和消费结构影响因素的研究较多。尹世杰（2001），孙凤和易丹辉（2000）从一般意义上全面概括了影响消费结构的收入因素，包括收入水平、收入增长率、收入差距，并认为收入水平是消费结构最重要的决定因素。张秋惠和刘金星（2010）研究了不同性质的收入对我国居民消费结构具有不同的影响。周弘（2012）认为住房按揭贷款会通过"挤压效应"和"补偿效应"影响家庭消费行为，进而改变家庭消费结构。樊茂清和任若恩（2007）则认为应考虑家庭的异质性偏好，家庭特征对中国消费结构具有重要影响。上述这些文献为本章研究服务性消费结构的影响因素提供了重要基础。国内对于服务性消费和服务性消费结构影响因素的研究仍较少。程大中（2009）认为，中国居民的服务性消费支出趋于上升，服务价格而非收入水平的提高是其中的主因，我国绝大多数地区在服务性消费方面已显露出"成本病"问题。夏杰长和张颖熙（2012）把服务性消费简要划分为医疗保健、交通通信、文化娱乐、教育四大类，对我国城乡居民服务性消费的现状、趋势及政策建议进行了一般性分析，但没有对服务性消费的影响因素进行实证研究。盛逖（2012）同样使用粗口径服务性消费定义，利用 AIDS 模型对北京市居民服务性消费结构和服务性消费价格弹性进行了动态分析。以上学者均认为收入是增加服务性消费的重要途径，但要扩大服务性消费，应侧重增加哪些家庭哪些类型的收入？家庭异质性因素对服务性消费又有怎样不同影响？

与国内以往研究不同，本章将试图尽量减少服务性消费结构的测量误差，并考虑家庭异质性因素，重点分析不同收入层次下家庭收入结构对总消费、服务性消费和服务性消费结构的影响。本章的贡献主要表现在：第一，以往研究对服务性消费结构分类较粗，一般仅考虑家庭服务、医疗保健、交通和通信、教育文化娱乐共四大类，划分并不精确且包含一些商品性支出。本章根据城镇住户调查的微观数据特点，对服务性消费结构进一步细分至七类，丰富了家庭服务性消费结构的测量指标。第二，以往文献大多是利用《中国统计年鉴》中的宏观总量数据进行分析，忽视了微观个体行为的异质性，无法体现户主年龄、文化程度、职业等家庭异质性特征对服务性消费结构的重要影响。第三，以往学者更多基于需求函数系统的 LES、ELES、AIDS 模型，仅考虑影响服务性消费的居民收入水平和价格因素，本章将较为系统地研究收入因素，包括收入水平、收入结构、收入增长率、收入不平等对服务性消费结构的影响，数值模拟出改变中低收入家庭的收入结构对服务性消费倾向的具体影响，为我国新一轮扩大居民服务性消费需求和促进产业结构升级提供某些启发性思路。

本章第三节是数据说明与处理，第四节是城镇家庭服务性消费结构的现状和问题分析，第五节是收入结构对服务性消费和服务性消费结构的实证分析，第六节是结论。

第三节　数据说明与处理

国家统计局的城镇住户调查采用分层（地级以上城市、县级市、县）抽样的方式获得样本，含有完善的家庭人口特征、家庭收入和消费等信息，该调查采用被调查户每日记账的方式收集数据，获得的收入和消费数据更为详细和准确。本章使用的数据来自国家统计局广东省城调队的城镇住户调查数据（子样本），包括 2002～2009 年 8 个年份共 17841 个样本。城镇住户调查数据样本三年须全部轮换，在各地级市每三年抽样的家庭户样本框是不同的，很难获得一定规模三年以上都包括的家庭户，无法整理成较长时间的面板数据，因此本章使用的是 2002～2009 年各年重复截面数据。

　　本章的总收入为城镇家庭的可支配收入，主要被划分为家庭工资性收入、经营性收入、转移性收入和财产性收入四大类。收入差距为各年省内不同区域和不同出生组的基尼系数。收入增长率为人均可支配收入在各年省内不同区域和不同出生组的收入增长率。服务性消费支出是家庭支付由社会提供的各种文化和生活方面的非商品性服务费用，住户调查有现成加总的服务性消费支出数据。本章在国家统计局家庭消费支出八大类划分基础上进一步细分整理，构建了七类典型的服务性消费支出，包括外出就餐服务、通信服务、文化娱乐服务、教育服务、交通服务、住房服务、家政服务，本章的家庭总服务性消费支出由以上七类组成。需要说明的是，由于"衣着"支出项中的"加工服务"金额太小，本章把这项并入家政服务类，统计数据中没有非常明确的相关医疗服务费用数据，况且医疗支出内生于家庭成员的健康状况，因此本章并没有纳入医疗保健服务。2002～2009 年间，住户调查数据中现成的人均总服务性消费支出为 4201.6 元，而本章构造的由七大类服务支出组成的人均总服务性消费支出为 4188.8 元，说明本章的服务性消费支出和服务性消费结构划分具有一定代表性。本章的消费贷款包括家庭住房贷款、汽车贷款和教育贷款。

　　为了考察家庭异质性对服务性消费结构的影响，我们控制了家庭的人口特征，包括户主年龄、户主受教育程度、户主职业和家庭规模。一些学者认为人口年龄结构对消费行为有重要影响，不同出生组的服务性消费意识和行为差异显著，我们用户主作为家庭的代表性个体，根据户主的出生年代每十年构建一个出生组，控制了 20 世纪 40 年代、50 年代、60 年代、70 年代、80 年代共五个出生组。广东省不同经济区域的自然地理条件差异较大，经济发展程度显著不同，珠三角区域的优势显著高于其他三个区域，为了控制省内区域的影响，我们根据广东省行政规划，把全省 21 个地级市划分为珠三角、东翼、西翼和粤北山区四大经济区域。此外，我们也考虑了年份虚拟变量。[①]

---

　　① 广东省四大经济区域，分别为东翼包括汕头、潮州、揭阳、汕尾 4 市；粤北山区包括韶关、梅州、清远、河源、云浮 5 市；西翼包括湛江、茂名、阳江 3 市；珠三角包括广州、深圳、珠海、佛山、东莞、中山、惠州、江门、肇庆 9 市。

我们选取了样本中家庭成员小于 5 人和户主在 22 ~ 70 岁之间的家庭作为研究对象。另外，我们剔除了收入和消费数据中 1% 最高和最低的异常值，且家庭总消费大于可支配收入四倍以上的家庭。最后，我们得到 17345 户样本。需要特别说明的是，本章的各种类型收入和各种类型消费数据均是人均对数收入和人均对数消费支出，均是根据广东省各年 CPI 调整后的结果。

第四节　城镇家庭服务性消费结构的现状和问题分析

一、总体消费结构升级明显，不同收入阶层消费结构差异显著

近十年来，广东省城镇居民总消费支出增长较快，消费结构明显升级，恩格尔系数呈下降趋势，教育文化娱乐服务、交通通信等享受发展型消费比重总体呈上升之势，家用汽车、现代化的通信电子产品及高档的文化娱乐用品逐渐进入城镇家庭。2002 ~ 2009 年间，广东省城镇家庭消费结构的平均食物消费占比为 43.5%、衣着为 5.8%、耐用品为 5.3%、医疗保健为 5.4%、交通通信为 13.3%、教育娱乐为 12.1%、住房为 11.6% 和其他为 3.1%。[①] 为了分析不同收入水平家庭的消费结构，按照国家统计局制度，我们在表 6 - 1 中把城镇家庭按收入等级划分为：低收入户、中等偏下收入户、中等收入户、中等偏上收入户、高收入户共五组。

表 6 - 1	不同收入水平家庭的总消费结构						单位:%
划分等级	食物	衣着	耐用品	医疗保健	交通通信	教育娱乐	住房	其他
低收入	52.08	4.13	3.96	4.69	9.37	9.64	13.81	2.34
中等偏下收入	47.83	5.25	4.96	5.14	11.38	10.55	12.22	2.66
中等收入	43.73	6.05	5.38	5.81	13.01	11.76	11.25	3.01
中等偏上收入	39.97	6.57	5.85	5.65	14.72	13.44	10.52	3.41
高收入	34.10	7.13	6.52	5.63	17.81	14.49	10.20	4.13

---

① 消费结构的八项比重可由表 6 - 1 中的数据计算得出。

不同收入水平的家庭消费结构存在明显差异，从表 6 - 1 可以看出，对低收入和中等偏下收入家庭而言，食物和住房等生存性消费资料占家庭消费结构比重最大，交通通信和教育娱乐的生活需求仍不能得到很大程度满足；然而对中等收入、中等偏上收入和高收入家庭而言，除食物外，交通通信、教育娱乐等发展享受型消费资料占家庭消费结构比重最大。因此，应差异化地促进不同收入群体的消费结构升级，降低中低收入家庭的生存型消费，继续增加中等偏上收入和高收入家庭的服务性消费。总体来说，不同收入水平家庭的享受发展型服务性消费是今后我国居民消费增长的热点和发展趋势，然而总消费结构并不能准确揭示出服务性消费的结构。

二、服务性消费结构不断改善，但服务性消费占总消费支出比重不升反降

据表 6 - 2 可知，2002 ~ 2009 年间，广东省城镇居民人均年服务性消费支出从 2897.53 元增加到 5110.35 元，年均增长 9.6% 左右，增幅高于人均可支配收入的年均增长速度 8.4%，但低于人均总消费支出的年均增长速度 10.1%，且人均服务性消费占总消费支出的比重从 30.4% 下降到 29.8%。说明服务性消费是居民消费的重要组成部分，但广东省近年来服务性消费对拉动消费、扩大内需的作用不升反降，值得我们关注。

表 6 - 2 　　　　　　　　　家庭人均服务消费支出结构　　　　　　　　单位：元

年份	总服务支出	外出就餐	通信服务	文化娱乐	教育服务	交通服务	住房服务	家政服务
2002	2897.53	870.81	561.01	359.04	661.86	319.25	67.96	57.60
2003	2916.84	864.66	614.12	356.68	600.49	320.82	88.88	71.19
2004	3527.04	1048.22	706.71	499.82	677.75	393.95	110.85	89.73
2005	3823.82	1163.21	718.36	547.87	688.95	478.51	136.25	90.67
2006	4232.88	1302.01	752.49	618.54	760.61	547.66	158.90	92.69
2007	4539.12	1347.62	919.81	708.45	678.75	599.26	172.39	112.84
2008	4801.79	1511.69	910.56	776.16	593.31	660.82	223.37	125.87
2009	5110.35	1622.23	937.95	873.68	655.70	650.55	230.06	140.18

虽然人均服务性消费占总消费支出的比重有所下降，但服务性消费结构不断改善，外出就餐、通信服务等七类服务支出均增长较快，外出就餐服务、通信服务、文化娱乐服务、教育服务和交通服务是城市居民服务性消费的主要组成部分，占广东省服务性消费支出的比重在80%以上。广东省城镇居民喜爱美食，追求方便，外出就餐服务消费占服务消费性支出比重和增长速度一直维持在高位。近十年来，除外出就餐服务外，通信服务、文化娱乐服务始终居第一位和第二位，这显示居民家庭的消费正向享受型、信息化的方向过渡。需要注意的是，家政服务占比仍然较低，随着我国城镇老龄化的加剧，促进社区的家庭服务对扩大居民消费需求具有重要意义。

三、收入差距和收入结构不合理，阻碍了服务性消费的快速发展

2002~2009年，广东省城镇居民收入的基尼系数由0.27上升到0.38，高收入组与低收入组的人均可支配收入比由6.74上升至7.88。[①] 收入差距较大且日益严重必然会影响服务性消费差距。我们可以从图6-1中看出，2002~2009年，不同收入层次家庭的服务性消费差距较大，高收入家庭的服务性消费最高且增长速度最快，人均服务性消费一直在7000元以上，平均增长速度为16.91%，说明高收入群体仍是服务性消费尤其是享受型服务性消费的主体；而低收入家庭的服务性消费支出较低且增长速度缓慢，人均服务性消费基于稳定在1000~1200元之间。就人均服务性消费支出收入比而言，以2009年为例，低收入和中低收入家庭分别为18.9%和18.3%，中等收入和中高收入家庭分别为24.1%和24.6%，高收入家庭为21.6%。显然，中等收入和中高收入组的服务性消费倾向要大幅超过高收入组。但是，收入分配制度不合理使部分中等收入群体因为实际收入较低制约了服务性消费能力，而高收入群体的服务性消费需求日趋稳定，边际消费倾向较低。

城镇居民收入分配结构发生了显著变化，居民收入来源的多样化使得

---

① 基尼系数和收入比由广东省各年城镇住户调查数据计算而得。

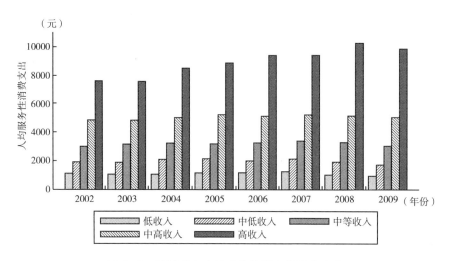

图 6 - 1　不同收入水平家庭的服务性消费支出

工资性收入比重下降，其他收入都有一定程度上升。从表 6 - 3 可以看出，2002 ~ 2009 年，工资性收入是广东省不同收入水平的城镇居民家庭的主要收入来源，我们把它称为基本收入来源；家庭转移性收入、经营性收入、财产性收入占总收入水平的比重较低，我们把它称为非基本收入来源。一般而言，相比基本收入来源，财产性收入等非基本收入来源的大幅增加会快速引起服务性消费的增长。而广东省虽然地处东部沿海，房产、股市、保险等财产性收入高于全国平均水平，但从收入结构比例来看，高收入家庭的财产性收入仅占总收入的 3.81%，而低收入家庭仅为 1.22%。显然，收入差距和收入结构影响服务性消费需求，但具体效应大小需要进一步的实证分析。

表 6 - 3　　　　　　　　不同收入水平的家庭收入结构　　　　　　　　单位：%

划分等级	工资性收入	经营性收入	财产性收入	转移性收入
低收入	66.92	10.58	1.22	21.29
中等偏下收入	70.77	9.06	1.16	19.01
中等收入	72.92	7.50	1.56	18.01
中等偏上收入	73.33	8.09	2.25	16.33
高收入	71.66	9.59	3.81	14.94

第五节　收入结构对服务性消费和服务性消费
结构的实证分析

一、收入结构对总消费和服务性消费的影响

本章除重点关注收入结构、收入水平、收入差距、收入增长率等收入因素外,还考虑了消费信贷、户主年龄、文化程度、职业、家庭规模等因素的影响。以下回归结果均是混合 OLS 的稳健估计结果。我们主要分析各表中控制了时间、省份、出生组和收入组固定效应的估计结果。

表 6 – 4 报告了收入结构等因素对总消费和服务性消费的影响,表 6 – 4 中第二至四列是人均总消费支出的估计结果,第五至七列是人均服务性消费支出的估计结果。第二列和第四列仅考虑收入结构的影响,我们发现四种收入对总消费支出和服务性消费支出都具有显著的影响,与人均总消费支出相比,各种收入水平的增长对人均服务性消费支出的刺激效应更大。以工资性收入为例,居民收入增加 1%,人均总消费提高 0.78%,而人均服务消费将提高 1.71%。模型(2)和模型(4)均加入了家庭人口特征等其他影响因素,模型拟合效果有所提高。模型(3)和模型(6)在控制了时间、省份、出生组和收入组的固定效应,以及各个区域、各个出生组消费的线性时间趋势后,模型估计效果显著改善。我们发现总消费支出受基本收入和持久收入冲击影响较大,而服务性消费支出受非基本收入和暂时性冲击影响较大。

表 6 – 4　　　　收入结构对总消费和服务性消费影响的估计结果

变量	总消费			服务性消费		
	(1)	(2)	(3)	(4)	(5)	(6)
工资性收入	0.0796***	0.0514***	0.0078***	0.1290***	0.0763***	0.0171***
	(0.0023)	(0.0020)	(0.0015)	(0.0033)	(0.0031)	(0.0027)
经营性收入	0.0388***	0.0371***	0.0071***	0.0576***	0.0518***	0.0122***
	(0.0018)	(0.0015)	(0.0013)	(0.0026)	(0.0022)	(0.0020)

续表

变量	总消费			服务性消费		
	（1）	（2）	（3）	（4）	（5）	（6）
财产性收入	0.0507 *** (0.0019)	0.0401 *** (0.0017)	0.0117 *** (0.0014)	0.0639 *** (0.0026)	0.0455 *** (0.0024)	0.0079 *** (0.0020)
转移性收入	0.0911 *** (0.0027)	0.0638 *** (0.0024)	0.0221 *** (0.0019)	0.1100 *** (0.0039)	0.0837 *** (0.0036)	0.0337 *** (0.0031)
消费贷款	—	− 0.0700 (0.0527)	− 0.0724 (0.0525)	—	− 0.0492 (0.0590)	− 0.0476 (0.0562)
收入增长率	—	0.0098 *** (0.0008)	0.0122 *** (0.0015)	—	0.0121 *** (0.0011)	0.0124 *** (0.0016)
收入不平等	—	− 0.0419 *** (0.0049)	− 0.0456 *** (0.0034)	—	− 0.0553 *** (0.0068)	− 0.0568 *** (0.0065)
户主年龄	—	0.0010 * (0.0005)	0.0002 (0.0009)	—	− 0.0027 *** (0.0007)	− 0.0022 (0.0015)
户主受教育程度	—	0.1210 *** (0.0031)	0.0355 *** (0.0025)	—	0.1770 *** (0.0046)	0.0667 *** (0.0040)
户主职业	—	− 0.0191 *** (0.0020)	− 0.0039 ** (0.0015)	—	− 0.0168 *** (0.0031)	− 0.0025 (0.0027)
家庭规模	—	− 0.2050 *** (0.0048)	− 0.0712 *** (0.0040)	—	− 0.228 *** (0.0075)	− 0.0522 *** (0.0068)
收入组虚拟变量	—	—	YES	—	—	YES
出生组虚拟变量	—	—	YES	—	—	YES
地区虚拟变量	—	YES	YES	—	YES	YES
年份虚拟变量	—	YES	YES	—	YES	YES
样本量	17345	16775	16775	17338	16769	16769
Adj − R^2	0.172	0.487	0.691	0.164	0.447	0.612

注：*** 、** 、* 分别表示在 1%、5%、10% 置信水平上显著。括号内为稳健标准差。
资料来源：以上估计结果均通过 Stata 15 实现。

包括住房、汽车和教育在内的家庭消费贷款对总消费和总服务性消费有负向影响，但并不显著。收入水平增长率对总消费和服务性消费都有显著的正向影响，且收入增长率对服务消费的增长效应更大。而收入差距越大，越会显著降低家庭的总消费和服务性消费。

从家庭人口特征的影响来看，与家庭总消费一般存在"倒U"型趋势的生命周期效应相符，家庭户主年龄越大，越会显著增加总消费支出，但会显著降低服务性消费。家庭教育水平越高，越有利于增加家庭的服务性消费，可能原因是教育水平越高，越容易接受和掌握新型服务性消费品。与非技术人员、农民工相比，户主职业为企业主、公司高管、专业人士等收入相对高的职业时，更有利于家庭增加服务性消费支出。家庭规模越大，越不利于增加家庭的服务性消费。

二、不同收入水平家庭收入结构对服务性消费的影响

不同收入水平家庭中各种收入来源的边际服务性消费倾向显著不同，因此，分析不同收入水平家庭收入结构差异对服务性消费影响的异质性，有助于针对性地制定不同收入水平家庭的差异化增收政策。

根据表6-5可知，从同一收入阶层不同性质收入对服务性消费影响效应的大小来看，对于低收入家庭，只有转移性收入的估计系数显著为正，估计系数为0.0209，政府增加低收入家庭的转移性收入1%，服务性消费会增加2.09%。对于中等偏下收入家庭而言，转移性收入和工资性收入对服务性消费有显著的正向影响。对于中等收入家庭而言，四种收入对服务性消费均有显著的正向影响，说明政府无论增加哪种收入，中等收入群体比重的扩大都会显著拉升服务性消费规模。而对于中等偏上收入和高收入家庭，增加家庭的经营性收入能显著增加这些家庭的服务性消费。

表6-5   不同收入水平家庭收入结构对服务性消费影响的估计结果

变量	被解释变量：服务性消费				
	低收入	中等偏下收入	中等收入	中等偏上收入	高收入
工资性收入	-0.0048 (0.0065)	0.0107 * (0.0062)	0.0259 *** (0.0055)	0.0211 *** (0.0054)	0.0007 (0.0050)
经营性收入	-0.0014 (0.0052)	-0.0004 (0.0043)	0.0010 ** (0.0045)	0.0136 *** (0.0040)	0.0112 ** (0.0056)

续表

变量	被解释变量：服务性消费				
	低收入	中等偏下收入	中等收入	中等偏上收入	高收入
财产性收入	0.0059 (0.0078)	0.0009 (0.0065)	0.0060 * (0.0032)	0.0004 (0.0038)	0.0033 (0.0030)
转移性收入	0.0209 *** (0.0079)	0.0208 *** (0.0070)	0.0149 ** (0.0061)	0.0199 *** (0.0064)	0.0056 * (0.0034)
消费贷款	− 0.0173 ** (0.0072)	− 0.0126 ** (0.0056)	− 0.0096 ** (0.047)	0.0027 (0.0079)	− 0.0005 (0.0062)
收入增长率	0.0255 *** (0.0032)	0.0268 *** (0.0034)	0.0334 *** (0.0038)	0.0137 *** (0.0018)	0.0132 *** (0.0015)
收入不平等	− 0.1672 *** (0.0106)	− 0.5631 *** (0.0598)	− 0.1336 (0.1330)	0.4290 *** (0.0484)	0.1572 *** (0.0084)
地区虚拟变量	YES	YES	YES	YES	YES
年份虚拟变量	YES	YES	YES	YES	YES
样本量	3469	3469	3469	3469	3469
Adj − R^2	0.267	0.247	0.226	0.207	0.236

注：***、**、* 分别表示在 1%、5%、10% 置信水平上显著。括号内为稳健标准差。为了简便，表 6 − 5 仅报告了主要变量的估计结果，除收入组虚拟变量外，其他相关控制变量同表 6 − 4。

资料来源：以上估计结果均通过 Stata 15 实现。

从同一收入类型对不同收入阶层家庭服务性消费影响效应的大小来看，工资性收入对各种类型家庭服务性消费影响有正有负，说明不是盲目增加哪种收入阶层的工资性收入就能显著刺激家庭的服务性消费。增加中等收入家庭的工资性收入，会显著增加这些家庭的服务性消费。值得注意的是，转移性收入对各收入阶层服务性消费的估计系数均显著为正，说明这种暂时性非基本收入来源的收入弹性很大，相比其他收入群体，增加低收入家庭转移性收入的服务性消费效应最大。而财产性收入仅对中等收入家庭的服务性消费具有显著影响。低收入、中等偏下收入和中等收入家庭的消费贷款估计系数显著为负，分别为 − 0.0173、− 0.0126 和 − 0.0096，这意味着住房按揭等消费贷款对中低收入家庭的服务性消费支出具有明显的挤出效应，政府在保障性住房、廉租房、教育等政策上的倾斜，能有效增加城镇中低收入阶层的服务性消费。

五种收入层次家庭的收入增长率估计系数均显著为正，说明我国各城镇家庭的服务性消费远未饱和，家庭可支配收入的增加对服务性消费均有显著的拉动作用。但从收入增长率的影响来看，相比中高收入家庭，中低收入家庭的可支配收入增加，更能显著增加家庭的服务性消费。此外，收入差距的日益加大，尤其会显著降低城镇中低收入家庭的服务性消费。

三、收入结构对服务性消费结构的影响

为进一步了解广东省城镇居民各类服务性消费支出结构的影响因素，我们分别以城镇家庭人均外出就餐服务、人均通信服务、人均文化娱乐服务、人均教育服务、人均交通服务、人均住房服务和人均家政服务为被解释变量，以家庭人均收入结构等为解释变量。

从不同收入类型对同一服务性消费支出效应的大小来看，据表6－6可知，四种收入对家庭在外就餐服务消费均有显著的正向影响，工资性收入和经营性收入对家庭在外就餐服务消费的正向影响较大，而转移性收入的正向影响较小。

表6－6　　　　收入结构对服务性消费结构影响的估计结果

变量	外出就餐	通信服务	文化娱乐	教育服务	交通服务	住房服务	家政服务
工资性收入	0.0257 *** (0.0051)	0.0332 *** (0.0027)	0.0307 *** (0.0053)	0.0178 ** (0.0074)	0.0308 *** (0.0054)	－0.0088 * (0.0052)	－0.0027 (0.0072)
经营性收入	0.0173 *** (0.0057)	0.0175 *** (0.0021)	0.0028 (0.0043)	0.0137 *** (0.0047)	0.0085 ** (0.0042)	－0.0054 (0.0042)	0.0111 * (0.0061)
财产性收入	0.0137 *** (0.0035)	－0.0008 (0.0021)	0.0173 *** (0.0043)	0.0089 * (0.0048)	0.0006 (0.0043)	0.0039 (0.0044)	0.0715 *** (0.0092)
转移性收入	0.0088 ** (0.0037)	0.0135 *** (0.0034)	0.0483 *** (0.0066)	－0.0140 * (0.0073)	0.0380 *** (0.0064)	－0.0020 (0.0063)	0.0075 (0.0063)
消费贷款	－0.0103 (0.0366)	－0.0180 (0.0611)	－0.1260 * (0.0708)	－0.0543 (0.0839)	0.0290 *** (0.0088)	0.0779 * (0.0458)	－0.0134 * (0.0075)
收入增长率	－0.0284 *** (0.0108)	－0.0474 *** (0.0061)	－0.0051 (0.0108)	－0.0368 *** (0.0122)	0.0051 (0.0106)	0.0149 (0.0104)	0.0387 ** (0.0169)

续表

变量	外出就餐	通信服务	文化娱乐	教育服务	交通服务	住房服务	家政服务
户主年龄	-0.0002 (0.0028)	-0.0067*** (0.0015)	0.0037 (0.0030)	0.0089** (0.0040)	-0.0090*** (0.0031)	-0.0019 (0.0029)	0.0190*** (0.0044)
户主受教育程度	0.0596*** (0.0078)	0.0403*** (0.0043)	0.1050*** (0.0086)	0.0333*** (0.0103)	0.1080*** (0.0089)	0.0932*** (0.0086)	0.128*** (0.0127)
户主职业	0.0057 (0.0056)	-0.0046* (0.0028)	-0.0084 (0.0055)	0.0023 (0.0065)	-0.0106* (0.0058)	-0.0179*** (0.0055)	-0.0123 (0.0082)
家庭规模	-0.0633*** (0.0132)	-0.0893*** (0.0070)	-0.0866*** (0.0140)	-0.0345* (0.0181)	-0.1200*** (0.0145)	-0.1450*** (0.0141)	-0.0291 (0.0199)
收入组虚拟变量	YES	YES	YES	YES	YES	YES	YES
出生组虚拟变量	YES	YES	YES	YES	YES	YES	YES
地区虚拟变量	YES	YES	YES	YES	YES	YES	YES
年份虚拟变量	YES	YES	YES	YES	YES	YES	YES
样本量	15835	16610	15206	10824	15139	12399	11113
Adj – R^2	0.432	0.435	0.346	0.159	0.345	0.366	0.195

注：***、**、* 分别表示在 1%、5%、10% 置信水平上显著。括号内为稳健标准差。

资料来源：以上估计结果均通过 Stata 15 实现。

对于通信服务而言，工资性收入、经营性收入和转移性收入有显著的正向影响，财产性收入的影响为负但不显著。李海闻和杨第（2010）认为价格补贴政策对家庭耐用品购买和福利具有重要的影响，转移性收入对文化娱乐服务的正向影响最大，估计系数为 0.0483，说明政府对居民的转移性收入提高 1%，人均文化娱乐支出就会提高 4.83%。

工资性收入和经营性收入对城镇家庭教育服务影响较大，而转移性收入增加会显著降低家庭的教育服务，低收入家庭的转移性收入比重最高，说明提高低收入家庭的收入水平，也会降低教育差距和服务性消费差距。近年来，汽车消费旺盛，与汽车维修、汽车使用相关的交通服务在总服务性消费支出中的占比日益增加，转移性收入、工资性收入和经营性收入对交通服务均有显著的正向影响。

对于居民家庭的住房服务支出，四种收入对其影响大多为负且不显著。财产性收入和经营性收入对家政服务有显著的正向影响，居民的财产性收入提高 1% , 家政服务支出就会提高 7.15% 。表 6-6 说明家庭财产性收入的增加, 会增加家政服务、文化娱乐服务等服务性消费, 居民家庭更加追求便利性、信息化、个性化的生活方式, 从而增加消费支出。

从相同性质收入对不同服务消费支出的效应大小来看, 工资性收入和经营性收入对七类服务支出中的通信服务和教育服务影响最大。转移性收入对七类服务支出中的文化娱乐服务影响最大。财产性收入对七类服务支出中的文化娱乐正向效应最大, 城镇家庭财产性收入增加 1% , 家庭文娱服务消费提高 1.73% 。

家庭消费贷款对文化娱乐和家政服务有显著的挤出效应, 但对交通服务和住房服务有显著的收入效应。收入差距的扩大均会显著降低外出就餐、通信服务和教育服务的消费, 但会显著提高家政服务消费, 说明家政服务主要是满足高收入群体的需求, 而中低收入的家政服务消费较低。户主年龄越高, 越会增加家政服务消费。相比其他服务性消费, 户主受教育程度对文化娱乐、交通服务和住房服务消费更具有显著的正向影响。家庭规模对各类服务性消费支出均具有抑制作用。

四、数值模拟

基于表 6-3 和表 6-4 的估计结果, 我们可以定量估计改变家庭收入结构对总服务性消费的贡献。我们以 2002 年为基准, 模拟出低收入家庭的转移性收入增加 1000 元和中等收入家庭的财产性收入增加 1000 元, 而其他收入层次家庭的各种收入不变, 其他影响因素也不变时居民服务性消费的动态变化路径, 然后与真实居民服务性消费动态路径进行比较, 可分别得到改变中低收入家庭收入结构对服务性消费的定量影响。模拟结果如图 6-2 所示。

图 6-2 左边为改变低收入家庭的收入结构, 增加低收入家庭的转移性收入得到服务性消费的动态变化。2002~2009 年, 低收入家庭人均服务性消费基于稳定在 1000~1200 元之间, 服务性消费倾向在 21% 左右, 如果每年增加低收入家庭的转移性收入 1000 元, 低收入家庭人均服务性消费将增加至 1350~1700 元, 服务性消费倾向将上升至 35% 左右。图 6-2 右边为改变中等收入家庭的收入结构, 增加中等收入家庭的财产性收入, 得到服务性消费的

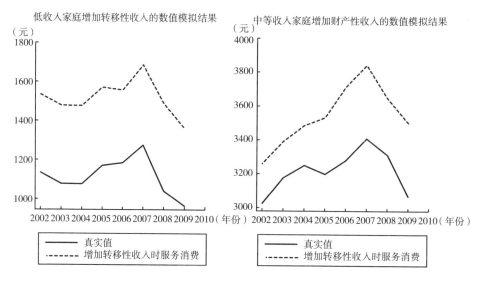

低收入家庭增加转移性收入的数值模拟结果

中等收入家庭增加财产性收入的数值模拟结果

图 6 - 2　中低收入家庭改变收入结构时服务性消费模拟结果

动态变化。2002~2009年，中等收入家庭人均服务性消费维持在3000~3400元之间，服务性消费倾向在23%左右。2006~2007年，我国股市出现了罕见的"牛市"，房地产价格也显著上涨，家庭的财产性收入快速增加，我们从图6-2中的真实值可明显看出，在这一期间中等收入家庭财产性收入的服务性消费倾向显著高于低收入群体。2002~2009年，如果中等收入家庭的财产性收入每年增加1000元，中等收入家庭人均服务消费将增加至3300~3800元之间，服务性消费倾向将上升至31%左右。[①] 以上反映出通过增加低收入家庭的转移性收入和中等收入家庭的财产性收入，能改变家庭收入结构，会显著增加家庭的服务性消费和服务性消费倾向。

第六节　结　　论

本章利用2000~2009年间广东省城镇住户调查数据，在考虑家庭异质性因素基础上重点分析了收入结构对城镇家庭总消费能力、服务性消费能力和

---

① 服务性消费倾向的真实值和模拟值可由服务性消费支出除以家庭可支配收入计算得出。

服务性消费结构的影响。结果显示：

第一，城镇居民工资性收入提高 1%，人均总消费提高 0.78%，而人均服务性消费将提高 1.71%；低收入家庭的转移性收入增加 1%，服务性消费将提高 2.09%；家庭转移性收入增加 1%，人均文化娱乐支出会提高 4.83%；中等收入家庭的财产性收入增加 1%，家庭服务性消费将提高 0.6%。

第二，数值模拟结果表明：增加低收入家庭的转移性收入 1000 元，低收入家庭的服务性消费倾向将由原来的 21% 上升至 35% 左右；增加中等收入家庭的财产性收入 1000 元，中等收入家庭的服务性消费倾向将由原来的 23% 上升至 31% 左右。

本书第三至第六章沿着"收入—居民实际消费能力"这一研究主线，重点从劳动收入份额和收入差距、收入不平等、收入结构等收入分配视角对居民总消费能力、消费不平等和服务性消费能力进行了深入研究，后续第七至第十章将围绕"制度—居民潜在消费能力"研究主线展开，一起为构建提高居民消费能力的长效机制提供理论和实证依据。

第七章
城镇化水平、城乡收入差距与消费需求*

第一节　引　　言

从本章开始，后续第七至第十章将围绕"制度—居民潜在消费能力"研究主线展开，选取城乡二元结构、社会保障、退休养老制度、财政支出结构四个方面，研究我国现行体制机制的不完善对居民潜在消费能力释放的影响。本章重点研究我国城镇化水平、城乡收入差距对居民潜在消费需求的影响。

2003 年，我国提出了城乡统筹的概念，各地开始大力推进城乡规划、产业、基础设施、公共服务、"三农"等各个领域的体制改革，在促进城乡统筹发展等方面取得了重大成果。以"全国统筹城乡综合配套改革试验区"之一的成都市为例，2001～2010 年，成都市城市化水平由 33.5% 上升为 65.3%，年均增长约 4%，远高于全国同期增长水平。与此同时，成都市城乡收入差距由 2.68 下降为 2.54，这是我国为数不多的城市化快速增长和城乡收入差距持续缩小的大城市之一。① 然而，我国各地区城市化进程差异很大，如何促进全国范围内城乡统筹的平衡发展，如何在城市化快速发展中缩小居民收入差距

---

　　* 邹红，卢继宏，李奥蕾. 城市化水平、城乡收入差距与消费需求［J］. 消费经济，2012（2）.
　　① 数据来源于历年《成都市统计年鉴》。

和消费差距显得日益迫切。

根据国际经验，城市化进程要经历发生（城市化水平在 30% 以下）、发展（城市化水平在 30%～70% 之间）、成熟（城市化水平在 70% 以上）三个阶段。我国城市化水平从 1978 年的 17.9% 持续上升为 2010 年的 49.6%，于 20 世纪 90 年代末已开始进入城市化加速发展阶段。在城市化快速推进中，城乡居民收入差距从 1978 年的 2.1 扩大为 2010 年的 3.2，总体呈不断扩大趋势。与城市化高速增长、城乡收入持续增长和收入差距不断扩大形成鲜明反差的是，我国最终消费率从 1978 年的 62.1% 下降为 2010 年的 48.1%，其中居民消费率从 1978 年的 48.8% 下降为 2010 年的 34.3%；城乡居民消费水平和消费结构差异也日趋明显，城乡居民人均消费性支出比从 1978 年的 2.0 扩大到了 2010 年的 3.1。[①] 针对我国城乡收入差距日益扭曲和居民消费率持续下降的现状，如何在深入推进城市化的同时，遏制城乡收入差距扩大和消费率降低的趋势，成为当前一项重大而又紧迫的任务。

第二节　已有相关研究回顾

近年来，如何扩大居民消费需求备受我国学术界关注。总体而言，基于收入视角分析消费问题，更多的研究侧重于探讨收入水平、劳动收入份额、收入差距与消费需求之间的关系，而区分我国城市化不同发展阶段，研究城市化水平、收入差距与消费需求动态关系的成果仍较少。

蔡继明（1998）、陈（Chen，2002）、陈钊和陆铭（2004）认为经济发展推动城市化，城市化进程中的城市偏向导致城乡收入差距和消费差距扩大，但城市化总体上有利于缩小城乡收入差距。丁志国等（2011）认为我国城市化进程对缩减城乡收入差距的积极和消极影响并存，城市化政策路径的不同选择，产生的效果会不同。刘艺蓉（2005）和程开明等（2007）认为我国城市化滞后制约了农民收入增长，造成城乡收入差距悬殊，从而会抑制农村居

[①]　本段数据是通过历年《中国统计年鉴》有关数据计算而得。

民消费需求。林伯强和刘畅（2016）利用家电扩散模型进行研究，认为城镇化水平提高对家电消费具有正向影响。王璐等（2010）认为城市化与工业化具有内在必然联系，与农业现代化互为促进，是扩大内需、促进经济平稳较快发展的有效载体。邹红等（2011）通过新古典经济增长模型和实证分析，认为城市化水平不仅对居民消费需求有显著的直接影响，同时城市化可以间接通过缩小城乡收入差距来扩大内需。

除上述直接研究三者之间关系的文献外，更多文献集中于研究两两之间的关系。关于收入差距与消费需求的研究，绝对收入假说等消费函数理论都从不同角度揭示了收入差距与总消费之间存在相关性。除理论模型研究外，布林德（Blinder，1975）、默斯格罗夫（Musgrove，1980）、袁志刚和朱国林（2002）、方福前（2009）、杨天宇（2009）等人利用宏微观数据检验了收入差距与消费需求的关系，认为消费水平与收入分配不平等存在负向关系，且长期影响尤为显著，但数据选择的不同会影响这种关系的方向和显著程度。这些研究分析了收入差距对居民消费需求的影响，而我国城市化水平与收入差距关系密切，厘清城市化与收入差距之间的具体作用机制，以及两者对消费需求的影响具有重要意义。

关于城市化水平与消费需求的研究，樊纲（2004）、刘艺蓉（2007）和蒋南平等（2011）认为从农村剩余劳动力转移、发展农村经济、改善农村居民消费结构、发挥城市规模聚集和辐射效应等方面来看，城市化对提高居民消费需求总量，特别是农村居民消费水平具有正向促进作用。但范剑平（1999）、刘志飞（2004）和吴福象等（2008）认为由于二元经济结构、户籍管理制度、土地制度、社会保障制度、城市投资金融等偏向政策的存在，我国城市化水平对消费增长的影响不显著且积极作用有限。国务院发展研究中心课题组（2010）认为城市化水平和质量是推动居民消费增长和经济发展的重要动力，但我国现行城市化模式一定程度上制约了农村居民和农民工的消费水平。因此，有必要分别检验城市化不同发展阶段城市化水平对消费需求的影响。

上述文献深入研究了城市化水平、城乡收入差距与消费需求等相关问题，但甚少从整体出发研究城市化、城乡收入差距与消费需求之间的关系；较少总结出我国城市化不同发展阶段城市化水平与消费需求的异质性非线性关系，以及城市化水平影响居民消费增长的动态规律；甚少考虑到城市化进程引致的收入、非农支出比重、金融发展等因素的变化对城乡居民消费的影响。本章将利用我国 1982～2010 年的省际面板数据，对三者之间的动态关系展开计量分析以期发现有价值的结论。

第三节　模型与数据

本章关注我国城市化不同发展阶段（1980～1998 年的城市化发生阶段，1998～2010 年的城市化发展阶段），研究省际城市化水平、城乡收入差距对消费需求的影响。根据经济含义，本章建立如下计量方程：

$$\text{CGDP}_{it} = \beta_0 + \beta_1 id_{it} + \beta_2 urb_{it} + \beta_3 urb_{it}^2 + \beta_4 id \times urb_{it} + u_i + \varepsilon_{it} \quad (7-1)$$

在式（7-1）中，下标 i 代表地区，t 为时间，β_0 为常数项，u_i 为不可观察的地区效应[①]，ε_{it} 为随机扰动项。CGDP 表示各地区居民消费率，即居民消费占按支出法计算的地区 GDP 的比重；id 是城市家庭人均可支配收入和农村家庭人均纯收入的比值；urb 是城市化水平，用城镇人口占总人口的比重表示；陈昌兵（2010）认为城市化水平与消费率存在非线性关系，因此我们引入 urb_{it}^2；为了考察不同城市化水平下城乡收入差距与居民消费需求的交互影响，模型引入了 $id \times urb$ 交互项。

为了检验结果的稳健性，我们将加入一些基本解释变量和潜在重要变量进行检验。如滞后一期消费率（CGDP_{it-1}）反映居民消费的"习惯形成"特征，人均对数 GDP（lnpgdp）反映各地区经济发展水平，非农支出比重反映城市偏向程度（nagri），工业 GDP 占 GDP 的比例（inshare）反映产业结构的影响。[②]

我们使用中国大陆 31 个省（区、市）中的 29 个进行面板实证分析，样本

---

① 回归方程中加入了东部与中西部两个地区哑变量，东部为 1，中西部为 0。
② 变量定义和描述性统计分析由于篇幅原因而省略。

期是 1982～2010 年，广东和四川由于样本时期内存在行政区划调整问题，故把海南并入广东、把重庆并入四川。由于国家统计局没有直接反映各省区历年城市化水平数据，本章 1982～2000 年的城市化水平数据来自周一星等学者（2006）的研究，其他年份数据通过《中国人口统计年鉴》计算而得；非农支出比重数据来自《中国财政年鉴》；其他数据均由历年《中国统计年鉴》、历年《各省统计年鉴》和《新中国五十五年统计资料汇编》整理计算而得。

第四节　估计结果分析

我国城市化水平呈现出非常鲜明的阶段性特征。为了检验我国城市化不同发展阶段城市化水平、城乡收入差距与消费需求的关系，我们首先在整个样本期间内（1982～2010 年）建立模型，然后将整个样本期划分为城市化发生阶段（1982～1997 年）和城市化发展阶段（1998～2010 年），分别进行估计。[1] 表 7-1 中的模型（1）为整个样本期间内的估计结果，模型（2）和模型（3）为城市化发生阶段（1980～1997 年）的估计结果，模型（4）和模型（5）为城市化发展阶段（1998～2010 年）的估计结果。

表 7-1　　　　　　　　　　模型主要估计结果

解释变量	(1) FE 1982～2010 年	(2) FE 1982～1997 年	(3) IV-FE 1982～1997 年	(4) FE 1998～2010 年	(5) IV-FE 1998～2010 年
id	-0.052 (-2.18)**	0.686 (2.43)**	0.637 (2.15)**	-0.084 (-2.48)**	-0.071 (-2.76)***
urb	-0.376 (-5.91)***	0.422 (2.45)**	0.469 (2.83)***	-0.587 (-2.89)***	-0.566 (-2.92)***

[1] 中国城市化水平于 1998 年达到 30.4%，从而跨越城市化发生阶段（城市化水平在 30% 以下），开始进入城市化发展阶段（城市化水平在 30%～70% 之间）。虽然各省城市化发展水平不一致，但为了实证分析需要，本章将 1998 年作为分界点，把城市化水平划分为两个阶段，在此之前是城市化发生阶段，其余样本期为城市化发展阶段。

续表

解释变量	(1)	(2)	(3)	(4)	(5)
	FE 1982~2010 年	FE 1982~1997 年	IV–FE 1982~1997 年	FE 1998~2010 年	IV–FE 1998~2010 年
urb^2	0.011 (1.77)*	0.003 (1.73)*	0.002 (1.71)*	0.007 (1.89)*	0.005 (2.24)**
$id \times urb$	−0.009 (−1.78)*	0.022 (2.06)**	0.019 (2.77)***	−0.042 (−2.69)***	−0.035 (−2.70)***
lagcgdp	0.757 (10.65)***	—	0.802 (10.39)***	—	0.528 (9.67)***
ln$pgdp$	−0.430 (−1.16)	—	−0.436 (−1.72)*	—	−3.303 (−1.45)
nagri	−0.016 (−1.99)**	—	0.033 (2.14)**	—	−0.012 (−1.98)**
inshare	−0.081 (−1.34)	—	0.028 (1.75)*	—	−0.076 (−2.32)**
constant	4.259 (7.22)***	2.122 (2.38)**	3.393 (6.85)***	2.036 (2.42)**	3.872 (7.56)***
Adj. R^2	0.376	0.451	0.456	0.423	0.419
F 检验值	2.16	2.19	2.21	1.86	2.20
观测数	841	464	464	377	377

注：表格括号中报告的是 t 统计量，我们使用的是经过异方差稳健标准误校正计算得到的 t 统计量。***、**、*分别表示在 1%、5%、10% 的水平上显著；FE 和 IV—FE 分别表示固定效应和使用工具变量的固定效应；FE 和 IV—FE 报告的参数联合检验值为 F 检验值。

资料来源：以上估计结果均通过 Stata 15 实现。

我们对模型（1）同时进行随机效应和固定效应估计，并进行豪斯曼（Hausman）检验。发现豪斯曼检验拒绝了随机效应模型，因此表 7 - 1 省略了随机效应的估计结果，模型（1）至模型（5）都是固定效应的估计结果。其中模型（3）和模型（5）是两个时期使用了工具变量的固定效应（IV—FE）估计结果。城市化水平和城乡收入差距可能是具有内生性的变量，本章在模型（3）和模型（5）中用滞后一期的出生率为城市化水平的工具变量（陆铭等，2004）；用滞后一期的城乡收入比作为城乡收入差距的工具变量。此外，使用城乡收入比仅能反映城乡收入差距的绝对差距，并不能反映城乡人口所占比重的变化，为了估计结果的稳健性，我们在模型（3）和模型（5）中用分省的城乡总体泰尔指数来代替城乡人均收入比进行估计，结果要略为显著。

表7-1中的模型（1）为考虑所有变量的全样本实证分析结果。城乡收入差距的系数在5%水平上显著为负，说明在1982~2010年样本期间，城乡收入差距的扩大造成了我国居民消费率的持续下降。与此同时，城市化水平的系数也显著为负，说明城市化水平的上升显然并没有阻止城乡居民消费率的下降。城市化水平二次项的系数为正，这表明我国城市化率与消费率之间基本存在"U"型关系。随着我国城市化率的增大，消费率会不断下降，但当城市化率达到一定值时消费率会随着城市化率的提高而增大，当前我国低质量的城市化模式正制约着消费需求的增长。城市化水平与城乡收入差距交互项的系数为 -0.009，在10%的水平上显著，说明当城市化水平较低时，城乡收入差距的扩大会提升居民消费需求；而当城市化率进入快速发展阶段之后，城乡收入差距的拉大反而会形成城市居民支付能力较强但购买意愿相对不足、农村居民有购买愿望但支付能力有限的局面，从而造成全社会整体消费倾向降低和城乡消费水平差距扩大。此外，居民消费率滞后一期的系数显著为正，这说明中国居民的"习惯形成"特征非常平稳，高速经济增长并不一定能带来居民消费率的上升。非农支出比重和工业 GDP 占总 GDP 比重的系数分别为 -0.016 和 -0.081，这表明我国城市偏向和重工业化的经济政策也是居民消费率长期偏低的重要原因之一。

模型（2）和模型（3）为城市化变化速度较为缓慢的发生阶段（1982~1997年）的估计结果，其中模型（2）仅纳入 id、urb、urb² 和 id×urb 这四个重点考察变量，而模型（3）引入了其他基本控制变量和潜在影响变量，并且考虑了城市化水平和城乡收入差距的内生性问题。中国在城市化初期，城乡收入差距和城市化水平的提升都对居民消费需求具有正向作用，且城市化带动的消费增长速度远远高于城市化本身的增长速度。这可能是由于在城市化初期，一方面我国城市化进程从农村剩余劳动力转移、农村劳动生产率、农产品需求等多个方面增加了农民收入；另一方面城镇居民这一时期的预防性储蓄偏弱，消费倾向相对较高，增加了总体消费需求。城市化率与消费率交互项的系数为 0.022，说明在城市化初期，城乡收入差距拉大对居民消费需求具有促进作用，不断扩大的城乡收入差距在一定程度上促进了城市化的推进。非农支出比重和工业 GDP 占总 GDP 比重的系数分别为 0.033 和 0.028，这表明在城市化初期我国城市偏向和重工业化的经济政策对消费率的提升具有明显的正向作用。

模型（4）和模型（5）为城市化发展阶段（1998 ~ 2010 年）的估计结果。与整个样本期和城市化发生阶段相比，城市化快速发展时期我国城乡之间收入差距的持续上升对居民消费需求的抑制作用更为显著。在城市化快速发展时期，城市化水平的提升对消费需求增长具有明显的负向关系。可能的解释是，在城市化发展阶段，较严重的城市偏向政策、城市高房价挤占消费支出、不合理的农地征用政策、偏低的农民工和农村劳动力工资价格等明显拉大了城乡之间的收入差距，而且这一扩大趋势和负面效果仍没能得到有效的控制。城市化率与消费率交互项的系数为 - 0.035，说明不同城市化发展阶段城乡收入差距与居民消费需求之间具有负向关系。此外，与城市化初期相反，在城市化快速发展时期我国城市偏向和重工业化的经济政策对消费率的提升具有明显的抑制作用。

为了反映城市化过程中城乡收入差距和城市化率对消费率的影响，本章利用数值模拟对模型（1）、模型（3）、模型（5）进行分析。在我国城市化过程中城市化水平和消费率像一条被拉平的 S 型曲线，与陈昌兵（2010）的研究略有不同，本章认为在城市化初期，城市化率和消费率基本呈现倒 "U" 型的关系，当城市化率小于 30% 时，消费率随着城市化率的增大而增大，当城市化率大于 30% 时，消费率基本随着城市化率的增大而减少。在城市化快速发展时期，当城市化率小于 62% 时，消费率基本会随着城市化率的增大而减少，当城市化率大于 62% 时，消费率最终会随着城市化率的增大而增大。从城市化发展阶段来看，我国城乡收入差距和消费差距的拐点已具备一定基础。根据国际经验，美、日等城乡收入差距的拐点一般在城市化中后期阶段之前（如城市化水平达到或接近 50%）出现。目前，我国城市化水平已接近 50%，即将初步完成城市化。随着我国统筹城乡和城乡一体化的发展，城市化水平和质量的提升一定会跨越临界值，达到提高居民消费需求的阶段。然而，我国各区域的城市化水平不同，且大多未超过其临界值，因此，现阶段我国城乡收入差距的扩大在新型城镇发展缓慢的背景下仍将可能整体上抑制居民消费需求。

第五节　结　论

加快新型城镇化，全面推进我国城乡经济社会统筹发展，城乡居民之间收入水平和消费水平的和谐发展应是题中要义。城市化水平、城乡收入差距与消费需求三者相互交织、相互推动，其作用机制主要表现在以下几个方面。

第一，在城市化不同发展阶段，我国城乡之间不断拉大的收入差距与持续下降的居民消费需求具有双向效应：在城市化的初期，城乡收入差距的扩大一定程度上促进了居民消费增长；而在城市化的快速发展时期，城乡收入差距的扩大对居民消费需求增长具有显著的抑制作用。

第二，在城市化不同发展阶段，城市化率与居民消费率之间均存在"U"型关系，但城市化水平与消费需求增长具有双向效应。在城市化初期，城市化水平的提升对居民消费需求具有正向作用，但在城市化快速发展时期，我国城市化水平的上升并没能阻止城乡居民消费率的下降，较低质量的城市化模式仍制约着居民潜在消费需求的释放。

第三，缩小城乡收入差距和促进农村消费需求增长有助于改善城乡二元结构，促进城市化水平和质量的提升，从而加快我国新型城镇化的建设。

本章主要从城乡二元结构的体制机制视角分析不同阶段的城市化水平对居民潜在消费需求的影响，在第八章我们将从养老保险和医疗保险的体制机制视角，研究社会保障对居民消费需求的影响。

第八章
养老保险和医疗保险对城镇家庭消费的影响[*]

第一节 引 言

为释放居民消费潜力，学者们提出了很多政策建议，如加大农村投入、加快城乡统筹释放农村居民和农民工消费潜力；完善社会保障制度释放城镇消费潜力等。其中，改善社会保障制度可行性较强，也是近年来政府民生政策取得显著成效的重要领域之一。社会保障能够缓解未来的不确定性，减少家庭的预防性储蓄，显著影响当期消费。社会救助作为政府转移支出的主要方式，为低收入群体提供了最根本的安全网，对降低收入不平等亦有积极效果。20世纪90年代，作为国有企业改革的配套措施，为解决国企下岗职工和离退休职工的生活保障问题，我国新型社会保障制度开始建立。此后，历经城镇职工基本养老保险、失业保险、基本医疗保险、城市居民最低生活保障、社会救助等，再覆盖到农村新型合作医疗保险、农村低保、农村养老保险等，社会保障制度在经济体制改革和民生政策推进过程中被逐步建立和完善（杨

---

* 邹红，喻开志，李奥蕾. 养老保险和医疗保险对城镇家庭消费的影响研究［J］. 统计研究，2013（11）.

良初，2010）。

目前，我国的社会保障制度涵盖社会保险、社会救助、社会福利、优抚安置和保障住房等范围。而社会保险是社会保障最主要的组成部分，其中居民养老保险和医疗保险占社会保险的比重较大，本章将重点关注这两种保险对城镇家庭消费的影响。从社保基金的筹集方式来看，养老保险采取部分累积制，在老龄化加速背景下养老基金可能会出现较大缺口。而具有现收现付制特点的医疗保险则是一种短期的、经常性的消费支出，当年筹集的医疗保险费和当年的医疗保险基金支出基本平衡。因此，不同类型社会保险的作用机制各具特点，讨论社会保险支出对消费的影响不仅应考察总体，更应关注分项保险支出。

需要指出的是，社会保险有两个维度：第一，居民是否参与社保即社保参与率，我们可依据家庭是否有社会保险支出进行判断；第二，居民参与社保的程度是多少，即社保缴费率，用家庭社会保险支出与家庭总工资收入的比值表示。虽然我国努力实现社会保险制度的全体覆盖，但在此之前，这种区分是有意义的，既能评价社会保险的外生政策含义，又能估计居民社会保险的缴费负担对家庭福利的影响。

本章从社保参与率和社保缴费率两个维度来验证社会保险对城镇家庭消费的影响，一旦家庭被社会保险覆盖，家庭消费一般会比未参保家庭高，而城镇社会保险缴费率的提高有可能加重家庭的社会保障负担，对家庭可支配收入形成挤出效应。此外，我们不仅关注总体社会保险对消费的影响，更注重考察养老保险和医疗保险对家庭消费和消费支出结构的不同效应，从而为相关社会保障政策提供有针对性的建议。

本章其他部分的安排如下，第二节是已有相关研究回顾，第三节为计量模型设定，第四节是数据说明与处理，第五节为估计结果分析，第六节是结论。

第二节　已有相关研究回顾

在早期文献中，费尔德斯坦（Feldstein，1974）建立了社会保障研究的经典框架，他将养老保险对储蓄的影响分解为资产替代和退休两种效应。前者指作为退休后的返还资产，养老保险将降低人们工作时的储蓄意愿，而后者则激励人们提前退休进而减少消费，两种作用机制的净效应决定了消费的变动方向，该分析表明美国的社会保障制度具有增加消费的净效应。格礼（Gale，1998）将心理因素纳入生命周期理论，认为人的自制力薄弱，很难抵挡当期消费的诱惑，现在的边际消费倾向比未来要高，因此强制缴纳的社保基金将转化成未来储蓄而减少当期消费。养老保险和消费的关系还受到其他因素的影响，比如存在流动性约束的家庭无法通过信贷市场平滑消费，养老保险的增加会减少消费；人们有退休之外的储蓄动机，养老资产不会对其他资产形成替代等。周杰宏等（Hong et al.，2012）认为家庭人口特征的异质性会显著影响养老保险的消费效应。可见，养老保险与消费的理论关系比较复杂，尚未形成一致明确的结论。

学者们对我国的养老保险进行了相关实证研究。何立新等（2008）利用CHIPS数据，认为养老金财富对家庭储蓄的替代效应更为显著，家庭倾向于增加当期消费。白重恩等（2012a）利用工具变量法（IV），得出2002～2009年我国城镇参保家庭的消费增长了11%，但提高社保缴费率将抑制家庭消费，这可能的原因在于养老保险预期收益低于私人储蓄；居民面临信贷约束，当期可支配收入被挤出。

相对于养老保险，很多研究利用我国医疗制度改革的契机，评估了包括新型农村合作医疗保险、城镇职工医疗保险、城镇居民基本医疗保险等在内的政策效果，认为参与医疗保险对家庭消费具有促进作用。臧文斌等人（2012）采用DID模型进行估计，得出如果家庭参与城镇居民基本医疗保险，其非医疗消费支出比未参保家庭将高出13%，参保的中低收入家庭总消费分别增加20.2%和12.6%，而高收入家庭不受影响。白重恩等（2012b）发现新型农村合作医疗增加了5.6%的家庭非医疗消费支出，在低收入家庭或健康水平较差的家庭中，医疗保险对消费的促进作用更为明显。黄学军和吴冲锋（2005）利用两期模型的仿真分析，设定风险厌恶系数、消费增长率、生命概率等参数，证明了社会医疗保险对个体预防性储蓄有挤出效应，增加了消费。靳卫东等（2017）发现城镇居民医疗保险增加了家庭的医疗消费和食品等日常消费，但对文化消费没有显著影响。

从文献的实证结果来看，养老保险对消费的效果尚存争议，而医疗保险则倾向于促进消费，这可能源于两者作用机制的差异。科特里科夫（Kotlikoff，1979）认为社会保障制度本质上是代际、代内和跨期的资源转移。我们认为，实行现收现付制的医疗保险跨期性质较弱，这是与养老保险最大的不同。没有跨期替代，与之相关的影响因素如不确定性、信贷约束等也就作用不大。医疗保险的储蓄动机比较单纯，仅为了防范病患无钱治病，且占社会保险总支出的比例较小。家庭视医疗保险更像是一种必要的消费而非储蓄，更像是其他消费支出的互补品而非替代品。而养老保险对消费的作用机制就复杂得多，需要实证研究的进一步验证。

本章的主要贡献在于：第一，相比以往研究，本章利用工具变量模型，不仅研究了总社保支出对消费的影响，还考虑了社保支出类型的异质性，分别重点研究了养老保险和医疗保险对城镇家庭消费作用机制的差异。第二，我们考虑了家庭类型的异质性，研究了分部门、分收入、分出生组的家庭消费对社会保险支出的不同反应。第三，考察了分项保险对消费支出大项和一些特殊消费细项的影响。

第三节　计量模型设定

早期的实证研究大多采用时间序列的分析方法，随着计量模型的改进，现在较为常用的做法是利用双重差分法（DID）进行政策评价，或者寻找内生解释变量的工具变量，两种方法都能解决遗漏变量造成的内生性偏误问题。遗漏变量常常不可观测，或者难以量化，会使得关键解释变量的系数估计产生偏差，甚至出现符号不符合经济含义的反转。尤其是消费的影响因素纷繁复杂，更易出现遗漏变量。由于本章并不关注某项具体社保政策的实施效果，而希望从更一般的情形中评价社会保险支出与城镇家庭消费的关系；考虑到本章所使用城镇住户调查的混合截面数据特点，无法构造面板数据模型，但固定效应面板模型也不能克服随时间变化的遗漏变量偏差；我们并不能控制一些无法观测到的、与社保支出参与率和缴费率相关又影响消费的因素，如果用最小二乘线性（OLS）估计会带来遗漏变量导致的估计偏误。因此，我们将使用2002～2009年的混合截面数据，采用工具变量模型的两阶段最小二乘（2SLS）估计解决潜在遗漏变量问题。下面是 IV 计量模型的基本设定，后续实证分析将以此为基础，根据研究目的的不同进行相应变换：

$$\log(C) = \alpha \times D\_insurance + \beta \times rate\_insurance + \gamma \times X + \varepsilon \qquad (8-1)$$

在式（8-1）中，C 表示家庭人均消费，是不包含家庭耐用品和医疗支出的消费支出。选择以家庭为研究单位，理由有两个：一是户主或者配偶的消费、储蓄决策必然要照顾到整个家庭的福利；二是某些家庭消费项目具有不可分割性，家庭规模将显著影响家庭的总体消费支出，因此，利用等值规模因子调整家庭规模将在一定程度上消除消费的规模经济。D_insurance 是一个二值虚拟变量，表示家庭户主或配偶是否参与了社会保险，参与则取值1，反之则为 0。rate_insurance 指社会保险的缴费率，即家庭社保支出占工资收入的比例。X 表示一系列的控制变量，包括户主的性别、年龄、年龄平方、受教育程度、婚姻、户主从事的行业（16 组）、户主的职业（8 组），以及家庭人均收入对数、家庭规模、年度虚拟变量和地区虚拟变量等。

尽管我们已经尽可能多地纳入相关的控制变量，但仍会出现如家庭成员工作特点、风险偏好、流动性约束、收入的不确定性等遗漏变量，忽略这些变量进行回归只能得到 D_insurance 和 rate_insurance 系数的有偏估计。此处，我们计算出各年各城市的平均社保参与率和平均社保缴费率，并把它们分别作为家庭社保参与率和家庭缴费率的工具变量。有效的工具变量必须同时具备两个性质：一是与关键解释变量相关；二是工具变量与扰动项无关。城市社保参与率和城市社保缴费率较好地满足了这两个要求。社会保障政策是强制实施的，个体有没有机会享受到养老、医疗等保险，或者基本工资中有多大比例用以缴纳社会保险，很大程度上是由当地的经济发展水平和政府的社保政策决定的，体现为城市的整体社会保险状况；城市社保参与率和社保缴费率并不会直接影响单个家庭的消费。表 8-3 中 IV 回归的结果也证明了工具变量选择的合理性，如表 8-3 模型 2 所示。对于以下所有工具变量模型，我们将采用两阶段最小二乘法（2SLS）进行回归。

第四节　数据说明与处理

本章使用的数据来自国家统计局广东省城调队的城镇住户调查数据，样本包括广东省 15 个地级市，共获得 2002～2009 年 8 个年份的 17841 个家庭样本。与其他微观家庭调查相比，国家统计局的城镇住户调查采用让被调查户每日记账的方式收集数据，获得的收入和消费数据相对完善；拥有每个家庭成员的各项社会保障支出，具有较完善的家庭支出类别，如食品、衣着、耐用品、交通和通信、教育文化娱乐服务、家庭服务性消费支出等支出大项和一些支出细项。鉴于城镇住户调查数据样本的轮换特点，本章使用的是 2002～2009 年各年重复截面数据。

我们对原始数据进行了清理，删除了那些户主及配偶都不是家庭养老金缴费主体的家庭；因为退休职工无社保支出且领取养老金，我们要剔除掉男性户主年龄大于 60 岁或女性户主大于 55 岁的家庭样本。为防止出现异常值，剔除了家庭收入最低 1% 和最高 1% 的样本，还剔除了家庭缴费率大于等于 1 的样本，最终符合要求的总样本为 12668 个家庭样本。

此外，我们对收入、消费、社会保障水平等变量进行了家庭规模的调整，并根据各年 CPI 统一调整到 2002 年的物价水平。表 8－1 是主要变量的描述统计。消费和收入变量为人均家庭消费和人均家庭收入的对数值。对于户主性别变量，1 代表男性户主家庭，而 0 代表女性。对于户主受教育程度变量，1 表示受教育程度为高中及以上，而 0 表示受教育程度为高中以下。

表 8－1	主要变量描述统计			
变量	均值	标准差	最小值	最大值
消费对数	9.12	0.65	6.46	12.32
家庭社保参与率（参保=1，未参保=0）	0.82	0.39	0	1
家庭社保缴费率	0.09	0.09	0	0.98
收入对数	9.46	0.66	7.09	11.78

续表

变量	均值	标准差	最小值	最大值
户主性别（男性 =1，女性 =0）	0.80	0.40	0	1
户主年龄	43.24	8.25	19	60
户主年龄平方	1937.53	719.93	361	3600
户主受教育程度（高中及以上 =1，其他 =0）	0.77	0.42	0	1
家庭规模（人）	3.21	0.83	1	9
观测值	12668			

2002～2009 年，广东省 15 个地级市社保参与率和社保缴费率的差异随时间存在明显变化，为简略起见，图 8 -1 仅画出了全省社会保险参与率和缴费率的总体趋势。

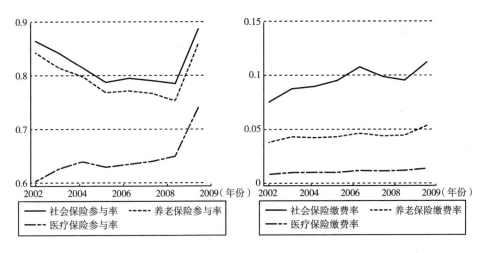

图 8 -1　社会保险参与率和缴费率的时间趋势

资料来源：图中数据通过国家统计局广东省城调队的城镇住户调查数据计算得到。

根据图 8 -1 可知，2002～2009 年，社会保险的参与率和缴费率均存在显著变动。时间趋势的变动部分反映了社会保险政策的外生性质，说明城市社保参与率和缴费率作为工具变量是可靠的。2002～2009 年，养老保险的参与率维持在 70%～90% 之间，医疗保险的参与率在 60%～75% 之间，养老保险的参与率远高于医疗保险的参与率。家庭总社保支出占家庭总收入的比重（社保缴费率）维持在 8%～12% 之间，家庭养老保险占家庭总工资收入的比例约 5% , 医疗保险占家庭总工资收入的比例约 2% 。也就是说, 养老保险支出占家庭总社保支出的比重在 40% ~ 50% , 而医疗保险的比重不足 20% 。值得注意的是, 自 2006 年起社会总保险缴费率和养老保险缴费率出现了明显下滑, 可能的原因是: 国务院要求从 2006 年起各地个人账户上的养老金缴费率从 11% 统一降至 8% 。[①] 由于我们对社会保险支出进行了家庭规模的调整, 因此数值较规定略小。而医疗保险的缴费率则一直呈上升趋势。不同于缴费率, 社会总保险及养老保险的参与率波动较大, 特别是 2007 ~ 2008 年间出现了一定幅度的下滑, 我们试图从各群体的异质性入手寻找原因。

为便于考虑家庭的异质性, 我们根据户主的职业特征区分了国有经济部门和非国有经济部门群体; 根据户主年龄生成 20 世纪 50 年代、60 年代、70 年代出生组; 根据家庭收入水平的分位组, 得到低、中、高家庭收入组。表 8 - 2 是历年各部门、各收入群体、各出生组的总体社保和分项社保的平均参与率及缴费率统计结果。从各年总体的社保参与率来看, 国有经济部门的社保参与率均超过 90% , 基本实现了社保全覆盖, 远远高于非国有部门的 66% ~ 83% 。城镇高收入家庭的社保参与率超过中低收入家庭, 各出生组在社保参与率上的区别不大, 但年老出生组的参与率相对更高。2007 ~ 2008 年低收入群体和年老出生组的社会保险参与率呈现明显的下降趋势, 这可能是因为 "弱势群体" 面临更多的收入冲击或不确定性, 当时美国金融危机蔓延到我国, 沿海地区的出口贸易受到了严重冲击。

表 8 - 2   2002 ~ 2009 年不同分类家庭的社保参与率和社保缴费率

年份	分部门				分收入				分出生组			
	国有部门		非国有部门		低收入群体		高收入群体		50 年代出生组		70 年代出生组	
2002	0.95	0.08	0.75	0.06	0.76	0.07	0.98	0.07	0.90	0.08	0.79	0.05
2003	0.94	0.10	0.71	0.06	0.71	0.07	0.95	0.08	0.85	0.09	0.87	0.06
2004	0.92	0.10	0.69	0.06	0.66	0.07	0.95	0.08	0.82	0.08	0.84	0.08
2005	0.91	0.10	0.66	0.07	0.61	0.07	0.94	0.09	0.78	0.09	0.79	0.08

---

① 数据来源于《国务院关于完善企业职工基本养老保险制度的决定》。

年份	分部门				分收入				分出生组			
	国有部门		非国有部门		低收入群体		高收入群体		50年代出生组		70年代出生组	
2006	0.91	0.11	0.70	0.08	0.61	0.07	0.94	0.11	0.80	0.11	0.77	0.08
2007	0.91	0.11	0.70	0.07	0.67	0.07	0.88	0.10	0.80	0.10	0.79	0.08
2008	0.92	0.13	0.70	0.06	0.62	0.07	0.88	0.09	0.77	0.10	0.80	0.08
2009	0.97	0.14	0.83	0.09	0.72	0.09	0.95	0.12	0.88	0.12	0.89	0.10

注：表8-2报告的是分部门、分收入组和分出生组的家庭社保参与率和家庭社保缴费率的均值。各分类的第一列均为家庭社保参与率，第二列均为家庭社保缴费率。限于篇幅，表8-2没有报告中等收入家庭、20世纪60年代家庭的描述统计结果，出生组所生年代均于20世纪内。

资料来源：通过国家统计局广东省城调队的城镇住户调查数据计算可得。

根据表8-2可知，不同家庭的社会保险缴费率也表现出异质性。国有部门的社保缴费率由0.08增长至0.14，而非国有部门仅由0.06上升至0.09。中等收入家庭的养老保险缴费率比低、高收入家庭都要高，养老负担最重。年老出生组的养老保险缴费率高于年轻出生组。我们还发现，医疗保险的参与率和缴费率均远低于养老保险的参与率，这部分说明医疗保险的覆盖不足，低收入家庭的医疗保险覆盖率各年均不足50%。

第五节　估计结果分析

本节的回归结果将主要回答四个问题：第一，总社会保险支出对家庭消费的影响；第二，总社会保险支出对不同群体消费的影响；第三，养老保险和医疗保险对家庭消费的影响；第四，分项社会保险支出对家庭分项消费支出的影响。

一、社会保险支出对家庭消费的影响

图8-1显示2002～2009年间广东省的社保参与率几乎均在80%以上，2009年达到了90%左右，基本实现了社会保险的全覆盖。表8-3没有区分社会保险类型，先从总体上分析社会保险支出对家庭消费的影响。从表8-3的回归结果来看，无论是OLS回归还是IV回归，社会保障的参与率对家庭消

费都具有促进作用，而社保缴费率对家庭消费都具有抑制作用。①

表 8 – 3　　　　　　　　　社会保险支出对家庭消费的影响

变量	OLS	IV
	（1）	（2）
家庭是否参保	0.360 ** （0.033）	0.613 *** （0.070）
家庭社保缴费率	− 0.301 *** （0.101）	− 0.625 *** （0.164）
收入对数	0.763 *** （0.007）	0.709 *** （0.012）
户主性别	− 0.021 ** （0.008）	− 0.003 （0.010）
户主年龄	0.030 *** （0.004）	0.023 *** （0.005）
户主受教育程度	0.032 *** （0.008）	0.000 （0.010）
家庭规模	− 0.041 *** （0.004）	− 0.045 *** （0.005）
第一阶段回归的 F 值	—	48
城市社保缴费率	—	158 ***
城市社保参与率	—	151 ***
DWH 检验 P 值		0.000
R²	0.698	0.616
观测值	12668	12668

注：表 8 – 3 中的 OLS 回归和 IV 回归还控制了户主的年龄平方、行业、职业、婚姻状况、年份虚拟变量和地区虚拟变量，限于篇幅没有报告。表 8 – 3 报告了第一阶段工具变量的相关检验结果，为保持表格简洁，在之后的表格中不再报告第一阶段工具变量的 F 值和 DWH 内生性检验的 F 值。 *** 、 ** 分别表示在 1% 、5% 的置信水平上显著，括号内为稳健标准差。

资料来源：以上估计结果均通过 Stata 15 实现。

———————————

① 城镇家庭消费支出可能会受到一些宏观变量的暂时性冲击，如地区 GDP、通货膨胀等重要的经济周期变量。我们在表 8 – 3 中的 OLS 估计和 IV 估计中加入了影响家庭消费的宏观经济周期控制变量，包括广东省各地区的 GDP 增长率、地区通货膨胀率，但估计结果显示，宏观经济周期变量对家庭消费没有显著影响，也基本不影响社保参与率和社保缴费率的估计系数。这也在一定程度上说明了宏观总量数据不能较好反映微观家庭的个性特征，无法深入研究社会保障与居民消费行为的微观机理。

从表 8 - 3 中的 IV 模型（2）可知，两个内生解释变量与两个工具变量恰好识别，第一阶段回归两个工具变量的 F 统计量分别为 158 和 151，均大于 10，说明本章使用的工具变量并不存在弱工具变量问题。在存在异方差的情况下，还需要用 DWH 内生性检验家庭是否参保和家庭社保缴费率的内生性，其 F 值为 48，P 值为 0.000，拒绝外生变量的假设。考虑到 OLS 回归容易出现系数的估计偏差，且本章使用的工具变量不存在弱工具变量问题，因此本节及之后的回归分析均主要分析 IV 估计的回归结果。根据表 8 - 3 的 IV 模型（2）估计结果可知，2002 ～ 2009 年，广东省城镇家庭参加社会保险的比率提高 1%，显著增加家庭 0.613% 的当期消费；如果家庭社保缴费率提高 1%（即缴费后人均可支配收入下降约 158 元），家庭当期人均消费下降 0.625%（约 73 元），而 OLS 的估计值要小一些。

二、社会保险支出对不同群体消费的影响

社会保险对消费的影响机制较为复杂，不同家庭的边际消费倾向、流动性约束、非养老保险储蓄动机等具有显著差异。考虑到家庭类型的异质性，可以更深入地剖析社会保险支出对家庭消费影响的形成机制。

从表 8 - 4 中可以看出，无论是分部门、分收入组，还是分出生组，家庭一旦参与社会保险，对消费的促进作用都较为积极，且在统计意义上十分显著。社保缴费率的提高对消费表现出一定的抑制作用，特别是对于国有经济部门和高收入群体而言更是如此。

表 8 - 4　　　　　　　　　社会保险支出对不同群体消费的影响

变量	分部门		分收入		分出生组	
	国有经济（1）	非国有经济（2）	低收入（3）	高收入（4）	50 年代出生组（5）	70 年代出生组（6）
家庭是否参保	1.556 ***（0.299）	0.321 ***（0.067）	0.350 ***（0.085）	0.904 ***（0.203）	0.782 ***（0.137）	0.423 ***（0.144）
家庭社保缴费率	-1.406 ***（0.327）	-0.143（0.315）	-0.372（0.265）	-0.725 **（0.300）	-0.474 *（0.275）	-0.601（0.432）

续表

变量	分部门		分收入		分出生组	
	国有经济 （1）	非国有经济 （2）	低收入 （3）	高收入 （4）	50年代 出生组（5）	70年代 出生组（6）
收入对数	0.638 *** （0.030）	0.739 *** （0.014）	0.709 *** （0.025）	0.723 *** （0.029）	0.656 *** （0.024）	0.763 *** （0.023）
户主性别	-0.011 （0.018）	0.007 （0.013）	-0.009 （0.014）	-0.037 * （0.021）	0.029 （0.018）	-0.023 （0.023）
户主年龄	0.014 （0.009）	0.027 *** （0.006）	0.028 *** （0.007）	0.021 ** （0.009）	0.009 （0.047）	-0.083 （0.056）
户主受教育程度	-0.031 （0.022）	0.026 ** （0.011）	-0.005 （0.011）	0.056 ** （0.026）	-0.019 （0.017）	0.000 （0.029）
家庭规模	-0.064 *** （0.010）	-0.035 *** （0.007）	-0.056 *** （0.006）	-0.027 ** （0.012）	-0.032 *** （0.010）	-0.046 *** （0.011）
R^2	0.358	0.695	0.369	0.109	0.554	0.659
观测值	6045	6134	4008	4436	3979	2428

注：其他控制变量同表8-3，限于篇幅表8-3没有报告中等收入家庭、20世纪60年代家庭的估计结果。 *** 、 ** 、 * 分别表示在1%、5%、10%的置信水平上显著，括号内为稳健标准差。表8-4模型（1）～模型（6）均是IV估计结果，工具变量的第一阶段回归F值均大于10，DWH内生性检验的P值均在10%水平内显著，出生组出生年代均处于20世纪中。

资料来源：以上估计结果均通过Stata 15实现。

从分部门估计结果来看，国有经济部门的家庭是否参保估计系数为1.556，远大于非国有经济部门的0.321。而国有经济部门的家庭缴费率的估计系数为 -1.406，绝对值远大于非国有经济部门的 -0.143。说明相对于非国有经济部门，国有经济部门家庭参保的消费扩张效应更大，但提高家庭社保缴费率对消费的抑制效应也要高于非国有经济部门。从表8-2对分部门社保参与率和缴费率统计可知，国有经济单位职工的社保参与率各年均在90%以上，没有参保的国有经济家庭占比很小，可能造成参与社保对消费的促进效果大于非国有经济部门。此外，国有经济部门家庭的社保缴费率是非国有经济部门家庭的两倍左右，更易造成社会保险对可支配收入的挤出效应。由表8-4中的模型（1）可知，国有经济部门家庭缴费率增加1%，将降低1.4%的家庭消费支出，更进一步验证了缴费率的消费挤出效应。如果在国有经济部门样本的基础上剔除金融保险行业群体，对消费的抑制作用将增大为 1.46%；如果剔除社会服务行业群体，抑制作用降低为 1.35%。

从分收入组的估计结果来看，高收入家庭参与社保的正向效应和家庭缴费率的抑制效应都比低收入家庭要大，这间接说明了城镇低收入家庭的社保水平不足。此外，低收入和高收入家庭的社保缴费率系数差距比分部门的系数差距小，但比出生组差距大。回顾表 8-2 的社保缴费率趋势，两种收入的缴费率差距在不同分类群体间也处于中间位置。值得注意的是，低收入群体的家庭规模与消费呈负相关关系，平均而言家庭每多 1 人，消费减少 5.6%。

在出生组方面，年老出生组（20 世纪 50 年代生人）参与社保的消费刺激作用比年轻出生组（20 世纪 70 年代生人）要大，可能由于年龄越大，出生组对生活保障的需求越强烈。社保缴费率对年轻出生组的消费抑制作用较大，可能是由于年轻人当期的边际消费倾向较高，他们对当期消费的欲望强烈，而社保作为强制储蓄与这种需求是相冲突的。还有一个原因可能是年轻人面临更紧的信贷约束。值得指出的是，不同出生组的养老保险作用差异要比医疗保险更为敏感，这可能源于医疗保险资源没有代际传递机制。

三、分项社保支出对家庭消费的影响

到目前为止，我们只考察了家庭总体社保支出对消费的影响，而养老保险和医疗保险性质的不同决定了对消费的作用机制也会有所差异。以表 8-5 作为对照，我们报告了 OLS 回归和 IV 回归结果。为避免养老保险、医疗保险和其他保险同时作为解释变量存在的多重共线性，我们采用多种回归形式进行控制：以 IV 估计为例，表 8-5 中的模型（4）只考虑养老保险状况，控制除养老保险之外的所有其他保险；模型（5）只研究医疗保险，控制除医疗保险之外的所有其他保险；模型（6）中养老保险和医疗保险同时作为解释变量，控制其他非养老非医疗的保险项目。同时，为避免其他保险变量的内生性，表 8-5 中的模型（4）~模型（6）均引入了分项保险的保险参与率和缴费率。

表 8 - 5   分项社保支出对家庭消费的影响

变量	OLS			IV		
	(1)	(2)	(3)	(4)	(5)	(6)
有无养老保险	0.009 (0.012)	—	0.004 (0.011)	0.242 *** (0.082)	—	0.292 *** (0.087)
养老保险缴费率	0.381 *** (0.075)	—	0.386 *** (0.076)	- 1.184 *** (0.427)	—	- 2.584 *** (0.592)
有无养老之外保险	0.014 (0.010)			0.087 (0.054)		
养老之外保险缴费率	0.341 *** (0.072)			0.317 (0.246)		
有无医疗保险	—	0.022 *** (0.008)	0.024 *** (0.009)	—	0.096 ** (0.038)	0.160 *** (0.046)
医疗保险缴费率	—	0.316 ** (0.155)	0.290 * (0.155)	—	0.616 (1.446)	2.097 (1.654)
有无医疗之外保险		0.008 (0.010)			0.185 ** (0.072)	
医疗之外保险缴费率		0.354 *** (0.050)			- 0.218 (0.170)	
有无其他保险	—		0.000 (0.009)	—		- 0.157 *** (0.042)
其他保险缴费率	—	—	0.331 *** (0.085)	—	—	1.370 *** (0.374)
R^2	0.706	0.706	0.706	0.681	0.691	0.650
观测值	12668	12668	12668	12668	12668	12668

注：其他控制变量同表 8 - 3。 *** 、 ** 、 * 分别表示在 1% 、5% 、10% 的置信水平上显著，括号内为稳健标准差。

资料来源：以上估计结果均通过 Stata 15 实现。

表 8 - 5 中的 OLS 和 IV 结果均表明，被养老保险覆盖或者被医疗保险覆盖本身都会为家庭带来良好的预期，即使是基本的生活保障也会减轻未来的不确定性。但哪一种保险带来的消费刺激作用更大是不确定的。从表 8 - 5 中的模型 (6) 发现，养老保险缴费率每提高 1% ，家庭消费减少 2.6% ，而医疗保险的缴费率对消费具有促进作用，但在统计意义上不显著。在 OLS 估计中，医疗保险的缴费率均具有显著正向影响。我们并不能由此给出医疗保

不足的结论，因为每年医保基金收支基本平衡，加大不具有跨期传递性质的医疗保险筹集是资源的一种浪费。另外，养老保险面临的困难更为严峻，人口结构的老龄化对养老基金的需求越来越大，即使实行部分累积制，当年的养老基金仍不够支付当年的养老支出。提高居民缴费比例似乎是一个很好的选择，但实证研究表明，养老保险缴费率的提高对总体消费起显著的抑制作用。这种两难选择对政府进一步的社保政策提出了更高要求。

四、分项保险对分项消费支出的影响

社会保险一般有养老、医疗、工伤、生育、住房公积金等项目，为人们生活的各个方面提供保障，消费项目也有自己的层级和结构，涉及衣食住行和教育娱乐，表 8-6 分析了分项社会保险对家庭分项消费支出的影响。

表 8-6　　　　　　　　分项保险对分项消费支出的影响

变量	食品	衣服	教育	娱乐	交通
	(1)	(2)	(3)	(4)	(5)
有无养老保险	0.136 * (0.076)	0.792 *** (0.195)	0.991 *** (0.347)	1.342 *** (0.316)	0.413 ** (0.197)
养老保险缴费率	-1.139 ** (0.531)	-3.567 *** (1.381)	-1.028 (2.756)	-8.380 *** (2.125)	-5.594 *** (1.297)
有无医疗保险	0.068 (0.043)	-0.093 (0.112)	0.250 (0.218)	0.943 *** (0.186)	0.282 *** (0.102)
医疗保险缴费率	-0.837 (1.471)	7.249 * (3.776)	3.337 (7.535)	-13.097 ** (6.426)	8.348 ** (3.551)
有无其他保险	-0.234 *** (0.036)	-0.420 *** (0.092)	-0.185 (0.178)	-0.295 ** (0.141)	0.070 (0.086)
其他保险缴费率	2.685 *** (0.328)	2.863 *** (0.818)	-2.829 * (1.595)	10.878 *** (1.286)	0.084 (0.773)
R^2	0.533	0.449	0.031	0.170	0.434
观测值	12656	12456	9414	12301	12623

注：其他控制变量同表 8-3。模型（1）~模型（5）均是 IV 估计结果，工具变量的第一阶段回归 F 值均大于 10，DWH 内生性检验的 P 值均在 10% 水平内显著。***、**、* 分别表示在 1%、5%、10% 的置信水平上显著，括号内为稳健标准差。

资料来源：以上估计结果均通过 Stata 15 实现。

表 8 - 6 表明，拥有养老保险或医疗保险的家庭在各种消费项目上都比未参保家庭更愿意消费，医疗保险占总保险比例较小，与分项消费的相关关系并不如养老保险显著。从消费的层次来看，养老保险对食品、衣服、教育、娱乐支出的积极影响逐级提高，这符合直觉。一旦人们基本生活得到了保障，更愿意增加教育文娱等享受发展型消费，医疗保险的覆盖效果也表现出类似的性质。与前面总体回归一致，缴费率对消费表现出相反的关系，对比分项保险对食品和娱乐支出的影响，可以发现：养老保险缴费率每提高 1%，食品支出下降 1.14%，而娱乐支出下降 8.38%；医疗保险缴费率每提高 1%，食品支出下降 0.84%，娱乐支出下降 13.1%。养老保险和医疗保险挤出了可支配收入，而家庭娱乐支出对挤出效应更为敏感。另外，医疗保险缴费率的抑制作用之所以如此显著，是因为家庭医疗保险占家庭总工资收入的比例本就不足 2%。

最后我们简略讨论了养老保险对子女培训班、烟酒和在外就餐支出细项的影响。表 8 - 7 结果显示，一旦家庭被养老保险覆盖，会增加子女培训班、烟酒和在外就餐的支出，但在统计意义上不显著。与表 8 - 6 中养老保险缴费率对食品、教育等支出大项的抑制作用不同，养老保险缴费率对子女培训班费用、家庭烟酒支出、在外就餐支出等支出细项有促进效果。可能的原因是，养老保险作为强制储蓄具有较强的资产替代效应，在基本生活得到保障之下，家庭更愿意加强子女的人力资本额外投资；或由于人力资本投资和烟酒生活习惯是缺乏弹性的，对这些支出项而言，养老保险作为强制储蓄的资产效应更强。

表 8 - 7　　　　　　　　　　　养老保险对支出细项的影响

变量	子女培训班费用	烟酒支出	在外就餐支出
	（1）	（2）	（3）
是否有养老保险	1.143 （0.875）	0.112 （0.429）	0.336 （0.284）
养老保险缴费率	7.229 ** （3.270）	5.328 ** （2.131）	2.687 * （1.517）

续表

变量	子女培训班费用	烟酒支出	在外就餐支出
	（1）	（2）	（3）
有无养老之外保险	- 1. 109 *	- 0. 371	0. 640 ***
	（0. 607）	（0. 288）	（0. 205）
养老之外保险缴费率	5. 552 ***	- 4. 601 ***	4. 062 ***
	（1. 892）	（1. 295）	（0. 752）
R²	0. 069	0. 090	0. 417
观测值	4487	9463	12041

注：其他控制变量同表 8 - 3。模型（1）~模型（3）均是 IV 估计结果，工具变量的第一阶段回归 F 值均大于 10，DWH 内生性检验的 P 值均在 10% 水平内显著。 ***、**、* 分别表示在 1%、5%、10% 的置信水平上显著，括号内为稳健标准差。

资料来源：以上估计结果均通过 Stata 15 实现。

第六节　结　　论

本章基于 2002 ~ 2009 年广东省城镇住户调查数据（UHS），将各年各城市的社保参与率和社保缴费率，分别作为家庭社保参与率和家庭社保缴费率的工具变量（IV），考虑家庭类型、社保类型和消费支出的异质性，分析了家庭社会保险参与率和缴费率对城镇家庭消费的影响。研究发现以下两点。

第一，与未参保家庭相比，参与社会保险会增加家庭消费 0.61%，但总社保缴费率每提高 1%，家庭消费会降低 0.63%。从不同家庭类型来看，国有经济部门家庭参保对消费的正向效应大于非国有经济部门，城镇低收入家庭存在社保覆盖率不足，年老出生组（1950s）参与社保的消费刺激作用大于年轻出生组（1970s）；国有经济部门、高收入和年轻出生组的家庭社保缴费率对消费的抑制效应高于非国有经济部门、低收入和年老出生组家庭。

第二，从不同社保类型来看，养老保险和医疗保险对消费具有不同的作用机制，养老保险缴费率每提高 1%，家庭消费减少 2.58%，而医疗保险的缴费率对消费具有促进作用。从不同消费支出类型来看，参与养老保险对家庭食品、衣服、教育、娱乐和交通支出具有积极效应，而养老保险缴费率对食品、衣服、教育、娱乐等支出大类均具有抑制作用，但养老保险缴费率对子女培训班、烟酒和在外就餐支出细项具有正向作用。

本章主要研究了过高的城镇养老保险缴费率和医疗保险缴费率对居民消费需求的挤出效应。相比其他发达国家，我国居民较高的社保负担影响了城镇居民潜在消费能力的释放。第九章我们将进一步从养老退休制度视角，分析我国强制退休制度对我国城镇居民消费的影响。

第九章
退休消费困境：基于断点回归设计的经验证据*

第一节　引　言

在全球人口老龄化背景下发达国家进入退休阶段的人口数量快速增长，围绕退休主题的研究日渐备受关注。退休决策对家庭消费会造成怎样的影响呢？根据莫迪利安尼和布伦贝格（Modigliani and Brumberg，1954）、霍尔（Hall，1978）提出的生命周期理论，为追求预期终身效用最大化，家庭会根据终生收入来平滑整个生命周期消费路径，理性前瞻的家庭在可预期的收入冲击下（如退休）会利用储蓄和信贷平滑各期消费。但国外一些研究发现多数居民在退休时其消费会发生一次性的显著下降，而这种现象与生命周期理论中的"消费平滑"观点并不一致，也就是文献中所说的"退休消费困境"或"退休消费之谜"（retirement consumption puzzle）。目前，哈莫米斯

    * 邹红，喻开志. 退休与城镇家庭消费：基于断点回归设计的经验证据［J］. 经济研究，2015（1）. Hong Zou，Bingjiang Luan，Kaizhi Yu，Hongwei Xu. Does Retirement Affect Alcohol Expenditure? Evidence from Urban Chinese Older Adults in 2002 – 2009［J］. International Journal of Population Studies，2018（4）.

（Hamermesh，1984）和本海姆等（Bernheim et al.，2001）研究美国居民的消费、巴金斯等（Banks et al.，1998）研究英国居民的消费、若林源三（Wakabayashi，2008）研究日本居民的消费、巴斯汀等（Battistin et al.，2009）研究意大利居民的消费，他们都发现了不同程度退休消费困境的存在，然而我国还缺乏对这一现象的检验。

各国学者从不同角度对退休消费困境产生的原因进行了解释，主要的观点有以下几种：（1）储蓄不足或流动性约束。哈莫米斯（1984）利用美国退休历史追踪调查（RHS）数据，最早从退休前储蓄不足视角分析了退休会减少消费。本海姆等（2001）利用 PSID 面板数据，认为平均而言退休只会降低家庭 14% 的消费支出，但处于最低财富 1/3 的贫困家庭会因为退休前储蓄不足，降低高达 35% 的消费支出。（2）工作相关支出降低。米妮埃希等（Miniaci et al.，2013）、胡德和罗夫特（Hurd and Rohwedder，2006）认为退休后家庭消费的减少主要是降低了在外就餐、交通费等与工作相关的支出。巴斯汀等（2009）利用意大利养老保险政策的准自然实验识别男性退休状态，采用断点回归方法得出退休降低了家庭非耐用品消费支出的 9.8% 和食物消费支出的 14.1%，主要原因在于退休降低了与工作相关的支出，而这一现象与家庭财富或流动性约束无关。（3）未预期的负面信息冲击。史密斯（Smith，2006）、海德和斯蒂芬斯（Haider and Stephens，2007）认为个人健康状况、企业经营变化等导致的非自愿退休或提前退休，会显著降低家庭的食物消费，而自愿退休不会影响家庭食物消费；巴金斯等（1998）使用英国家庭支出调查数据，认为消费者受到未预期的负面信息冲击也会导致退休后消费支出的减少。（4）家庭人口特征的异质性。费希尔等（Fisher et al.，2005）认为退休后与父母同住的子女数量降低，家庭人口规模的变化会改变退休消费困境的效应，他们使用经等值因子（家庭规模平方根）调整后的家庭总消费支出，发现退休仅降低了非耐用品消费支出的 2.5% 和食物消费支出的 5.7%，小于不经等值因子调整的效应。伦德伯格等（Lundberg et al.，2003）从退休后消费的性别决策差异视角出发，认为妻子一般寿命更长，家庭中如果丈夫退休后妻子会削减家庭支出，这也是"退休消费困境"产生的重要原因。

　　近年来，一些文献也认为退休消费支出的减少并不意味着家庭消费效用的下降，胡德和罗夫特（2006）、阿吉亚尔和赫斯特（Aguiar and Hurst，2005；2007）认为退休后与工作相关的支出大幅减少，可能是由于部分商品通过家庭自产取代了市场购买，从而减少了消费支出；退休会使消费者闲暇增加，家庭会提高旅游等服务性支出，同时由于时间充裕使各种购买行为物超所值，更有效率。此外，赫斯特（Hurst，2008）通过归纳各国文献发现，只有食品和与工作有关的消费支出才有退休后家庭消费立即下跌的现象，其他非耐用品支出不存在退休消费难题，退休后的消费立即减少与扩展的生命周期消费假说是一致的。

　　以往国内外研究大多侧重在整个生命周期框架内研究人口老龄化对消费的影响，尚缺少文献采用标准的政策评价方法，利用强制退休制度的准自然实验去识别退休决策，研究退休对消费影响的因果效应。除巴斯汀等（2009）使用断点回归方法外，以上文献均是使用 OLS 估计或面板固定效应估计，而退休决策存在自我选择偏差，用 OLS 估计会带来有偏结果，固定效应估计也无法克服随时间变化的反向因果误差和遗漏变量误差；且 OLS 估计和固定效应方法均无法真正估计退休政策对实验组和对照组的目标变量的跳跃影响。本章试图在上述领域做些有益尝试，与巴斯汀等（2009）仅使用断点参数估计方法研究退休消费困境不同，我们将使用工具变量（IV）/断点回归（RD）参数估计法和非参数估计法，来研究我国是否存在"退休消费困境"和"退休食物消费困境"，并细致探讨其形成原因。

　　断点回归设计法的基本思想为：如果劳动力的退休制度不存在，退休决策应该是随着消费者年龄而平滑变化的；那如果在退休制度所涉及的年龄附近，发现消费者退休率存在断点，我们就可以确定这些退休的差异是由外生制度所导致的（雷晓燕等，2009），IV/RD 方法就可以利用退休制度引致的退休变化来识别退休对消费的因果性影响。由于我国实行的是法定退休制度，退休应该存在明显的年龄断点。

　　图 9 - 1 中的横轴变量是男性户主年龄减去正常退休年龄（60 岁）的差，纵轴是退休概率，图中的点表示每一年龄上退休与否变量的均值，其实就是每一年龄上的退休率。从图 9 - 1 可以看出，户主 50 岁的时候，退休率不到

10%，当户主年龄为60岁时，这一比例逐渐增加到41%左右。然而，在60~61岁之间，男性户主退休率经历了一个很大的跳跃，61岁时的退休率达到83%，61岁以后，退休率接近100%。图9-1表明城镇居民的退休率在60岁前后存在明显的断点，因此，本章可以利用退休制度在退休年龄上的非连续性来识别退休与消费的因果关系。

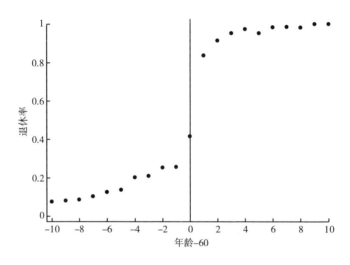

图9-1 退休率与年龄

资料来源：图中数据根据国家统计局城镇住户调查2000~2009年的家户数据计算得到。

本章详细介绍了断点回归设计的识别策略，IV\RD参数估计发现退休显著降低了城镇家庭非耐用品消费支出的9%、食物消费支出的20.1%和文化娱乐支出的18.6%；非参数局部多项式回归估计发现退休显著降低了非耐用品消费支出的9.2%、食物消费支出的20.3%和文化娱乐支出的18.4%，两种方法估计的结果基本一致。从不同消费类型来看，退休后消费骤降主要源于与工作相关支出和文化娱乐支出的降低，但除去与工作相关的消费支出和文化娱乐支出之后，家庭非耐用品消费支出在退休前后是平滑的（平滑消费假说才能成立）。即使居民退休后其食物的支出迅速下降，但实际的食物摄入仍然稳定，与发达国家不同，退休虽没有减少我国城镇家庭的生存型消费，但由于社会保障体系的不完善等原因显著抑制了城镇老人的享受发展型消费。与公务员家庭、夫妻家庭、受教育程度较高和储蓄水平较高的城镇家庭相比，企业职工、单身独居、受教育水平较低和储蓄不足的老年人退休后更易于降低家庭的非耐用品消费支出和文化娱乐支出。如果从自愿和非自愿区分，非自愿退休的居民在退休年龄之前就已经经历了消费的下降。

本章的贡献主要在两个方面：一方面，在准自然实验条件下利用 IV \ RD 参数估计方法和非参数估计两种方法，识别了退休对消费的因果效应，有效避免了可能存在的内生性问题；另一方面，细致区分消费支出类型和家庭类型的异质性，探讨了我国城镇家庭"退休消费困境"的形成原因。

本章余下部分安排如下：第二节是退休制度背景；第三节是识别策略；第四节是数据与变量处理；第五节是估计结果分析；第六节是稳健性检验与其他经济解释；第七节为结论。

第二节　退休制度背景

不同于很多发达国家的退休制度，我国执行的是强制退休制度，但企业职工和政府机关事业单位的养老制度有不同的安排。目前的退休制度规定主要源于 20 世纪 50 年代的有关规定，如"1953 年劳动保险条例""1958 年国务院关于工人、职员退休处理的暂行规定（草案）""《国务院关于工人退休、退职的暂行办法》"。这些文件明确规定：工人，男年满六十周岁，女年满五十周岁退休；干部，男年满六十周岁，女年满五十五周岁退休。对于企业职工而言，从事特殊工种的人群，男性可以提前到 55 岁退休，女性可以提前到 45 岁退休；同时，对于丧失劳动能力的政府机关工作人员，男性可提前到 55 岁退休，女性是 45 岁；而丧失劳动能力的事业单位人员，男性和女性可以分别提前到 50 周岁和 45 周岁退休。以上规定主要适用于我国城镇地区。在农村地区，劳动力可根据自身实际情况自行决定，没有"法定退休"的规定。因此，本章将主要研究城镇地区。

我国正常的行政退休，即办理退休手续，包括正常退休、早退、内退等形式。根据有关数据可知，城市户口的人群中有很大比例过了退休年龄却没有办理退休手续，其中男性有 10% 以上，女性更是有 50% 左右，这说明即使在城市户口人群中，制度退休的覆盖也是不完全的，尤其在女性中更是如此，而具体到退休的类型，大约 1/4 的人属于早退或内退。[①] 胡德（2006）认为退休决策的性别差异明显，已婚女性的退休决策较为复杂，如企业已婚女性的退休决策依赖丈夫的退休状况、女性退休年龄表现出较大的随机性等。在我国，女性的退休年龄相比男性也更加多样化，可能会存在多个女性退休年龄断点（雷晓燕等，2010）。此外，从职业划分来看，与私营企业、个体企业相比，国家机关事业单位、国有企业、集体企业执行退休制度要更为规范。鉴于我国退休制度的特点和实际情况，为了避免样本选择性问题，本章将把样本进一步限定在城市男性户主退休前就业状态是政府机关事业单位、国有企业、集体企业范围。

与发达国家相比，我国居民在法定退休制度背景下可形成明确的生命周期消费预期，使我国退休者更有机会平滑退休前后的消费。查蒙（Chamon，2010）发现我国一直有着较高且不断上升的居民储蓄率，而高储蓄率也为我国居民避免"退休消费困境"提供更好的平滑能力。中国将面临严峻的人口老龄化挑战，与发达国家的老龄化情况相比，我国的这种挑战集中体现为快速增加的人口老龄化程度、庞大的老年人口规模、高位的老年人口比重、"未富先老"的脆弱应对能力等特殊问题。[②] 而国内需求不足一直困扰着经济增长，人口老龄化很有可能更加减缓原本就较低的国内居民消费率，对我国经济带来持久性的不利影响。但这些差异如何影响我国居民在退休时的消费决策和宏观经济增长？我国退休困境和发达国家退休困境具有怎样的异质性？因此，在快速老龄化背景下研究我国退休消费困境及其原因，以及如何提高退休老年群体的消费平滑能力发挥扩大内需的积极作用，和探讨延迟退休的社会经济效应具有重要的现实意义。

[①] 赵耀辉. 第二届中国健康与养老国际研讨会 [J]. 北京大学国家发展研究院第 69 期简报，2009.

[②] 我国老龄化进程正在加剧，预计到 2030 年会成为全世界老年人口规模最大的国家。据中国社科院《中国财政政策报告 2010/2011》指出，自 1999 年中国进入老龄社会开始，老年人口数量不断增加，老龄化程度持续加深。到 2030 年，中国 65 岁以上人口占比将超过日本，成为全球人口老龄化程度最高的国家，到 2050 年，60 岁及以上老人占比将超过 30%，我国将进入深度老龄化阶段。

第三节　识别策略

自 1990 年以来，国外众多学者开始使用断点回归设计模型及其扩展形式来研究经济问题，重要的理论贡献包括：哈恩等（Hahn et al., 2001）构建的考虑政策或者试验异质性处置效应（treatment effects）的模糊断点回归设计模型（FRD），给出了 FRD 模型估计结果的经济解释；孙（Sun, 2005）提出了自适应估计方法；路德维希和米勒（Ludwig and Miller, 2005）给出了 FRD 模型中非参数估计的带宽选择方法；李（Lee, 2008）和麦克拉里（McCrary, 2008）从均值或者分布角度提出了多种断点检验方法。

断点回归设计方法的思想主要来源于鲁宾（Rubin, 1974）、英本斯和鲁宾（Imbens & Rubin, 2007），他们使用鲁宾因果模型（Rubin causal model, RCM）来研究因变量受某种政策或者试验影响的因果效应或者处置效应。在基本的 RCM 模型框架下学者们希望研究二元干预或者政策（binary intervention or treatment）的因果效应，被研究对象通常包括受政策影响的个体与不受政策影响的个体。假设 Y_i 是我们关心的消费指标（目标变量或反应变量），用$[Y_i(0), Y_i(1)]$表示个体 i 潜在的反应结果：受政策影响的观测值记为 $Y_i(1)$，不受影响的记为 $Y_i(0)$。断点回归设计方法研究的是个体 i 受政策影响的程度到底有多大，最直观的想法为计算 $Y_i(1)$ 与 $Y_i(0)$ 的差值即 $Y_i(1) - Y_i(0)$ 是多少。但这里有一个根本问题没有解决，我们不可能同时观测到 $Y_i(0)$ 与 $Y_i(1)$ 的值。这是因为居民要么年龄超过 60 岁，他就会受到退休制度影响；要么年龄低于 60 岁，则他不会受到退休制度影响，因而每位居民不可能在某一时刻得到两个观测值，因为他不可能在一个时刻同时属于两种状态。由于无法同时观测到 $Y_i(0)$ 与 $Y_i(1)$ 的值，所以估计个体受退休制度影响程度大小的测量出现困难，解决这个的问题的方法之一是采用断点回归设计方法 RD。但是仅研究每位居民受政策影响程度的大小，结论不一定可靠。这是因为受个体差异影响，所得的结论不具有普遍意义。因此类似于传统的计量经济学研究，只能研究该政策的平均效应 $E[Y_i(1) - Y_i(0)]$，而不是单个居民的受政策影响的水平效应，这样的研究结论才有一定的理论与现实意义，才有利于把研究成果用来评判某项政策是否合理。

本章欲利用退休状况的年龄断点，识别退休与居民消费之间的因果关系。这里我们假设个体的退休状况为 D_i（分配变量 assignment variable），$D_i = 1$ 表示居民 i 受到政策影响，$D_i = 0$ 表示居民 i 未受到政策影响；$Y_i(0)$ 为居民 i 在工作时的消费支出，$Y_i(1)$ 为居民 i 在退休时的消费支出，则居民 i 的消费支出可以表示为 $Y_i = (1 - D_i)Y_i(0) + D_iY_i(1)$。通过图 9 - 1 可知，法定退休年龄 60 岁是一个断点，假设 X 是造成断点的驱动变量（forcing variable），这里的驱动变量是户主年龄，下面我们通过公式说明如何运用断点回归设计法，估计出退休对消费的影响。

断点回归设计方法的基本思想是居民 i 是否受政策影响部分或者完全取决于驱动变量 X_i 在固定门限值（fixed threshold）两侧的取值情况。X_i 是影响目标变量居民消费 Y_i 的重要变量，但这种影响通常假定是平滑的。所以在给定 X_i 的条件下，目标变量居民消费 Y_i 的条件分布函数（或者条件分布的数字特征，通常是条件 X_i 的函数）在固定门限值（间断点）处的不连续性就可以认为是由于某项政策引起的结果。

断点回归方法可分为明显断点回归（sharp regression discontinuity design，SRD）和模糊断点回归（fuzzy regression discontinuity design，FRD）。在中国现行退休制度安排下，并非所有人都是在规定退休年龄处停止工作，影响退休决策的原因可能还存在：由于健康状况恶化提早退休、由于家庭经济原因退休后再就业等。因此，退休制度仅能使退休率在法定退休年龄处发生一个外生的跳跃，并不是从 0 直接变动到 1 的绝对上升，我们称之为"模糊断点（FRD）"。FRD 设计方法允许个体被分配到试验组的概率在门限值点有一个小的跳跃［跨度在（0，1）之间］，通常的假定为：

$$\lim_{x \downarrow c} \Pr(D_i = 1 \mid X_i = x) \neq \lim_{x \uparrow c} \Pr(D_i = 1 \mid X_i = x)$$

在 FRD 模型中，学者们认为试验的平均因果效应是两个差值之比：因变量居民消费 Y 对协变量的回归在门限值处之差除以分配变量 D 对协变量的回归在门限值处之差。即：

$$\tau_{\text{FRD}} = \frac{\lim\limits_{x \downarrow c} E(Y \mid X = x) - \lim\limits_{x \uparrow c} E(Y \mid X = x)}{\lim\limits_{x \downarrow c} E(D \mid X = x) - \lim\limits_{x \uparrow c} E(D \mid X = x)}$$

借鉴哈恩等（Hahn et al.，1999；2001）的研究方法，当试验效果随着个体变动时，我们可利用工具变量来解释 FRD 模型的试验效应，这种解释与英本斯和安格里斯特（Imbens and Angrist，1994）的解释类似。设 $D_i(x)$ 表示个体在断点 x 处潜在的分配状态，而 x 位于 c 的一个小邻域附近。这里 X 是年龄，随着年龄从 c 变化到 $c + \varepsilon$ 时，决策者可以判断个体是否有资格参加或者接受试验，这就是所谓的单调性假设。假定 $D_i(x)$ 取值在点 x 处非递增，其中 x = c。我们定义一个名词"顺从程度"（compliance status），这个概念和工具变量中"顺从程度"的解释类似（Angrist et al.，1996），试验成员总是参加试验的"顺从程度"可以用公式表示为：

$$\lim\limits_{x \downarrow X_i} D_i(x) = 1 \ \text{和} \lim\limits_{x \uparrow X_i} D_i(x) = 1$$

所以

$$\tau_{\text{FRD}} = \frac{\lim\limits_{x \downarrow c} E(Y \mid X = x) - \lim\limits_{x \uparrow c} E(Y \mid X = x)}{\lim\limits_{x \downarrow c} E(D \mid X = x) - \lim\limits_{x \uparrow c} E(D \mid X = x)}$$
$$= E[Y_i(1) - Y_i(0) \mid \text{个体是顺从者并且 } X_i = c]$$

因此模糊 FRD 效应 τ_{FRD} 其实估计的是顺从者受到退休制度政策影响的平均效应。虽然依据人们对退休制度的反应可以把人群划分为总是参加者、从不参加者、顺从者和叛逆者四种。但根据我国的法定退休制度，城镇机关事业单位和国有集体企业单位执行退休制度的顺从者占主要部分，因此我们将主要识别退休对于顺从者的效果，即退休/工作状态完全由退休制度决定的那些人。

李和勒米厄（Lee and Lemieux，2009）提出了在经济学研究中运用断点回归设计方法研究经济问题的思路，本章沿用他们的思想，具体估计思路为：我国法定退休制度对于个人和家庭都是外生的，我们将借助"退休制度作为退休的工具变量"来识别退休对于家庭消费的跳跃影响；而对于消费者而言，"强制退休制度"的影响反映在个人的年龄是否达到强制退休的规定年龄，我们可以用个人是否达到退休年龄作为工具变量。同时把使用的样本限定在法定退休年龄附近，利用工具变量的思想，把法定退休政策规定的"退休年龄之前"和"退休年龄之后"的样本分别作为控制组和实验组，这样就能利用"退休制度外生冲击"去识别退休对家庭消费的影响。以上估计思路可以通过参数和非参数两种方法来实现，如果采用参数方法估计局部线性回归，具体为：

$$Y_{st} = \beta_0 + \beta_1 R_{st} + \beta_2 S + \beta_3 S^2 + \varepsilon_{st} \tag{9-1}$$

$$R_{st} = a_0 + a_1 D_{st}(S > 0, D = 1) + a_2 S + a_3 S^2 + u_{st} \tag{9-2}$$

其中，下标 t 为时间，s 为户主年龄。式（9-1）中的 Y_{st} 为每个时期不同户主年龄上的家庭平均消费支出；R 为退休虚拟变量，如果男性户主的就业状态为退休时取值为 1，否则为 0，R_{st} 为每个年份上不同年龄的退休率。S 为年龄断点差（户主年龄 – 法定退休年龄 60 岁），即户主真实年龄减去退休断点（60）的差，S^2 是年龄断点差的平方，我们加入 S 的多阶项来构造非线性关系进行 RD 估计。式（9-2）中的实验变量 D_{st} 用来反映个体所处的年龄与断点之间的关系，当户主年龄断点差大于 0（即大于断点）时，D_{st} 取值为 1，这些家庭为实验组；户主年龄断点差小于 0 时，D_{st} 取值为 0，这些家庭为控制组。

因为男性户主由于健康或企业原因可能提前退休，或者担任了重要行政职务可能推迟退休，所以仍然用原始变量 R_{st} 的数值进行 OLS 估计式（9-1），系数 β_1 就会导致选择性偏误。之所以试验变量 D_{st} 能避免这个问题（由于模糊断点回归方法导致的偏误），是因为变量 D_{st} 本身并不受模糊性的干扰（而且和 R_{st} 高度相关），所以可以被用来干净地估计愿意参加到试验组的效应。其实，居民没有按制度准时退休而是提前或者延后退休的问题，并不是我们关心的主要问题。我们的目标是估计真正退休的人，他们的消费是否受到影响。为了得到退休效应的无偏估计，我们可以用 D_{st} 作为 R_{st} 的工具变量。这是因为 D_{st} 能预测 R_{st}，同时又没有受到选择偏差的影响。因此，如果 RD 设定是有效的，以上 TSLS 回归设计所得到的估计量就是一致估计，可以避免由于遗漏变量所导致的内生性问题。

为了验证 RD 设定的有效性，我们有必要对家庭其他特征变量或控制变量的连续性进行检验。在理想的状况下，如果带宽足够小，其他不通过退休年龄直接对消费产生影响的控制变量在政策发生时点都应该是连续的。

$$Z_{st} = \gamma_0 + \gamma_1 R_{st} + \gamma_2 S + \gamma_3 S^2 + \zeta_{st} \tag{9-3}$$

其中，Z_{st} 为每个时期不同户主年龄上的家庭或户主人口特征变量，如户主户口、户主婚姻状态、户主受教育水平、家庭规模、家庭住房面积和家庭资产等。此外，在本章稳健性检验部分，我们将对特征变量的连续性进行检验，并报告不同带宽选择和不同局域样本估计的结果，综合检验估计结果的稳健性。

要实施上述估计思路，另一种选择是利用非参数的估计方法。[①] 非参数估计方法数值上会等价于上面参数估计量（哈恩等，1999；2001；2002），因此本章同时也用了非参数估计退休对消费的影响，发现参数模型与非参数模型的结论一致，这进一步说明本章结论具有稳健性。具体做法如下：（1）英本斯和勒米厄（Imbens and Lemieux，2008）指出使用简单核函数回归法会导致很大的偏差，因此我们采用局部多项式回归方法；（2）在估计居民消费变量 Y 的断点回归模型与试验分配变量的回归模型时，均采用相同的带宽。

首先，对于目标变量 Y，我们使用局部多项式回归方法估计断点两侧的回归函数。

$$(\hat{\alpha}_{YL}, \hat{\beta}_{YL}, \hat{\gamma}_{YL}) = arg \min_{\alpha_{YL}, \beta_{YL}, \gamma_{YL} c - h \leqslant S < c} \sum (Y_{st} - \alpha_{YL} - \beta_{YL} \cdot S - \gamma_{YL} \cdot S^2)^2 \tag{9-4}$$

$$(\hat{\alpha}_{YR}, \hat{\beta}_{YR}, \hat{\gamma}_{YR}) = arg \min_{\alpha_{YR}, \beta_{YR}, \gamma_{YR} c \leqslant S \leqslant c + h} \sum (Y_{st} - \hat{\alpha}_{YR} - \beta_{YR} \cdot S - \gamma_{YR} \cdot S^2)^2 \tag{9-5}$$

则对于居民消费变量 Y 来说，在回归函数中的不连续性的大小可以用下式估计：

$$\hat{\tau}_Y = \hat{\alpha}_{YR} - \hat{\alpha}_{YL}$$

其次，对于试验的分配变量 D，考虑下面两个局部线性回归。

$$(\hat{\alpha}_{DL}, \hat{\beta}_{DL}, \hat{\gamma}_{DL}) = arg \min_{\alpha_{DL}, \beta_{DL}, \gamma_{DL} c - h \leqslant S < c} \sum (D_{st} - \alpha_{DL} - \beta_{DL} \cdot S - \gamma_{DL} \cdot S^2)^2 \tag{9-6}$$

---

① 我们将在第五节的估计结果中报告 IV/RD 参数估计和非参数估计的结果。

$$(\hat{\alpha}_{DR}, \hat{\beta}_{DR}, \hat{\gamma}_{DR}) = \arg \min_{\alpha_{DR}, \beta_{DR}, \gamma_{DR} c \leq S \leq c+h} \sum (D_{st} - \alpha_{DR} - \beta_{DR} \cdot S - \gamma_{DR} \cdot S^2)^2$$

$$(9-7)$$

则对于试验的分配变量 D 来说，在回归函数中的不连续性的大小可以用下式估计：

$$\hat{\tau}_D = \hat{\alpha}_{DR} - \hat{\alpha}_{DL}$$

最后，我们估计出模糊断点回归设计模型 FRD 的试验效应是上述两个不连续性的比率。

$$\hat{\tau}_{FRD} = \frac{\hat{\tau}_Y}{\hat{\tau}_D} = \frac{\hat{\alpha}_{YR} - \hat{\alpha}_{YL}}{\hat{\alpha}_{DR} - \hat{\alpha}_{DL}}$$

$$(9-8)$$

哈恩等（Hahn et al.，1991）首次指出这种处理方法与参数回归方法得出的政策效应估计量是相等的。李（Lee，2005）的专著中使用非参数两阶段最小二乘法，也得到这个结论。

在非参数回归中，估计量效果的好坏与带宽选择有一定联系。本章采用与英本斯和勒米厄（2008）相同的方法来选择带宽：采用交叉验证法，并在断点两侧选择相同的带宽。至于在断点两侧选择相同带宽会产生什么后果目前还不清楚（英本斯和勒米厄，2008）。在本章中，对于退休居民消费变量 Y 来说，运用交叉验证法再最小化 $CV_Y^\delta(h)$ 可以得到最优带宽 h_Y；对于分配变量 D 来说，同样使用交叉验证法同时最小化 $CV_D^\delta(h)$ 也可以得到最优带宽 h_D。这里 $CV_Y^\delta(h)$ 的定义如下：

$$CV_Y^\delta(h) = \frac{1}{N} \sum_{i:q_{S,\delta,L} \leq S \leq q_{S,1-\delta,R}} [Y_i - \hat{\alpha}_Y(S)]^2$$

其中 $\hat{\alpha}_Y(S) = \begin{cases} \hat{\alpha}_{YL}(S), S < c \\ \hat{\alpha}_{YR}(S), S \geq c \end{cases}$，而 $CV_D^\delta(h)$ 与 $CV_Y^\delta(h)$ 的定义类似，故不再赘述。有可能退休居民消费变量 Y 的条件期望相对于分配变量 D 来说要平坦一些，这就意味着应该选择的最优带宽 h_Y 要大于最优带宽 h_D 才合适。不过，在实证分析中通常选择相等的带宽，即 $h_Y = h_D$。这是因为对于式（9-8）来

说，分子与分母选择相同的带宽似乎更合理一些。当然为了避免渐近偏差，在使用交叉验证法时大家都希望采用较小的带宽，因此本章采用的最优带宽是 $h_{CV}^{opt} = min\left[\arg\min_h CV_Y^\delta(h), \arg\min_h CV_D^\delta(h)\right]$。具体的 FRD 估计量以及带宽选择，请见后面表 9 - 5。

第四节 数据与变量处理

国家统计局的城镇住户调查采用分层抽样的方式获得样本，含有完善的家庭人口特征、家庭收入、家庭消费支出等信息，该调查采用让被调查户每日记账的方式收集数据，获得的收入和消费数据更为详细和准确。本章使用的数据来自国家统计局广东省城调队的城镇住户调查数据，共获得 2000 ~ 2009 年 10 个年份的 20389 个家庭样本。城镇住户调查数据样本每三年须全部轮换，我们使用的是 2000 ~ 2009 年各年重复截面数据。

根据本章第二节退休制度背景的分析，城镇机关事业单位、国有企业和集体企业较好地执行了法定退休制度，且女性退休情况比男性复杂，因此，本章以城镇男性户主退休作为界定一个家庭是否退休的标志，样本仅考虑城镇男性户主在这些单位的退休人员和在职人员。退休变量为虚拟变量，如果男性户主的就业状态为已退休人员，取值为 1，否则取值为 0。李和勒米厄（2008）认为在政策规定较小的退休年龄区域能较好地控制年龄效应，我们保留户主年龄为 50 ~ 70 岁的样本，最终符合要求的总样本为 3916 个家庭。

本章的家庭非耐用品消费支出是指家庭总消费支出减去家庭设备用品后的消费支出；食物总支出包括在家食物支出和在外就餐支出；与工作相关的支出包括在外就餐支出、男士服装和交通费；文化娱乐支出是指教育文化娱乐服务支出减去文化娱乐用品和教育后的支出，包括参观旅游、健身活动、团体旅游、文娱用品修理服务费等。第五节的回归分析中所有消费支出类型均采用取对数后的结果。

表 9 - 1 给出了 2000 ~ 2009 年全部样本和 60 岁断点年龄左右不同位置处的人口特征，以及家庭消费类型的描述统计情况。根据表 9 - 1 可知，从户主

的个体特征来看，户主平均年龄为 56.15 岁，平均受教育程度为高中，90%以上男性户主为城镇的本地非农业户口，平均家庭规模为 3.28 人，住房面积为 101.65 平方米。从消费支出主要类型来看，① 城镇家庭非耐用品消费支出为 34810.3 元，食物支出为 14550.1 元，包括在家食物支出和在外就餐支出，与工作相关的支出为 8721.1 元。

表 9 – 1   主要变量描述统计

变量	全样本	间断点左侧			间断点	间断点右侧		
		– 3	– 2	– 1	0	1	2	3
户主年龄	56.15	57	58	59	60	61	62	63
退休率	0.30	0.21	0.25	0.26	0.41	0.83	0.91	0.95
户主受教育程度	11.53	11.16	11.35	11.52	11.60	11.19	10.49	11.68
户主户口	0.98	0.98	0.99	0.99	0.98	0.99	0.95	0.96
家庭规模	3.28	3.32	3.42	3.39	3.34	3.73	3.62	3.63
住房面积	101.65	102.67	111.50	104.44	108.17	110.62	93.18	98.58
非耐用消费支出	34810.3	35566.5	36668.9	37176.4	32644.5	29912.0	28154.4	28889.1
食物支出	14550.1	15302.0	16220.8	16487.0	14505.6	14201.8	13635.3	12815.2
与工作相关支出	8721.1	8050.1	9483.3	8958.0	7199.2	6966.5	4951.0	5576.3
文化娱乐支出	2747.2	2854.3	3234.9	2598.7	2661.5	2457.9	1268.0	1929.5
储蓄率	0.26	0.34	0.33	0.31	0.23	0.32	0.16	0.23
样本数	3916	230	210	195	176	114	82	84

此外，表 9 – 1 报告了退休年龄间断点（户主年龄为 60 岁）的左右两侧各三期的描述统计结果。② 在间断点左侧（对照组）与间断点右侧（实验组）的户主教育、户主户口、家庭规模、住房面积均没有显著区别；而我们发现随着退休率的上升，在间断点两侧的非耐用品消费支出、文化娱乐支出、工作相关支出存在明显差异，意味着退休可能会对家庭消费带来一定影响。

① 由于无法获得我国多个省的城市住户调查数据，与全国水平相比较，广东省消费水平可能会高于其他一些不发达省份。但法定退休制度是全国性的退休政策，这种外生冲击对消费的影响用一省数据和全国数据应该都能达到类似的效果。
② 为了简洁，表 9 – 1 仅报告了断点左右各三期描述统计结果。

第五节 估计结果分析

许多研究发现家庭生命周期消费呈现倒"U"型特征，年轻时家庭消费呈上升趋势，老年则呈下降趋势，而造成这种趋势的主要原因是退休（阿塔纳西奥等，1999），以前学者们更多关注家庭在生命周期前半部分的消费，近年来的生命周期消费研究开始侧重退休后的生命周期消费。借鉴巴斯汀等（2009）的估计思路，根据我国的男性法定退休年龄制度，我们选用年龄虚拟变量（户主年龄大于60岁取值为1，小于取值为0）作为不同年份不同年龄上的退休率的工具变量；虽然退休制度规定男性应该60岁退休，而实际停止工作的时间普遍是61岁，为了区分退休前和退休后两个时期，我们在下面的回归分析中去掉了60岁间断点上的样本；根据RD设计的有效性，应控制断点前后退休年龄的非线性连续性效应，我们将在下面的IV/RD估计中通过年龄差（男性户主年龄减去间断点年龄60岁）的多阶项来构造这种非线性关系。

表9-2给出了退休制度影响退休率的RD局域估计结果，被解释变量均为各年份每个年龄上的退休率。表9-2中模型（1）～模型（4）中的年龄虚拟变量对退休率的影响均在1%水平上显著为正，说明超过退休政策规定的退休年龄会使得退休的可能性大大增加。工具变量有效性的F检验值均大于10，说明我们用年龄虚拟变量做退休率的工具变量是可行的。

表9-2　　　　　　　　　　退休制度对退休率的影响

变量	被解释变量：退休			
	（1）	（2）	（3）	（4）
年龄虚拟变量	0.459 ***	0.366 ***	0.339 ***	0.303 ***
	(0.013)	(0.018)	(0.020)	(0.023)
（年龄-60）	0.025 ***	0.046 ***	0.051 ***	0.064 ***
	(0.001)	(0.002)	(0.003)	(0.005)
（年龄-60）^{2}	-0.000	-0.000 ***	0.001 ***	0.000
	(0.000)	(0.000)	(0.000)	(0.000)

变量	被解释变量：退休			
	（1）	（2）	（3）	（4）
（年龄 - 60）³	—	- 0.000 *** （0.000）	- 0.000 *** （0.000）	- 0.000 *** （0.000）
（年龄 - 60）⁴	—	—	- 0.000 *** （0.000）	- 0.000 *** （0.000）
（年龄 - 60）⁵	—	—	—	0.000 *** （0.000）
常数项	0.387 *** （0.007）	0.445 *** （0.010）	0.445 *** （0.009）	0.470 *** （0.012）
样本数	3740	3740	3740	3740
R^2	0.944	0.950	0.951	0.952
F 检验值	1295.82	436.83	303.89	170.83

注：*** 分别表示在 1% 的水平下显著，括号内的标准差均为稳健标准差。
资料来源：以上估计结果均通过 Stata 15 实现。

表 9 - 2 中退休制度对退休的影响是第一阶段的回归结果，以下我们将重点识别我们所关心的主回归方程（退休对消费的影响，即第二阶段）的估计结果。李和勒米厄（2009）认为要达到一致的 RD 估计量不需要控制其他变量。表 9 - 3 和表 9 - 4 给出了 RD 框架下退休对不同消费类型影响的 2SLS 估计结果，除了退休率、工具变量、年龄差的多项式、年份虚拟变量外，没有加入其他控制变量。此外，表 9 - 3 和表 9 - 4 中的工具变量均为年龄虚拟变量，退休率为不同年份不同年龄上的退休率，所有消费支出类型均是取对数后的结果，而（年龄 - 60）变量的多阶项的选择通过 AIC 准则判断。

表 9 - 3　　　　　　　　退休对非耐用品消费支出与食物支出的影响

变量	家庭可支配收入	非耐用品消费支出	服务性消费支出	食物支出	在家食物支出
	（1）	（2）	（3）	（4）	（5）
退休（IV = 年龄虚拟变量）	- 0.388 *** （0.128）	- 0.090 *** （0.029）	- 0.254 *** （0.071）	- 0.201 *** （0.042）	- 0.031 - 0.022
（年龄 - 60）	- 0.005 （0.008）	- 0.004 * （0.002）	- 0.009 ** （0.005）	0.023 *** （0.004）	0.011 *** （0.001）

续表

变量	家庭可支配收入	非耐用品消费支出	服务性消费支出	食物支出	在家食物支出
	（1）	（2）	（3）	（4）	（5）
（年龄－60）^{2}	－0.000	－0.001 ***	－0.000 ***	－0.002 ***	－0.001 ***
	(0.000)	(0.000)	(0.000)	(0.000)	(0.000)
常数项	9.351 ***	10.381 ***	9.173	9.637 ***	9.281 ***
	(0.075)	(0.017)	(0.040)	(0.024)	(0.012)
样本数	3740	3740	2165	3740	3740
R^2	0.139	0.759	0.297	0.827	0.857

注：*、**、*** 分别表示在 10%、5%、1% 的水平上显著，括号内的标准差均为稳健标准差。
资料来源：以上估计结果均通过 Stata 15 实现。

表 9-3 中模型（1）的家庭可支配收入估计系数为 －0.388，与直觉相符，男性户主退休显著降低了家庭的可支配收入。退休后家庭收入的降低必将对家庭消费产生影响，表 9-3 主要报告了退休对各种消费支出类型影响的具体估计结果。从表 9-3 中模型（2）可知，退休率对非耐用品消费支出的估计系数为 －0.090，在 1% 水平上显著为负，说明退休降低了家庭非耐用品消费支出 9 个百分点。而由模型（3）可知，服务性消费支出估计系数为 －0.254，在 1% 水平上显著，说明退休大大降低了家庭服务性消费支出 25.4 个百分点。按理说，食品是家庭的生活必需品不应该受退休与否的影响，而表 9-3 中模型（4）食物支出的估计系数为 －0.201，且显著为负，说明退休显著降低了城镇家庭食物支出的 20.1 个百分点，并且远远大于其对非耐用品消费支出的影响，食品消费支出在退休后剧降的现象可能是"退休消费困境"的重点。本海姆等（2001）认为退休后食品消费支出立即减少是因为一些家庭缺乏储蓄的自我控制（self-control to save）。从表 9-3 中模型（5）可知，虽然退休对家庭食物支出具有显著的负向作用，但退休并没有显著降低居民在家消费的食物支出，说明家庭食物支出的减少主要来源于退休后在外就餐支出的降低，也有可能是退休后消费者提高了家庭自产取代市场购买的食物份额，从而减少了在家食物消费支出。

表 9-4 中的"与工作相关的支出"由在外就餐、男士衣服和交通费支

出组成，而其他消费支出是指非耐用品消费支出减去与工作相关的消费支出和文化娱乐支出后所剩的消费支出。表9－3说明退休对非耐用品消费支出和食物支出均具有显著的负向影响，表9－4报告了退休对其他各种消费支出类型影响的具体估计结果。和理论直觉相符，与工作相关的支出一定会受到退休与否的影响，由表9－4中模型（1）可知，与工作相关的消费支出的估计系数值为－0.251，在1%水平上显著为负，说明退休降低了家庭与工作相关的消费支出的25.1个百分点。此外，退休分别显著降低了在外就餐、衣着支出、交通费26.2个、21.6个和27.7个百分点。由此说明，退休后非耐用品消费支出的降低，与减少了与工作相关的消费支出密切相关。

表9－4　　　　　　　　　　退休消费困境的检验

变量	与工作相关的支出	在外就餐食物支出	衣服支出	交通费支出	文化娱乐支出	其他消费支出1	其他消费支出2
	(1)	(2)	(3)	(4)	(5)	(6)	(7)
退休（IV＝年龄虚拟变量）	－0.251*** (0.052)	－0.262*** (0.059)	－0.216* (0.128)	－0.277*** (0.057)	－0.186** (0.083)	－0.065*** (0.023)	－0.051 (0.032)
（年龄－60）	－0.013*** (0.004)	－0.003 (0.004)	－0.016 (0.013)	－0.020*** (0.004)	－0.012** (0.006)	－0.002** (0.001)	－0.001 (0.005)
（年龄－60）^{2}	－0.001*** (0.000)	－0.001*** (0.000)	0.001 (0.000)	－0.001*** (0.000)	－0.001*** (0.000)	－0.001*** (0.000)	0.001 (0.000)
常数项	8.402*** (0.029)	8.044*** (0.035)	7.067*** (0.077)	7.274*** (0.031)	7.302*** (0.049)	9.216*** (0.033)	9.650*** (0.039)
样本数	3740	3740	3740	3740	3740	3740	3740
R^2	0.763	0.497	0.753	0.825	0.635	0.712	0.539

注：*、**、***分别表示在10%、5%、1%的水平上显著，括号内的标准差均为稳健标准差。表9－4中的其他消费支出1指非耐用品消费减去与工作相关的支出。其他消费支出2指非耐用品消费减去与工作相关的支出和文娱支出。

资料来源：以上估计结果均通过Stata 15实现。

从表9－4中模型（5）来看，文化娱乐支出的估计系数在5%水平上显著为－0.186，大大高于对非耐用品消费支出的抑制作用，但低于对与工作相关支出的抑制效应。阿吉亚尔和赫斯特（2008）认为退休对消费既有替代效应

（退休会降低与工作相关的支出），也有互补效应（退休后居民有更多休闲时间，文化娱乐消费会有所提升）。与国外文献不同，退休反而降低了我国城镇家庭的文化娱乐支出，说明即使户主退休年龄在可预期的情况下，仍可能降低与工作不相关的其他支出。可能的原因有，退休对男性健康有显著的负面影响（雷晓燕等，2010），在社保体系仍不完善的情况下退休后医疗支出的增加挤压了部分文化娱乐消费。

我们进一步研究退休对城镇男性老年人烟酒消费的影响，发现退休会显著降低烟草消费支出和酒类消费支出，主要原因可能是老年人退休后社交需求减弱、社会交往支出减少；退休后健康意识提高；时间机会成本降低（邹红等，2018）。

表9-4中模型（6）的其他消费支出1指家庭非耐用品消费支出减去与工作相关支出后所剩的支出，而模型（7）的其他消费支出2指家庭非耐用品消费支出减去与工作相关支出和文化娱乐支出后所剩的支出。模型（6）中的其他消费支出1的估计系数为-0.065，在1%水平上显著为负，也就是说如果我们从总的非耐用品消费支出中减去与工作相关的支出，退休对家庭其他消费还是有显著抑制作用。由模型（7）可知，其他消费支出2的估计系数为-0.051，并不显著，也就是说如果我们从总的非耐用品消费支出中减去与工作相关的支出和文化娱乐支出，退休对家庭其他消费没有显著抑制作用，家庭平滑消费假说成立。[①] 模型（6）和模型（7）说明城镇家庭在退休后仍能基本保持退休前的食物等生存型消费水平，但值得关注的是，城镇退休家庭的文化娱乐支出显著降低，享受发展型消费的降低不利于提高城市老年人的生活质量。

表9-5是采用前面第三部分识别策略中非参数估计思路得到的退休对消费支出影响的非参数估计结果。从表9-5可以看出，使用非参数方法的局部多项式估计结果与运用参数方法的两阶段最小二乘估计结果比较接近。例如在表9-5中退休对非耐用品消费的局部多项式LPE估计值为-0.0917，而表

---

① 本章也尝试了其他消费支出的不同构成，但由于在家食物支出、医疗、除住房外的居住等实际支出在退休前后并没有显著区别，因此都没有显著影响非耐用品消费支出的估计系数和符号。

9 - 3 中相应的两阶段最小二乘法 2SLS 估计值为 - 0.090，它们绝对偏差大小为 0.0017，相对偏差大小为 - 0.0017/ - 0.090 = 1.8889%。无论是 2SLS 估计，还是 LPE 估计都落在了置信区间（ - 0.1021， - 0.0814）之内，这进一步证明本模型的估计结果从统计的观点来看较好。同时非参数估计量在 1% 的显著性水平下是显著的，也说明模型的估计结果可靠。在表 9 - 5 中模型（2）～模型（6）的估计结果与表 9 - 3 和表 9 - 4 中对应结果的绝对偏差分别为 0.0023、0.0012、0.0025、0.0028、0.0015，相对偏差分别为 1.1443%、0.4781%、1.3441%、4.3077%、0.2941%。无论是绝对偏差，还是相对偏差，都说明模型的估计效果较好。从经济意义的角度来看，可以明显发现置信区间的范围都属于可接受范围。

表 9 - 5　　　　　退休对重要消费变量的局部多项式估计结果

变量	非耐用品消费支出	食物支出	与工作相关支出	文化娱乐支出	其他消费支出 1	其他消费支出 2
	(1)	(2)	(3)	(4)	(5)	(6)
退休	- 0.0917 *** (0.0236)	- 0.2033 *** (0.0593)	- 0.2498 *** (0.0371)	- 0.1835 *** (0.0394)	- 0.0678 *** (0.0175)	- 0.0495 (0.0304)
最优带宽	0.2348	0.2977	0.2245	0.3247	0.3306	0.2491
置信区间	(- 0.1021, - 0.0814)	(- 0.2151, - 0.1916)	(- 0.2737, - 0.2259)	(- 0.1915, - 0.1760)	(- 0.0713, - 0.0644)	(- 0.0531, - 0.0459)
样本数	327	569	270	797	833	396

注：*** 表示在 1% 的水平上显著，括号内的标准差均为稳健标准差；表中区间估计的置信水平为 95%；因为系数估计值本身较小，所以为了便于和表 9 - 3、表 9 - 4 的估计值作对比，在此表中估计结果保留了 4 位小数。限于篇幅，只列出了几个重要变量的估计结果。

资料来源：以上估计结果均通过 Stata 15 实现。

图 9 - 2 是利用局部线性函数（local linear function）对退休间断点（60 岁）两侧分别通过局部多项式估计方法得出的平滑回归线。[1]

我们可以从图 9 - 2 中更直观地看到非耐用品消费支出、与工作相关的支出、文化娱乐支出在政策时点退休前后（59 岁与 61 岁之间）有一个明显的

---

① 图 9 - 2 的横轴变量为男性户主年龄减去正常退休年龄（60 岁）的差，纵轴变量为各种类型的消费支出。由于篇幅原因，本章省略了其他消费支出类型的局部线性函数拟合图。

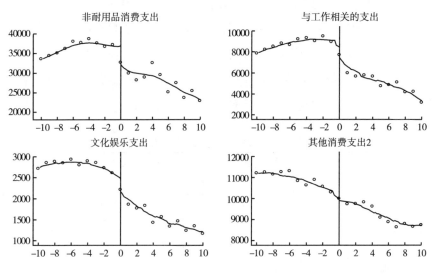

图 9 - 2   退休对消费的影响

资料来源：来自国家统计局广东省城镇住户调查数据。

跳跃，而家庭非耐用品消费支出减去与工作相关支出和娱乐支出所剩的"其他消费支出 2"在间断点前后是比较平滑的，进一步证实了退休与消费之间的因果性关系。总之，不管从直观图形还是 IV/RD 估计结果，我们均发现，退休会降低老年人的消费水平，这种下降主要是由与工作相关的支出和娱乐消费支出下降导致的；除去与工作相关的消费支出后，退休对其他非耐用品消费仍有显著的负向影响，但除去与工作相关的支出和娱乐消费支出后，家庭其他非耐用品消费支出在退休前后是基本平滑的，退休并没有降低城镇家庭的生存型消费，却显著降低了享受发展型消费。

第六节　稳健性检验与其他经济解释

我们在这一节将对以上 RD 估计结果的有效性进行稳健性检验，主要包括：不该受到退休制度影响的变量在断点附近是否是连续的；是否还存在其他断点；改变 RD 估计的年龄区域、分类回归检验是否会显著改变系数结果等。同时也可为退休消费之谜的原因提供更丰富的解释。[①]

RD 设计连续性假定认为其他特征变量或者控制变量在阈值处是平滑的。表 9 – 6 给出了问卷中我们能够找到的一些重要的家庭或户主人口特征变量[②]，如户主户口、户主婚姻状态、户主受教育水平、家庭规模、家庭住房面积和家庭资产，我们用这些变量作为因变量作同样的回归。

表 9 – 6 　　　　　　　家庭人口特征变量的连续性检验

变量	户主户口	户主受教育水平	家庭规模	家庭住房面积	家庭资产
	（1）	（2）	（3）	（4）	（5）
退休（IV = 年龄虚拟变量）	0.005	- 0.578	0.071	- 23.054	- 0.039
	(0.006)	(0.385)	(0.064)	(16.740)	(0.054)
（年龄 – 60）	0.000	0.021	0.006	2.595	- 0.004
	0.000	(0.038)	(0.004)	(1.604)	(0.004)
（年龄 – 60）[2]	0.000	0.003	- 0.001	- 0.121	- 0.000
	(0.000)	(0.003)	(0.000)	(0.070)	(0.000)
常数项	0.989 ***	0.611 ***	0.317 ***	0.636 ***	12.723 ***
	(0.004)	(0.162)	(0.030)	(6.538)	(0.185)
样本数	3740	3740	3740	3740	3056
R^2	0.081	0.328	0.369	0.463	0.747

注：*** 表示在 1% 的水平上显著，括号内的标准差均为稳健标准差。城市住户调查中没有家庭资产的信息，表 9 – 6 中的家庭资产用家庭耐用品和家庭住宅金额的总和作为家庭资产的代理变量。因为 2000 年和 2001 年缺乏家庭住房价值的信息，所以家庭资产的样本期间是 2002 ~ 2009 年。教育水平、住房面积和家庭资产控制了年龄差 1 至 4 次多项式。

资料来源：以上估计结果均通过 Stata 15 实现。

从表 9 – 6 统计检验发现，个体特征在间断点处的变化不显著，个体特征没有表现出明显的一直上升或下降的趋势[③]，对于这些不该受退休影响的变量，退休对这些变量都没有被发现显著的结果，说明应用回归间断设计方法

---

① 为了进一步说明只有不考虑退休降低了与工作相关支出和文化娱乐支出的情况，退休前后的平滑消费假说才能成立，所以本章的稳健性检验部分仅报告了"其他消费支出 2"的估计结果。在家庭人口特征变量的连续性检验、退休对消费的局域估计结果、不同类型家庭退休对消费影响的检验中，退休对家庭非耐用品消费支出、食物支出、与工作相关的支出、文化娱乐支出和其他消费支出 1 的估计结果和本章第五节相似，为了节约篇幅，没有报告回归系数，如有需要，作者可提供。

② 我们对教育水平也进一步区分了是否有大学、中学、小学文凭以及是否结婚、离异和丧偶等变量的分析结果，均没有发现显著的结果。

③ 由于篇幅原因，本章省略了这些局部线性函数的拟合图。

是合适的。通过检验在阈值处，年龄驱动变量的密度函数是否存在断点，我们发现，除了法定退休年龄处（60 岁）这一个明显断点以外，年龄密度函数是连续的，并没有发现提前退休的年龄处（50 岁和 55 岁）也存在跳点。此外，在不同带宽选择下，退休对非耐用品消费支出和食物支出都具有显著的负向关系，退休对其他消费支出（家庭非耐用品消费支出减去与工作相关的支出和娱乐支出后的其他消费支出）的影响都是负向的，且不显著，表明从不同带宽来看前面的回归结果也是稳健的。

表 9 - 7 给出了退休对其他消费支出影响的局域估计结果，模型（1）~ 模型（5）的被解释变量是家庭非耐用品消费支出减去与工作相关的支出和娱乐支出后的其他消费支出即表 9 - 4 中的其他消费支出 2；表 9 - 7 中模型（6）的被解释变量是储蓄率，年龄虚拟变量仍是各模型退休率的工具变量，各行估计结果均是 IV/RD 的估计结果。

表 9 - 7　　　　　　　　　退休对其他消费支出的局域估计结果

变量	其他消费支出 2					储蓄率
	（1）	（2）	（3）	（4）	（5）	（6）
年龄区间	[51, 69]	[52, 68]	[53, 67]	[54, 66]	[55, 65]	[50, 70]
退休	- 0.067	- 0.069	- 0.085	- 0.092	- 0.101	0.041
（IV = 年龄虚拟变量）	(0.048)	(0.057)	(0.057)	(0.084)	(0.073)	(0.072)
样本数	3311	2829	2381	1981	1653	3740
R^2	0.522	0.493	0.509	0.477	0.471	0.341

注：括号内的标准差均为稳健标准差。表 9 - 7 中模型（1）中的年龄区间为 [51, 69]，即户主年龄为 51 ~ 69 岁的样本，其他年龄区间类似。

资料来源：以上估计结果均通过 Stata 15 实现。

从表 9 - 7 中模型（1）~模型（5）的局域估计结果来看，不同年龄区间退休对其他消费支出 2 的负向影响均不显著，说明在不考虑退休降低了与工作相关支出和文化娱乐支出的情况下，退休前后的平滑消费假说成立。但越靠近断点，这种降低的幅度会越大，这说明断点附近强制退休政策对消费的影响更强，或者某种意义上来说随着年龄的增加，非自愿退休对消费的效应将逐渐减弱。此外，模型（6）储蓄率的估计系数为 0.041，退休增加了家庭的储蓄率，但不显著。退休之后这种正的储蓄水平，可能与医疗支出提高，医疗消费和预期寿命不确定，以及子女遗赠动机有关。

　　不同财富水平、父母是否与子女同住、不同教育程度群体存在的"退休消费困境"的程度可能不同（胡德和罗夫特，2006）。此外，根据我国退休养老金制度的"双轨制"特点，国有经济单位职工和非国有经济单位职工的养老金水平存在显著差异，而养老金是退休家庭最主要的收入来源，因此，退休对机关事业（公务员）单位和企业单位的家庭消费应该具有异质性。表9－8 简要分析了不同分类家庭退休对其他消费支出的影响。[①]

表 9－8　　　　　　　　不同类型家庭退休对其他消费支出 2 影响的检验

变量	相关系数	标准差	p 值	R^2	样本数
非国有经济部门家庭	− 0.159	0.057	0.005	0.711	1247
国有经济部门家庭	− 0.036	0.048	0.444	0.691	2493
贫困家庭	− 0.005	0.103	0.962	0.385	744
富裕家庭	− 0.032	0.059	0.585	0.533	744
有子女的退休家庭	− 0.008	0.053	0.851	0.536	2896
没有子女的退休家庭	− 0.083	0.087	0.345	0.535	844
夫妻家庭	− 0.014	0.069	0.263	0.230	2873
单身家庭	− 0.077	0.088	0.873	0.451	867
初中学历以下家庭	− 0.047	0.061	0.445	0.549	2341
初中学历及以上家庭	0.082	0.069	0.236	0.513	1399
低储蓄率家庭	− 0.089	0.151	0.555	0.534	935
高储蓄率家庭	0.046	0.198	0.817	0.540	935

　　注：表9－8 中的被解释变量均为其他消费支出 2（非耐用品消费减去工作相关的支出和文娱支出）。利用前面的 IV/RD 方法，表9－8 分别从六种家庭分组验证了退休前后其他消费支出 2 的平滑消费状况。公务员家庭指户主就业状态为机关事业单位的家庭，企业职工家庭指户主就业状态为国有企业和集体企业的家庭。根据家庭资产高低，贫困家庭指家庭资产最低的 1/3 家庭，富裕家庭指家庭资产最高的 1/3 家庭，样本期间为 2002 ~ 2009 年。夫妻家庭指丈夫和妻子都存在的双亲家庭，而单身家庭指未婚、离婚、丧偶的单身独居家庭。根据家庭储蓄率高低，低储蓄率指家庭储蓄率最低的 1/3 家庭，家庭储蓄率最高的 1/3 家庭。

　　资料来源：以上估计结果均通过 Stata 15 实现。

―――――――――――

　　① 我们也尝试了倾向值匹配（propensity score matching）方法，以消费者退休的可能性作为匹配依据，寻找退休概率相近的消费者重新对样本进行匹配，以消除个体退休倾向固定特征的影响，然后再估计退休对消费的效应。结果发现，匹配法的估计结果同样支持退休显著降低了家庭的总消费和文化娱乐消费，退休对其他消费支出存在不显著的负向影响，但各估计系数的显著性有所下降。

从消费支出类型来看，退休对消费的抑制作用主要是降低了与工作相关的支出和娱乐支出。如果从不同类型家庭来看，我们是否还能找到退休消费困境的其他原因呢？退休消费平滑是否仍然成立？表9-8中各行回归方程中的被解释变量均是表9-4中模型（6）中的其他消费支出2（家庭非耐用品消费支出减去与工作相关的支出和娱乐支出后的其他消费支出），年龄虚拟变量仍是退休率的工具变量，各行估计结果均是IV/RD的估计结果。

从职业类型来看，本章的样本其实仅包括机关事业单位和企业单位的在职或退休家庭，表9-8中第二、第三行把家庭分为非国有经济部门家庭和国有经济部门家庭，研究退休对家庭非耐用品消费支出减去与工作相关的支出和娱乐支出后的其他消费支出的影响。非国有经济部门家庭的估计系数为-0.159，在5%水平上显著为负，而国有经济部门家庭的估计系数为-0.036，不显著。说明与公务员家庭相比，企业职工家庭的退休消费困境更为严重；除了与工作相关的支出和娱乐支出外，退休还显著降低了企业职工家庭的其他消费支出。

从表9-8中第四、第五行可知，贫困家庭和富裕家庭的估计系数均不显著，这与本海姆等（2001）不同，说明退休后并没有显著降低我国贫困家庭的消费支出。但退休后，富裕家庭比贫困家庭的消费降低得更多，可能由于贫困家庭的消费支出主要集中于基本消费品，而富裕家庭在退休前的消费水平较高，退休对这些人群的负向作用更强。

因为缺乏父母是否与子女同住的信息，表9-8中有子女的退休家庭一般是有未成年的子女，而没有子女的退休家庭可能是根本没有子女或成年子女已经结婚单独成户，这两类家庭的估计系数均为负，但不显著。我们在有子女的退休家庭，进一步区分了有未婚成年儿子和未婚成年女儿的情况，发现有未婚成年儿子的退休家庭对其他消费支出2的抑制效应大于有未婚成年女儿的退休家庭。

夫妻家庭或单身家庭的消费估计系数均为负，仍不显著，但单身退休家庭对消费的抑制作用更大，说明应更多关注单身丧偶老人的健康、生活质量和居住方式等养老问题。男性户主教育水平越高，退休后越提高家庭的消费，这也许是教育水平越高的人群可能退休前是行政管理干部，退休前具有较高的单位福利，家庭消费支出较低，但退休后无法享受职务之便，退休后增加了家庭的消费开支。退休前储蓄不足确实会影响家庭消费，对于低储蓄率的家庭，退休会降低家庭的消费，而对于高储蓄率的家庭，退休会增加家庭的消费，这与很多国外文献一致。此外，我们也区分了妻子退休和妻子未退休的情况，发现其他消费支出 2 的估计系数均为负，且负向效应没有明显差别。

总之，我们从家庭的各种分类来看，退休对其他消费支出 2 的影响基本是负向的，除企业职工家庭外，其他分类检验均不显著，说明前面表 9 - 3 和表 9 - 4 的结果是基本稳健的。相对而言，企业职工、单身、教育水平较低和储蓄不足的老年人，退休后更易于降低家庭的非耐用消费支出。

第七节　结　　论

我国在严峻的人口老龄化挑战下仍将面临居民消费需求不足和经济结构失衡的经济事实。本章基于 2000 ~ 2009 年城镇住户调查数据，利用退休制度对城镇男性户主退休决策的外生冲击，在模糊断点回归设计框架下采用 IV/RD 参数估计法和非参数估计法，检验了我国是否存在退休消费困境和退休食物消费困境，并探讨了其原因。本章主要结论有以下几个。

第一，工具变量参数估计方法发现退休显著降低了城镇家庭非耐用消费支出的 9%、与工作相关支出的 25.1% 和文化娱乐支出的 18.6%，与非参数局部多项式回归估计的结果基本一致。我国城镇居民退休存在消费困境，但不存在食物消费困境，除去与工作相关的消费支出和娱乐支出之后，退休前后的家庭非耐用品消费支出符合平滑消费假说。为什么退休降低了家庭消费？除了退休降低了家庭可支配收入外，从不同消费类型看，退休后消费骤降主要源于与工作相关支出和文化娱乐支出的降低，退休并没有减少城镇家庭的生存型消费，却显著抑制了享受发展型消费。从不同类型家庭来看，企业职工、教育水平较低和储蓄不足的老年人，退休后更易于降低家庭的非耐用品消费支出。

第二，退休也会影响老年人的健康行为。我们进一步研究退休对城镇男性老年人烟酒消费的影响，发现退休会显著降低烟草消费支出和酒类消费支出，主要原因可能是老年人退休后社交需求减弱、社会交往支出减少；退休后健康意识提高；时间机会成本降低。

第三，稳健性检验发现，不该受到退休制度影响的变量在断点附近是连续的；除 60 岁这个年龄断点外，城市男性退休率不存在其他断点；改变 RD 估计带宽和样本规模也没有显著改变系数结果，但断点附近法定退休政策对消费的影响更强，随着年龄的增加，非自愿退休对消费的效应逐渐减弱，退休对家庭储蓄率的正向影响并不显著；考虑了家庭类型的异质性，退休消费的各种效应仍是基本稳健的。

第十章
财政分权、政府支出结构与居民消费
需求*

第一节 引　　言

本书第七至第九章沿着"制度—居民潜在消费能力释放"这一研究主线，依次从城乡二元体制、社会保障体制、退休养老制度研究了其对居民潜在消费需求的影响。本章仍将延续这条主线，重点从财政体制视角分析财政分权改革、政府支出结构与居民消费需求的关系，进而厘清不合理的财税体制机制是如何抑制城乡居民的潜在消费需求释放。

快速下降的居民消费率与我国长期存在的经济体制机制矛盾密切相关。国内外大量文献研究了经济体制变革与居民消费之间的关系，如阿塔纳西奥和布鲁吉亚维尼（Attanasio and Brugiavini，2003）、布鲁姆等（Bloom et al.，2007）、白重恩等（2012）、何立新等（2008）、张川川等（2015）研究了养老体系改革与居民消费的关系；瓦格斯塔夫等（Wagstaff et al.，2009）、雷晓燕等（2012）、靳卫东等（2017）研究了医疗制度改革与居民消费的关系；杨

---

　　* 邹红，王彦方，李俊峰. 财政分权、政府支出结构与居民消费需求［J］. 消费经济，2014（5）.

汝岱和陈斌开（2009）、张学敏和陈星（2016）研究了教育体制改革与居民消费的关系；坎贝尔和科克（Campbell and Cocco，2007）、弗拉万和中川（Flavin and Nakagawa，2008）、尹志超和甘犁（2009）、范子英和刘甲炎（2015）研究了房改与居民消费的关系。然而，现有文献甚少研究财政体制机制矛盾和政府行为扭曲导致不合理的政府支出结构对居民消费需求的影响。

国外文献大多关注了一国政府支出规模与居民消费需求之间的互补或替代关系。布兰查德和帕罗蒂（Blanchard and Perotti，2002）、施克拉克（Schclarek，2004）认为政府支出规模与消费需求两者之间是互补关系，提高政府支出会增加就业机会和居民收入水平，从而促进居民消费，因此扩张性的财政支出对居民消费具有挤入作用。而林内曼和沙贝特（Linnemann and Schabert，2006）、加利等（Gali et al.，2007）、甘内利（Ganelli，2007）分别利用新古典主义、真实周期理论（RBC）和新凯恩斯模型分析认为政府支出对居民需求具有挤出效应，由于扩张性财政支出政策，需要更多的税收去支撑今后的政府支出，迅速扩展的政府消费会在一定程度上挤出居民的消费，进而降低经济增速。

近年来，国内学者们开始关注政府支出总量与结构对居民消费的影响。王宏利（2006）通过协整理论和误差修正模型，发现我国经济建设支出对居民消费的影响在长期、短期都是挤出的，而教育文化支出及行政管理支出具有挤入效应。苑德宇等（2010）运用1998～2006年的动态省际面板数据，得出滞后期的经济建设支出、当期的消费性支出对居民消费具有显著的挤出作用，而科教文卫支出无论是在滞后期还是当期均挤入了居民消费，同类财政支出的居民消费具有区域效应异质性。李春琦和唐哲一（2010）发现政府行政管理支出对居民消费存在挤出效应，而社会文教支出、经济建设支出、补贴性支出对居民消费则有挤入效应。李晓嘉和钟颖（2013）认为政府支出总体上对各地区居民消费具有正向作用，民生性支出对消费的拉动效果尤为明显。随着研究的深入，毛军和王蓓（2015）、贺俊等（2016）发现财政分权是政府支出影响居民消费的重要渠道。贺俊等（2016）认为通过财政分权渠道，社会性支出（民生性支出）对消费的影响得到加强，而经济建设支出和一般性支出对消费的作用被削弱。从已有研究来看，关于我国各类地方财政支出与居民消费的关系研究并未得到一致的结论，财政分权作为财政支出影响居民消费的渠道研究还未深入展开。

国内外文献为本章的研究提供了理论和实证研究基础，但仍有一些问题值得改进。从研究视角来看，国内现有对财政支出结构对居民消费的影响研究，存在对财政支出分项归类不完全，财政支出口径的界定存在很大差异，没有结合财政制度改革背景分析财政分权、政府支出结构与居民消费之间的理论机制；从理论模型来看，更多研究仅建立了政府支出总量与居民消费关系的理论模型，而没有体现政府支出结构与居民消费之间的关系；从研究方法来看，更多学者没有考虑模型中关键变量、遗漏变量等产生的内生性问题，大多采用 OLS 或 GLS 方法进行估计，且模型中解释变量仅纳入了相关分类政府支出，模型估计结果缺少细致的稳健性检验。

因此，本章将主要围绕以上值得拓展的问题，从财政分权和官员激励机制下我国政府支出结构形成的背景出发，构建政府支出结构对消费需求的理论假说，在此基础上从政府支出总量出发拓展政府支出结构与居民消费的理论模型；然后选取 1994~2017 年我国 30 个省份[①]的动态面板数据，实证检验财政分权背景下不合理的政府支出结构对居民消费的影响，并探讨其地区、城乡、长期消费效应的异质性；基于预防性储蓄和流动性约束理论，重点解释经济转型期投资性支出和民生性支出与居民消费的关系，以期为我国完善财政支出结构、扩大居民消费需求提供启发性思路。

本章其他部分的安排如下，第二节是财政分权制度、垂直的政治管理体制与政府支出结构，第三节为政府支出结构与居民消费需求的理论模型，第四节是数据说明与处理，第五节为估计结果分析，第六节是结论。

第二节　财政分权制度、 垂直的政治管理体制与政府支出结构

自 1994 年实施分税制以来，我国财政收入出现向中央政府集中的趋势，

---

① 主要选取除香港、台湾和澳门外的中国大陆省份，此外因为重庆市直辖市成立时间较晚把 1994~2017 年的各类数据合并入四川省。

而财政支出则出现下降趋势。另外，为了推动经济发展，各级政府对官员存在一定形式的考核机制，其中一项重要内容是经济增长。因此，我国财政分权使地方政府面临激烈的区域"锦标赛"竞争（李涛和周业安，2008；陶然等，2009），而区域间"锦标赛"机制使得地方政府竞相进行"招商引资"，提高可预见任期内的区域 GDP，以期在区域竞争中胜出；地方政府也需要想方设法提高本地区的财政收入以增加可支配资源。在财政收入、GDP 考核的多重压力下，地方政府有很大的激励发展工业，特别是重工业，而忽视服务业和农业的发展。在这种激励下，使得地方政府不愿为辖区居民提供一般性公共物品，在住房、教育、医疗、养老等民生公共服务方面支出严重不足而偏好投资性支出。这意味着随着地方政府财力的增强，地方政府用于基本建设等生产性支出的比重也将相应提高。与傅勇和张晏（2007）、刘凤良等（2012）所发现的政府公共支出具有"重基本建设、轻人力资本投资和公共服务"特征一致，多年来占我国财政支出比重较大的前三项支出分别为科教文卫事业费、基本建设支出、行政管理费，共占到财政支出总量的 40% 以上，[①] 说明政府在行政管理费等刚性消费支出之外，对基本建设等投资性支出具有较强偏好。

在经济萧条时期，中央政府为了稳定经济，地方政府为了创造政绩，各级政府对经济稳定的关注程度往往会高于对其他公共政策目标的关注，并且在地区 GDP 竞争"锦标赛"背景下，地方政府对能实现快速经济增长的投资性支出的偏好会进一步得到强化，而地方政府民生性支出的不确定性也变大。例如，受世界经济危机影响，自 2007 年下半年开始，中央实施了一系列积极的财政政策和宽松的货币政策，并在 2008 年底通过了"四万亿刺激计划"。在政府执行的"四万亿刺激计划"中，有关"重大基础设施建设和城市电网改造"的政府投资性支出比重为 37.5%，而"保障性住房、农村民生工程和社会保障支出"的政府民生性支出比重为 23%，这从一个侧面反映了"稳增长"背景下，地方政府财力增强，地方政府财政支出更倾向于投资性支出。

---

① 通过《中国财经年鉴》各年的数据整理计算得到，其中 2018 年我国科教文卫事业费、基本建设支出、行政管理费，占财政支出总量的比已超出 50%。

图 10 - 1 和图 10 - 2 充分展现了我国政府支出总量的快速增长和政府支出结构的长期失衡。①

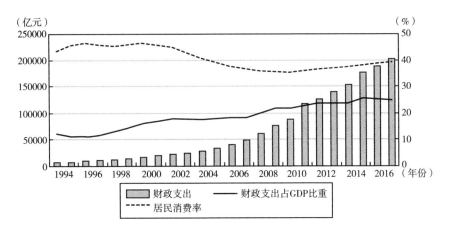

图 10 - 1　1994 ~ 2017 年财政支出总量、财政 GDP 占比与居民消费率

根据图 10 - 1 可知，总体来看，自 1994 年以来我国政府财政支出总量实现快速增长，从 1994 年的 0.58 万亿元上升到 2017 年的 20.3 万亿元，年均增长 15.97%，远高于同期 GDP 为 12% 的年均增速。这致使我国财政支出总量占 GDP 的比重也逐年上升，从 1994 年的 11.9% 提高到 2017 年的 24.7%。而与政府支出快速增长相反，居民消费率从 1994 年的 43.9% 下降到 2017 年的 39.1%，这在一定程度上也反映了我国于 1994 年开始的财政分权改革并没有抑制居民消费率的下降。

根据图 10 - 2 可知，从各项支出所占地方总财政支出的比重来看，投资性支出所占比重从 1994 年的 36.22% 下降到 2017 年的 33.6%；而民生性支出所占比重从 1994 年的 44.27% 上升为 2017 年的 50.89%，成为占比最大的政府支出项目，尤其是在 2005 年以后这一比重开始显著上升；消费性支出所占比重也从 1994 年的 19.5% 上升为 2007 年的 25.87%，随后下降为 2017 年的 15.51%。这说明自 20 世纪 90 年代开始，我国财政支出结构调整开始逐渐由 "以经济建设为中心" 向 "以改善民生为重点" 进行转变。而需要说明的是，我国民生性支出比重在 1978 ~ 1990 年间平均仅为 27% 左

---

① 图 10 - 1、图 10 - 2 和本节数据均来自各年《中国统计年鉴》和《中国财政年鉴》。

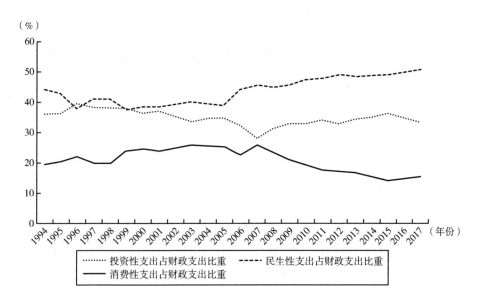

（%）

图例：
...... 投资性支出占财政支出比重   - - - 民生性支出占财政支出比重
—— 消费性支出占财政支出比重

图 10 - 2　1994 ~ 2017 年我国地方财政支出结构的演变

右，而 1990 年以前投资性支出比重均维持在 40% 以上，虽然近年来地方政府社会保障和福利支出在较低的起点上快速增长，但其增长速度仍低于财政支出总量增长。

我们认为，政府降低投资性支出会有利于提高居民的实际消费能力，这主要表现为：政府降低投资性支出，会降低资本收入，从而降低企业和政府的收入份额、提高居民的收入份额。而政府提高民生性支出会有利于释放居民的潜在消费能力，这主要表现为：地方政府如果侧重于教育、医疗类民生性支出，有助于地区居民人力资本水平的积累，从而有利于增加居民的持久收入；如果增加社会保障支出、公共住房等民生类支出，则可以通过改善收入再分配格局，增加居民的可支配收入水平；此外，政府增加教育、医疗、住房、养老等公共服务支出会使居民未来的收入和支出预期更为稳定，从而提高居民消费意愿，释放居民消费潜力。多年来，我国政府实施的积极财政政策一直侧重于投资性支出，加剧了我国投资和消费的不协调。本节以政府激励机制为起点，分析了财政分权机制背景下政府支出结构对居民消费需求的可能影响，为后续模型构建和实证研究提供了理论基础。

第三节　政府支出结构与居民消费需求的理论模型

本章借鉴标准的最优消费模型和何松武（Tsung – wu Ho，2001）等学者的文献的思路，构建居民消费函数。代表性消费者最大化的效用应遵循如下路径：

$$\text{Max } E_0 \Big[\sum_{t=1}^{\infty} \beta^t U(C_t^*) \Big], \text{其中 } C_t^* = C_t + a_1 G_t^i + a_2 G_t^s + a_3 G_t^e \quad (10-1)$$

$$\text{S.t. } A_{t+1} = A_t + Y_t - C_t^* - (1-a_1) G_t^i (1+r) - (1-a_2) G_t^s (1+r)$$
$$- (1-a_3) G_t^e (1+r) \quad (10-2)$$

式（10 – 1）和式（10 – 2）构成了经典的消费者最优选择规划。其中 β 表示主观贴现率，C_t^* 为社会总消费，由居民消费 C_t 和政府消费 G_t 组成，其中政府消费由政府投资性支出 G_t^i、政府民生性支出 G_t^s 和政府消费性支出 G_t^e 三部分组成，而 a_1、a_2、a_3 则分别表示居民消费和三种政府支出关系的参数。该消费最优化受到跨期收入和财富的约束，A_t 为政府金融资产净值，r 为真实利率，Y_t 为国民收入。居民最优消费的拉格朗日函数如式（10 – 3）所示。

$$E_0 \Big(\sum_{t=1}^{\infty} \beta^t U(C_t^*) \Big) + E \big(\lambda_t \{ A_{t+1} - (1+r) [A_t + Y_t - C_t^* - (1-a_1) G_t^i$$
$$- (1-a_2) G_t^s - (1-a_3) G_t^e] \} \big)$$

$$\text{S.t. } A_{t+1} = A_t + Y_t - C_t^* - [(1-a_1) G_t^i + (1-a_2) G_t^s + (1-a_3) G_t^e] (1+r)$$
$$(10-3)$$

λ_t 为上述预算约束方程相关的拉格朗日乘数，衡量财富的边际效用，时期 t 的一阶必要条件为下述等式：

$$\frac{\partial U_t}{\partial C_t^*} = \lambda_t \quad (10-4)$$

$$E[\beta (1+r) \lambda_{t+1}] = \lambda_t \quad (10-5)$$

对于 t = 1，2⋯，其中 $\dfrac{\partial U_t}{\partial C_t^*} = \dfrac{\partial U_t(C_t^*)}{\partial C_t^*}$。将式（10-4）的 λ_t 代入式（10-5）的 λ_{t+1}，则 t 期和 t+1 期之间的欧拉方程为：

$$E\left[\beta(1+r)\left(\frac{\partial U_{t+1}}{\partial U_t}\right)\right] = 1 \qquad (10-6)$$

为建立经验模型，假设跨期边际效用的变化量可以忽略不计，式（10-6）可以改写为 $E_0 C_{t+1}^*[\beta(1+r)^\sigma]C_t^*$，其中 σ 为跨期替代弹性。消去预期符号，可以得到如下简化的经济关系：

$$C_{t+1}^* = \delta C_t^* + \omega_t \qquad \omega_t \sim i.i.d \qquad (10-7)$$

根据 $C_t^* = C_t + a_1 G_t^i + a_2 G_t^s + a_3 G_t^e$，式（10-7）可改写为，

$$C_t + a_1 G_t^i + a_2 G_t^s + a_3 G_t^e = \delta(C_{t-1} + a_1 G_{t-1}^i + a_2 G_{t-1}^s + a_3 G_{t-1}^e) + \omega_t$$

$$(10-8)$$

进一步整理式（10-8），可得：

$$(C_t - \delta C_{t-1}) = -a_1(G_t^i - \delta G_{t-1}^i) - a_2(G_t^s - \delta G_{t-1}^s) - a_3(G_t^e - \delta G_{t-1}^e) + \omega_t$$

$$(10-9)$$

如果 C_t，G_t^i，G_t^s 和 G_t^e 都是一阶单整的，式（10-9）表明这些变量具有 Engle 和 Granger 意义下的协整关系，其协整参数向量是 $\alpha \triangleq (a_1, a_2, a_3)$，使用帕克（Park，1992）等人提供的方法，可以得到误差修正机制的协整参数向量 α 的一致估计量。也就是说，式（10-9）的成立意味着 $\delta = 1$，而且 C_t，G_t^i，G_t^s 和 G_t^e 都是一阶单整的。

地方政府的竞争主要体现在对经济增长作用显著的基本建设支出上，财政分权主要通过基本建设支出间接地影响居民消费。除了政府间策略互动渠道外，财政分权还可能通过其他机制来影响居民消费（邓可斌和易行健，2012），一方面，财政分权程度提高会带来居民收入增长，进而带来消费的增加；另一方面，财政分权程度提高又会使得居民收入不确定性增强，进而带来消费的下降。我们在实证模型设定中将引入财政分权变量，并从多个视角进行测度。从支出方面来度量中国财政分权程度是文献中常见的做法，如周

业安和章泉（2008）、李涛和周业安（2008），本章也将采用把财政支出分权变量纳入估计方程。此外，根据格拉哈姆（Graham，1993）的研究发现，如果在模型中不考虑家庭人均实际可支配收入，则政府支出规模、政府支出结构和居民消费的估计结果的稳健性可能被弱化。我们用 fisdec 和 Y^d 分别表示财政分权和实际可支配收入，式（10-10）和式（10-11）分别确立了政府支出总量、财政分权与居民消费，政府支出结构、财政分权与居民消费经验分析的基本框架：

$$C_t = a_0 + a_1 G_t + a_2 \text{fisdec}_t + a_3 Y^d_t + v_t \qquad (10-10)$$

$$C_t = b_0 + b_1 G^i_t + b_2 G^s_t + b_3 G^e_t + b_4 \text{fisdec}_t + b_5 Y^d_t + \varepsilon_t \qquad (10-11)$$

我们将使用省际面板数据，去识别政府财政支出总量以及结构对居民消费的影响；同时为避免遗漏重要的解释变量导致有偏估计，模型还将加入其他潜在的变量 X_{it}，包括：城乡收入差距、城市化水平、老年和少儿抚养系数、工业 GDP 比重等。考虑到消费习惯的重要影响，我们还将通过加入滞后期居民消费将静态模型拓展到动态模型，并运用滞后两期解释变量的固定效应模型消除可能存在的内生性偏误。此外，我们对模型中的主要变量取对数，便于进行弹性分析。

根据上述定义，我们将式（10-10）和式（10-11）进一步展开，分析政府支出总量与政府支出结构对居民消费的影响，得到动态面板回归模型如下：

$$\ln C_{it} = \gamma_0 + \gamma_1 \ln C_{it_{lag}} + \gamma_2 \ln G_{it} + \gamma_3 \text{fisdec}_{it} + \gamma_4 \ln Y^d_{it} + \prod X_{it} + m_i + n_t + \mu_{it}$$
$$(10-12)$$

$$\ln C_{it} = \phi_0 + \phi_1 \ln C_{it\_lag} + \phi_2 \ln G^i_{it} + \phi_3 \ln G^s_{it} + \phi_4 \ln G^e_{it} + \phi_5 \text{fisdec}_{it}$$
$$+ \phi_6 \ln Y^d_{it} + \psi X_{it} + p_i + t_t + \omega_{it} \qquad (10-13)$$

其中，下标 i 为省（直辖市、自治州），下标 t 为时间，$\prod$ 和 ψ 分别为式（10-12）和式（10-13）中 X_{it} 的系数向量，m_i 和 p_i 为地区固定效应，n_t 和 t_t 为时间固定效应，u_{it} 和 ω_{it} 是地区 i 在 t 期的残差项。我们从 γ_2 的符号与大小可判断政府支出规模对居民消费的影响，从 ϕ_1、ϕ_2、ϕ_3 的符号与大小可看出政府各类财政支出对居民消费到底是挤入效应还是挤出效应，以及可进行效应大小的比较。

第四节　数据说明与处理

我们使用了除中国香港、台湾和澳门之外的中国 31 个省区市中的 30 个进行面板实证分析，重庆市因为直辖市成立时间较晚把 1997～2017 年的各种数据合并入四川省，样本期是 1994～2017 年，完全样本数量为 720 个。

财政支出结构是财政支出总额中各类支出的组合以及各类支出在支出总额中的比重（李晓嘉和钟颖，2013）。由于我国地区财政支出从结构上划分有 20 多项，分项太多且各项财政支出在总支出中所占比例极不平衡，因此本章按照经济性质的划分方法，把功能或性质相似的政府支出细项归为一类，最后将地方政府财政支出总量划分为投资性支出（G^i）、民生性支出（G^s）以及消费性支出（G^c）三类①②。

被解释变量居民消费为地区人均消费性支出对数值（lnC）。主要控制变量除地区人均财政支出总量以及纳入三类财政性支出的对数值外，为克服由于遗漏变量而可能造成的内生性问题，我们还进一步控制了国内外文献中认为可能影响居民消费的潜在变量，如：采用较为常用的预算内财政支出分权度（fisdec）即人均地方财政支出/（人均地方财政支出 + 人均中央财政支出），数值越大表示财政分权程度越高；人均地区 GDP 的对数值（lnY）；城乡收入差距（uri）即城镇人均可支配收入除以农村人均纯收入；城市化水平（urb）

---

① 本章中的财政支出结构没有包括债务利息支出、专项支出、其他支出。

② 其中，投资性支出由基本建设性支出、企业挖潜改造资金、地质勘探费、科技三项费用、增拨企业流动资金、农林支出、农林水利事业费、工业交通事业费、流通事业费、城市维护建设费、支援不发达地区建设费、海域开发建设和场地使用费支出构成；民生性支出由文体广告、教育、科学、卫生事业费，抚恤和社会福利救济费，社会保障补助支出、政策性补贴支出构成；消费性支出由行政管理支出、国防支出、公检司法支出、武装警察部队支出、外事外交支出、其他部门的事业费、车辆税费支出构成。此外，由于 2007 年以后政府收支统计进行了改革，为了指标统计口径的一致，我们将2007～2017 年的数据统计口径调整为：投资性支出由城乡社区事务、农林水事务、交通运输、工商金融等事务等支出构成；民生性支出由教育、科学技术、文化体育与传媒、社会保障与就业、医疗卫生、环境保护支出构成；消费性支出由一般政府服务、国防和公共安全支出构成。

即城市人口占总人口的比例；少儿和老年抚养比（dr）即 0 ~ 14 岁人口和 65 岁及以上人口占 15 ~ 64 岁人口的比例；工业 GDP 占 GDP 的比例（indgdp）。模型中所有经济变量的名义值均以以 1994 年为基期的"居民消费价格指数"获得实际值。数据通过《新中国五十五年统计资料汇编》《中国统计年鉴》《中国财政年鉴》《中国区域经济年鉴》《中国人口统计年鉴》计算而得，部分缺失数据通过各省统计年鉴或插值法计算而得。表 10 - 1 为上述变量的描述统计结果。

表 10 - 1   主要变量的描述统计

变量	定义	观测值	均值	标准差	最小值	最大值
lnC	人均地区居民消费对数	720	8.303	0.754	6.867	10.199
lnG	人均地区财政支出对数	720	7.466	1.132	5.024	10.112
lnG^s	人均地区民生性支出对数	720	6.411	1.431	1.956	10.249
lnG^i	人均地区投资性支出对数	720	5.996	1.388	2.102	9.229
lnG^c	人均地区消费性支出对数	720	5.702	1.280	1.222	8.529
Fisdec	财政分权程度（%）	720	59.923	11.821	30.521	88.537
lnY	人均地区 GDP 对数	720	9.268	0.861	7.316	11.077
uri	城乡收入差距	720	2.952	0.700	1.606	5.897
urb	城市化率（%）	720	44.810	17.158	8.994	89.605
dr	少儿和老年抚养系数（%）	720	28.482	4.366	16.150	40.280
indgdp	工业 GDP 占 GDP 的比例（%）	720	36.897	10.041	4.920	54.483

第五节　估计结果分析

一、政府支出结构对居民消费的总体影响

本章主要研究财政分权背景下扭曲的政府财政支出以及财政支出结构对居民消费的影响。由于观察不到的地区效应通常与解释变量相关，且根据豪斯曼检验结果，本章表 10 - 2 中的基本回归结果全部采用固定效应模型，所有回归中均加入时间哑变量以控制时间趋势。考虑到模型中解释变量的内生

性可能，我们对模型中的解释变量均采用了时间滞后项。我们知道，固定效应估计中的滞后一期解释变量也存在内生性，因此，本章模型中的解释变量均采用滞后两期，而被解释变量采用当期项。

表 10－2 报告了基于理论模型中式（10－12）和式（10－13）的回归结果。根据理论模型，我们首先对地区人均财政支出总量的居民消费效应进行估计，再分析地方政府三类财政支出对居民消费的影响。估计结果如表 10－2 所示。

表 10－2   面板固定效应估计基本结果

变量	（1）	（2）	（3）
lnC_lag2	0.503 *** （0.046）	0.479 *** （0.049）	0.477 *** （0.048）
lnG_lag2	0.108 ** （0.050）	—	—
lnG^s_lag2	—	0.053 *** （0.011）	—
lnG^i_lag2	—	− 0.018 * （0.010）	—
lnG^e_lag2	—	− 0.023 *** （0.008）	—
$Ratio\_G^s\_lag2$	—	—	0.206 *** （0.048）
$Ratio\_G^i\_lag2$	—	—	0.001 （0.060）
$fisdec\_lag2$	0.004 * （0.002）	0.008 *** （0.002）	0.009 *** （0.002）
lnY_lag2	0.155 ** （0.067）	0.168 ** （0.063）	0.170 ** （0.063）
uri_lag2	0.048 *** （0.010）	0.044 *** （0.010）	0.045 *** （0.010）
urb_lag2	0.001 （0.001）	0.001 （0.001）	0.001 （0.001）

续表

变量	(1)	(2)	(3)
dr_lag2	0.000 (0.002)	0.001 (0.002)	0.000 (0.002)
indgdp_lag2	-0.004 ** (0.001)	-0.003 ** (0.001)	-0.003 ** (0.001)
Constant	1.653 *** (0.324)	2.099 *** (0.330)	2.062 *** (0.345)
年份哑变量	YES	YES	YES
豪斯曼检验	143.571 ***	151.653 ***	146.568 ***
N	660	660	660
R^2	0.989	0.989	0.989

注：括号内数值为系数的异方差稳健标准误，***、** 和 * 分别表示在1%、5%和10%的显著性水平下显著。

资料来源：以上估计结果均通过 Stata 15 实现。

根据表10-2中模型（1）的估计结果，我们发现：控制其他因素后，地区人均财政支出总量每上升1个百分点，居民消费将上升0.108个百分点，研究结果与靳涛和陶新宇（2017）的发现一致，我国财政支出规模的增长总体上提高了居民消费水平。

表10-2中模型（2）将政府财政支出分为民生性支出、投资性支出和消费性支出，研究发现民生性支出对居民消费具有显著的挤入效应，而投资性支出和消费性支出具有显著的挤出效应。在控制其他因素的情况下，地区民生性支出每上升1个百分点，居民消费将上升0.053个百分点，而地区投资性支出和消费性支出每上升1个百分点，居民消费将分别下降0.018个和0.023个百分点。民生性支出主要用于教育、医疗、就业等社会保障，增加民生性财政支出有利于提升居民的购买力和消费预期，刺激全社会消费需求。在模型（2）中，财政分权的弹性系数为0.008，在1%水平上显著，说明我国财政分权程度总体上促进了居民消费需求的增长。

表10-2中模型（3）报告各项财政支出结构占比对居民消费的影响。估计结果与模型（2）基本一致，民生性支出对居民消费具有显著的挤入效应。此外，人均居民消费滞后项对基期消费的影响作用较大，模型（1）～模型

（3）中的消费习惯弹性系数基本在 0.45 以上，说明我国居民消费的习惯形成特征较为明显。

二、政府支出结构、财政分权与居民消费

赋予地方政府更多的财力和自主权，促使其较大程度地参与分享辖区内经济发展成果，可激励地方政府增加投资性支出，也有助于提升公共服务水平。但在地方官员的晋升"锦标赛"和 GDP 绩效考核中，地方政府更偏向于经济效益高、快的投资性支出，财政分权程度较高可能会削弱政府民生性支出对消费的挤入效应。为细致分析财政分权在政府支出结构和居民消费之间的作用渠道，我们将财政分权程度平均分为高中低三部分，通过生成虚拟变量考虑财政分权与财政支出结构的交互情况，以便准确识别财政分权在政府财政支出与居民消费之间扮演的角色，提高研究的现实指导意义。

表 10 - 3 中模型（1）和模型（2）分别表示财政支出结构与财政分权的哑变量进行交互、财政支出结构占比与财政分权的哑变量进行交互，其中 moder_fisdec 为财政分权程度处于中等的哑变量，high_fisdec 为财政分权程度较高的哑变量。在模型中我们也控制了滞后期的消费水平、城乡收入差距、城市化水平、老年和少儿抚养系数、工业 GDP 比重以及年份哑变量。根据豪斯曼检验结果，表 10 - 3 中的所有模型均采用固定效应模型进行估计。

表 10 - 3   政府支出结构与财政分权交互对居民消费影响的估计结果

(1)		(2)	
lnC_lag2	0.468 *** (0.044)	lnC_lag2	0.465 *** (0.035)
$\ln G^s$_lag2 × moder_fisdec	0.067 ** (0.030)	Ratio_G^s_lag2 × moder_fisdec	0.131 * (0.076)
$\ln G^s$_lag2 × high_fisdec	0.041 (0.026)	Ratio_G^s_lag2 × high_fisdec	0.109 (0.079)

续表

（1）		（2）	
$\ln G^i$_lag2 × moder_ fisdec	− 0. 020 （0. 015）	Ratio_G^i_lag2 × moder_ fisdec	− 0. 034 （0. 050）
Lni^i_lag2 × high_ fisdec	0. 002 （0. 010）	Ratio_G^i_lag2 × high_ fisdec	0. 017 （0. 049）
$\ln G^c$_lag2 × moder_ fisdec	− 0. 052 * （0. 027）	Ratio_G^c_lag2 × moder_ fisdec	− 0. 159 （0. 122）
$\ln G^c$_lag2 × high_ fisdec	− 0. 048 * （0. 026）	Ratio_G^c_lag2 × high_ fisdec	− 0. 295 ** （0. 128）
$\ln G^s$_lag2	0. 011 （0. 026）	Ratio_G^s_lag2	− 0. 051 （0. 179）
$\ln G^i$_lag2	− 0. 017 （0. 014）	Ratio_G^i_lag2	− 0. 155 （0. 122）
$\ln G^c$_lag2	0. 017 （0. 022）		
Constant	2. 133 *** （0. 362）	Constant	2. 218 *** （0. 283）
其他解释变量	YES	其他解释变量	YES
年份哑变量	YES	年份哑变量	YES
豪斯曼检验	163. 178 ***	豪斯曼检验	150. 753 ***
N	660	N	660
R^2	0. 989	R^2	0. 989

注：括号内数值为系数的异方差稳健标准误，***、** 和 * 分别表示在 1%、5% 和 10% 的显著性水平下显著。由于篇幅，表 10 - 3 中仅报告了主要解释变量的估计结果。

资料来源：以上估计结果均通过 Stata 15 实现。

从财政支出结构与财政分权的交互来看，财政分权与民生性支出的交互项均对居民消费产生挤入效应，其中财政分权程度位于中等时民生性支出对居民消费的挤入效应更大且最为显著，财政分权程度较低和较高时民生性支出对居民消费的影响为正但不显著。研究结论与毛军和王蓓（2015）的分析结果较为一致。毛军和王蓓（2015）将财政分权作为门槛变量分析财政支出对居民消费的影响，发现若财政分权低于第一门槛值时，地方政府在为经济增长而展开的相互竞争机制下，财政分权会削弱地方政府财政支出对居民消费的影响，其估计系数虽然为正但不显著。当财政分权位于第一门槛值和第二门槛值之间时，财政支出增加能显著推动消费增长。财政分权程度较高时，地方政府偏向于经济效益较高和较快的投资性支出，财政支出对消费的正向影响被削弱。财政分权与消费性支出的交互项显示财政分权扩大了消费性支出对居民消费的挤出效应。

从财政支出结构占比与财政分权的交互来看，财政分权扩大了民生性支出占比对消费的挤入效应，且财政分权程度处于中等时这种挤入效应最大且更为显著。同样我们也发现财政分权扩大了消费性支出占比对居民消费的挤出效应，财政分权不会显著影响投资性财政支出对居民消费的挤出效应。估计结果和表 10 - 3 中模型（1）基本一致。

三、政府支出结构与居民消费：城乡效应、地区效应和长短期效应

现有研究更多的是把全国估计作为一个整体来分析政府支出结构与居民消费之间的关系，但由于经济转型中区域经济发展和城乡发展极不平衡、消费群体对政府支出的长短期效应也存在异质性。为了更细致地获得在财政分权机制下地方政府支出结构与居民消费的关系，我们将考虑城乡、地区、长期的异质性，以便更准确地获得地方政府支出结构对居民消费效应的经验估计结果，提高研究结论的政策指导意义。

表 10 - 4 中模型（1）和模型（2）按城乡划分，区分政府财政支出结构对城乡居民消费的影响；模型（3）～模型（5）按经济发展水平划分，区分东部、中部和西部三个地区政府支出结构对居民消费的影响；模型（5）分析政府支出结构对居民消费的长期影响（被解释变量和解释变量都进行六年平均）。根据豪斯曼检验结果可知，表 10 - 4 的所有模型均采用固定效应模型进行估计。

表 10 - 4 面板固定效应的异质性估计结果

变量	城镇消费	农村消费	东部地区	中部地区	西部地区	长期消费 （六年平均）
	（1）	（2）	（3）	（4）	（5）	（6）
lnC_lag2	0.497 *** (0.044)	0.559 *** (0.056)	0.430 *** (0.103)	0.410 *** (0.091)	0.280 * (0.122)	0.898 *** (0.012)
lnG^s_lag2	0.079 *** (0.020)	- 0.010 (0.013)	0.069 *** (0.013)	0.011 (0.043)	0.076 ** (0.030)	0.035 *** (0.012)
lnG^i_lag2	- 0.023 (0.014)	0.019 (0.012)	- 0.001 (0.014)	0.021 (0.046)	- 0.002 (0.025)	- 0.026 ** (0.011)
lnG^c_lag2	- 0.053 *** (0.014)	0.008 (0.016)	- 0.043 ** (0.015)	- 0.028 (0.059)	- 0.053 ** (0.017)	- 0.014 (0.009)
fisdec_lag2	0.003 ** (0.001)	0.006 *** (0.002)	0.005 (0.003)	0.013 ** (0.004)	0.008 ** (0.003)	0.003 *** (0.001)
lnY_lag2	0.122 ** (0.057)	0.062 (0.065)	0.381 ** (0.154)	0.198 * (0.096)	0.230 *** (0.052)	0.050 ** (0.021)
Constant	2.862 *** (0.612)	2.354 *** (0.611)	0.950 (0.778)	2.189 ** (0.777)	2.404 *** (0.384)	0.199 (0.132)
其他解释变量	YES	YES	YES	YES	YES	YES
年份哑变量	YES	YES	YES	YES	YES	YES
豪斯曼检验	103.652 ***	109.215 ***	51.354 ***	39.525 ***	38.196 ***	137.486 ***
N	660	660	264	198	198	690
R^2	0.973	0.987	0.992	0.992	0.990	0.999

注：括号内数值为系数的异方差稳健标准误，*** 、** 和 * 分别表示在 1% 、5% 和 10% 的显著性水平上显著。由于篇幅原因，表 10 - 4 中仅报告了主要解释变量的估计结果。表 10 - 4 中模型（5）所有解释变量均采用滞后一期形式。

资料来源：以上估计结果均通过 Stata 15 实现。

从城乡比较来看，民生性支出对城镇居民消费具有显著的凯恩斯效应。城镇的民生性支出估计系数为 0.079 且较为显著，而农村的民生性支出估计系数为 - 0.01 且不显著，民生性支出对城镇居民消费的挤入效应要远大于农村居民。投资性支出对城镇居民消费具有挤出效应，对农村居民消费具有挤入效应，但均不显著。消费性支出对城镇居民消费具有显著的负向影响，而对农村居民消费却具有正向影响但不显著。

从区域比较来看，各区域内的民生性支出对居民消费都具有挤入效应，东、中、西部地区影响系数分别为 0.069、0.011 和 0.076，但中部的系数不显著。这可能是由于东部地区经济发展水平较高，政府财政能力较强，进一步完善社会保障、降低预期支出不确定性使得扩大居民消费的效果更强。而近二十年来实施的西部大开发战略不断推动西部地区地方政府加强民生事业建设，西部地区教育文化、医疗卫生等公共服务水平不断提升，带动了居民的消费。由此可见，我国区域经济均衡发展和公共服务均等化对拉动西部地区的消费具有重要作用。投资性支出对东、中、西部地区居民消费分别呈现出挤出效应、挤入效应和挤出效应，但估计系数均不显著。地方政府消费性支出对东、中、西部地区居民消费均产生挤出效应，对东部和西部地区的影响更大且更为显著。值得指出的是，我国西部地区省份的地方政府规模偏大、地方政府消费性支出比重偏高可能成为抑制西部地区政府消费挤出居民消费的主要原因。

政府支出结构对居民消费的影响可能是长期的，表 10-4 中模型（6）报告了对被解释变量和解释变量都进行六年平均的长期回归结果。结果显示政府民生性支出对居民消费的估计系数为 0.035，在 1% 的显著性水平下为正，说明长期民生性支出促进了居民消费水平的增长。2018 年我国最终消费对经济增长的贡献率高达 76.2%[①]，已连续五年成为拉动经济增长的第一动力。消费对经济发展的基础性作用逐渐显著，其重要原因可能得益于我国民生性财政支出不断增长。投资性支出对居民消费的估计系数为 -0.026，在 5% 的显著性水平下为负，说明长期以来政府投资性支出挤出居民消费。此外，长期来看政府消费性支出对居民消费的估计系数为 -0.014 且不显著。长期来看，提高地方政府民生性支出，加强教育、文化体育、社会保障与就业、医疗卫生等事业建设有利于提升居民消费水平。

---

① 资料来源于国家统计局. 2018 年国民经济和社会发展统计公报 ［D］. 国家统计局网站，2019.

第六节 结 论

本章基于 1994～2017 年我国 30 个省份的面板数据，构建了政府支出结构与居民消费的理论模型，实证分析了在财政分权背景下政府支出结构对居民消费的影响。研究发现以下几点。

第一，自 1994 年以来，我国地方政府财政支出规模总体上促进了城乡居民消费和经济社会发展，但不合理的财政支出结构仍没有得到改善，这主要表现为：地方政府投资性支出所占比重仍然较高；与居民消费直接相关的民生性支出增速比较缓慢，特别是农村地区；部分地方政府消费性支出的增速远高于民生性支出的增速。

第二，自 20 世纪 90 年代以来，政府民生性支出对居民消费的拉动效果最为明显，而投资性支出对居民消费存在挤出效应但估计结果不是很显著，消费性支出对居民消费存在明显的挤出效应。

第三，适度的财政分权加强了民生性支出对居民消费的挤入效应，但财政分权程度较高会削弱民生性支出对消费的影响。财政分权也会加强地方政府消费性支出对居民消费的抑制作用。其可能的原因是：在政府间相互竞争机制作用下，财政分权并没有发挥原本设计的积极性，反而造成基本建设支出扭曲、居民收入差距不断拉大、预期支出不确定性提高，从而难以释放城乡居民的潜在消费需求。

第四，三大地方政府支出的居民消费效应具有明显的城乡、区域和长期异质性。从民生性支出的消费挤入效应来看，城镇大于农村，东部和西部地区大于中部地区。民生性支出的长期挤入效应较强，说明如果进一步调整政府支出结构、优化民生支出的投入区域和人群着重点，将会增强积极财政政策的消费增长效果，尤其会刺激城乡居民的服务性消费支出。

财政分权背景下政府支出结构与居民消费需求之间的理论传导机制为：地方政府之间的竞争虽然提高了本地的经济增长率和财税收入，但严重扭曲了经济结构，产业结构向资本密集型的第二产业和重工业倾斜，政府支出结构中投资性支出不断上升。扭曲的政府支出结构导致国民收入分配结构从居民向政府和企业倾斜，失衡的国民收入分配结构导致了居民消费率的下降；同时，地方政府 GDP 和财税竞争导致政府在住房、教育、医疗、养老方面的支出激励下降，民生公共服务支出的严重不足和增长速度过慢，抑制了居民潜在消费需求的释放，特别是中西部农村居民，进一步导致内需不足和阻碍长期经济增长。

第十一章
构建提高居民实际与潜在消费能力长效机制的政策体系

第一节　构建长效机制的关键、 主要内容、
主要目标、 重点难点

多年来，我国居民收入增长滞后于经济增长、国民收入分配结构严重失衡以及居民收入差距日益扩大，城乡二元体制、社会保障制度、财税金融体制、消费政策等体制机制的不完善已成为困扰居民消费需求增长和居民福利改善的重大问题。本章将根据前面第二章关于我国消费需求不足的多方面现状分析，第三章至第六章关于"收入—居民实际消费能力"以及第七章至第十章关于"制度—居民潜在消费能力"的理论研究与实证检验，有针对性地提出构建提高居民实际与潜在消费能力长效机制的关键、主要内容、主要目标、重点难点、具体政策建议。

一、关键和主要内容

消费长效机制是指保证消费需求长期正常运行并发挥预期功能的制度体

系。构建提高居民消费能力的长效机制应遵循内生性、系统性、制度性、有
效性、长期性等原则。它应充分体现经济系统客观、内生的要求，多种体制
机制要素的系统组合，一系列完善制度的支持和保障，消费整体性和结构性
不足的有效优化，以及消费机制发挥作用的长期动力源泉。

笔者认为，深入收入分配制度改革是扩大居民消费的重中之重。因此，
构建提高居民消费能力的长效机制，关键在于建立居民收入稳定增长、收入
差距逐步缩小的长效机制（邹红、喻开志，2011）。这一改革既要进一步增进
公平，也要注重提高效率。政府应坚持初次分配改革与再分配改革整体协同
推进，具体包括：尽快完善初次分配改革机制、健全再分配调节机制、整顿
和规范收入分配秩序、量化收入分配绩效指标等多方面扎实有效的细则措施，
使总体收入分配差距缩小，中等收入群体持续扩大。

与任兴洲（2010）、文启湘和张慧芳（2011）、刘雪梅（2013）等研究一
致，我们认为构建提高城乡居民实际与潜在消费能力长效机制，其主要内容
应包括构建居民收入增长的长效机制、城乡统筹发展的长效机制、公共财政
和金融政策转型的长效机制、产业集约创新发展的长效机制、改善消费环境
和完善消费政策的长效机制等。

长效机制的主要破解思路应以统筹兼顾、总量与结构提升并重、民生导
向、促进人身健康自由发展为基本原则，建立收入分配制度、城乡统筹制度、
社会保障制度、产业调整制度、财政税收制度和社会信用制度"六位一体"
的联动创新机制，并通过建立"六位一体"制度联动的监测系统，进一步监
测居民消费能力提高和结构升级的速度。

长效机制的总体政策建议应注重从收入的宏观层面"调整国民收入分配
结构—提高消费率—缓解投资与消费结构失衡"；从收入的微观层面"缩小居
民收入差距—提升总体消费倾向—促进消费需求增长"；从体制机制的支撑层
面"以收入分配制度改革为根本保证、以城乡统筹制度为重要引擎、以社会
保障制度为坚实后盾、以财政金融制度为协助动力、以社会信用制度为基本
前提"的综合配套改革，从而在保持居民消费购买力可持续增长的基础上，
建立长期保证消费需求正常扩大并发挥其拉动经济增长功能的制度体系，逐
步推进生活质量全面提高的消费增长模式。

二、主要目标

消费总量增加和结构优化的有效性既是构建消费需求长效机制的主要目标，也是判断消费长效机制能否建立的参考标准。一方面，总量性消费不足要逐步改善，实现消费、投资和出口协调拉动经济增长；另一方面，结构性消费不足要不断优化，包括：农村消费和城镇消费之间逐步形成良性互动，私人消费和政府消费增速之间的平衡，地区之间的消费平衡，中低收入家庭的消费水平明显提高等。

今后我国扩大居民消费需求必须要明确目标，才不会成为政府仅在逆经济周期时调节的临时性举措，而是要把扩大消费需求纳入经济和社会发展规划，从国家发展战略的高度长期有效推进。我们要避免盲目采用刺激手段短期"拔高"消费，应积极构建提振消费的长效机制即中长期目标。从中期来看，应以目标消费率为基准，根据实际消费率偏离的方向和程度，优化消费环境等深化相应体制机制改革政策；从长期来看，经济增长要着眼于经济发展方式的转变和结构调整，通过技术创新提升单位劳动和资本的产出能力，提升整体生产技术水平，促进产业结构和消费结构协调发展，以确保经济实力能完成居民"收入倍增"的目标。

相比消费目标，我国政府在中长期收入分配改革目标上已经迈出了一大步。党的十八大报告明确提出有关收入的"两个同步""两个提高""一个倍增"。这就意味着应努力实现"居民收入增长和经济发展同步""劳动报酬增长和劳动生产率提高同步"，到2020年实现城乡居民人均收入比2010年翻一番，尤其应该提高低收入群体的收入增长速度。因此，构建提高居民消费能力的长效机制，同样需要制定有效的中长期消费目标，对各级指标进行明确量化，并进入各级部门政绩考核的指标框架之中。

结合本书前面各章的理论和实证分析结果、国外实际经验、国内外研究文献，党的十六大、十七大中提出的"全面建设小康社会"目标，党的十八届三中全会的《中共中央关于全面深化改革若干重大问题的决定》，党的十九大中提出的建设现代化经济体系，以及持续推动经济结构升级，实现更可持续、更加包容的高质量发展，顺利跨越"中等收入陷阱"，进入高收入国家行列等战略部署。要构建以收入增长为基础，提高居民实际与潜在消费能力的长效机制，笔者认为到2030年政府可尝试以下中长期目标，具体如表11-1所示。

表11-1　构建提升居民消费能力长效机制的目标（2012~2030年）

指标		2012年实际水平	2030年目标水平
消费需求	最终消费率	49.5%	65%以上
	居民消费率	36%	50%以上
	城乡消费差距	3.24倍	2倍以下
	享受发展型消费占家庭总消费比重	48%	70%以上
收入分配制度	收入基尼系数	0.47	0.4以下
	劳动报酬占初次分配的比重	47%	60%以上
	居民收入占GDP比重	43%	70%以上
	城乡人均收入比	3.03	2倍以下
	最低工资占当地平均工资的比重	30%左右	50%以上
	中等收入群体比重	30%~40%	60%以上
城乡统筹制度	城市化率	52.57%	70%以上
	农村土地流转率	5%	20%以上
	农村教育经费占总教育经费比重	23%	40%以上
	农村居民人均财产性收入比重	2.3%	10%以上
	农村低保覆盖率	54%	全覆盖
社会保障制度	社会保障和就业投入占GDP比重	10%	20%以上
	城镇居民社保和医保等缴费率	12%	8%以下
	农村非低保户的基础养老金	55元	1000元以上
	保障性住房满足城镇住房需求的比重	20%~25%	50%以上
财税金融制度	民生性支出占财政支出的比重	38%	50%以上
	中低收入群体缴纳个税份额	45%	30%以下
	直接税占总税收入比重	38%	50%以上
消费政策与消费环境	个人信用体系	央行个人信用网上查询覆盖9省	全国覆盖
	农村基础设施占中央预算内投资比重	49%	60%以上
	互联网消费占总消费的比重	10%以下	50%以上

资料来源：表中2012年实际水平数据根据国家统计局数据计算得到，2030年目标水平数据由本课题组预测得到。

三、重点难点

(一) 初次分配和再分配改革的重点难点

对宏观经济而言，国民收入分配制度改革与加快转变经济发展方式、扩大内需、保障和改善民生紧密相关；而对于微观个体来说，它又是维护社会公平正义的基础性内容，攸关每个公民的切身利益和福利水平。在过去几年中，政府不断加大收入分配改革的力度。2013 年 2 月，国务院批转了多部委《关于深化收入分配制度改革的若干意见》，全面总结了收入分配改革的目标、具体思路、重点难点等，而要将这一改革的路线图变为现实，急需制定更为明确的实施细则和政策措施。

本书认为，在党的十八大报告和《关于深化收入分配制度改革的若干意见》精神的指导下，深入总体性收入分配制度改革，既要进一步增进公平，也要有效提高效率，应坚持初次分配改革与再分配改革协同推进的总体目标，抓住重点，突破难点，从而达到城乡居民收入实现倍增，收入分配差距逐步缩小，收入分配秩序明显改善，收入分配格局趋于合理的主要目标。其中，深化收入分配制度改革应重点稳健推进初次分配改革，坚持初次分配改革与再分配改革协同推进，具体应强调：[1]

第一，初次分配重点是调整政府、企业与劳动者之间的分配关系，它决定着社会财富的初始分配格局，是改革的重点领域；然而，初次分配环节关系复杂，如果利益分配结构急剧变动，就会影响就业与经济增长，所以必须积极而稳妥地推进初次分配改革；而主要涉及公共资源配置的再分配机制改革，更适合快速推进。

第二，初次分配与再分配密切关联、相互影响，在改革中须协同推进，避免顾此失彼。只有统筹考虑、缓急有度、协同推进，才能实现深化改革的预期目标。

---

[1] 发展改革委，财政部，人力资源社会保障部. 关于深化收入分配制度改革的若干意见 [OL]. 中国政府网，2013.

深化收入分配制度改革的难点是"进一步理顺社会分配关系，缩小收入差距"，具体应强调：①

第一，加强规制理顺垄断性行业和一般竞争性行业的收入分配关系，积极稳妥地推进城镇化理顺城乡收入分配关系，以及工资集体协商理顺资本所有者、经理层与一般职工的收入分配关系等；

第二，通过理顺社会分配关系，缩小收入差距。比如，通过统筹城乡、区域发展和转移支付，缩小城乡、区域收入差距；通过提高低收入者收入，适当限制高收入群体的增长，着力扩大中等收入群体，缩小不同收入群体的收入差距。

（二）体制机制全面深入改革的重点难点

体制机制全面深入改革的重点是收入分配制度、城乡统筹制度、社会保障制度、产业调整制度、财政税收制度和社会信用制度等多种制度联动。而这些扩大消费长效机制所需的制度是相互联系、相互制约的，既有正向的良性互动，又有逆向的相互牵制。因此，在制度的制定中，难点是既要统筹规划、协调推进、全面系统，又要重点突出、主次分明。各种制度优势互补，相互协调，才能保证消费的长期稳定扩大，使经济增长与发展保持持久动力。政府有关部门必须充分发挥制度之间的正向促进作用，协调各利益主体之间的关系，保证制度执行中的和谐共赢。同时，既要保证制度内容的连续性和稳定性，又要根据客观环境的变化对相关制度进行适时调整和完善，使其在良性互动中推进消费的持续扩大。

第二节　构建提高居民实际消费能力长效机制的收入分配政策体系

多年来，我国促进消费的政策效果是局部性和阶段性的，消费总量不足

---

① 发展改革委，财政部，人力资源社会保障部. 关于深化收入分配制度改革的若干意见 [OL].
中国政府网，2013.

和消费结构失衡的问题突出，扩大国内消费需求的政策总体效果有限，消费长效机制尚未建立。目前，我国已将收入分配制度改革纳入全面深入体制机制改革的重要内容，相信收入分配制度改革的深入推进将逐步提高居民收入在国民收入中的比重，并逐步解决居民收入分配差距过大的问题，这将有助于提升居民的实际消费水平。本节基于本书第三章至第六章"收入—居民实际消费能力"的多视角分析，提出进一步深化收入分配制度改革、扩大居民消费需求，应注重从完善初次分配机制、健全再分配调节机制、整顿和规范收入分配秩序、逐步量化收入分配绩效指标等方面，采取扎实有效的改革措施。

一、从劳动者报酬、就业政策、工资制度和公共资源分享机制入手，完善初次分配机制

第一，提高劳动者报酬在国民收入中的比重。深化收入分配制度改革，完善劳动、资本、技术等生产要素，按贡献参与分配的初次分配体制机制是其重要内容，而提高劳动报酬更是现阶段的核心任务，应在国民收入倍增、全面建设小康的目标背景下统筹考虑工资、社会保险与职业福利等，提高劳动者的整体收入水平。

第二，坚持实施就业优先战略。完善就业政策，应以创造公平就业环境、扩大就业规模、提高就业质量为目标，进一步完善公共事业和国有企业等单位的公开招聘制度，落实完善与创业相关的税费减免、贷款补贴政策，促进以高校毕业生为重点的青年、农村转移劳动力、退役军人的就业，健全面向全体劳动者的职业培训制度。

第三，"提低限高"，进一步完善工资、薪酬制度。应建立反映劳动力市场供求关系和企业经济效益的工资决定及正常增长机制；加强管理国有企业和事业单位的高管薪酬，规定高管薪酬增幅应低于企业职工平均工资增幅，也应注重缩小企业内部相对过大的分配差距；可实行不同行业企业的工资总额和工资水平双重调控的政策，逐步缩小行业工资收入差距，尤其应调控垄断性资源的高工资行业。

第四，进一步完善公共资源和国有资本的收益分享机制。应进一步规范国有公共资源占用、出让、收益的分配机制，健全公共资源有偿使用制度、生态环境补偿机制、公共资源出让收益的全民共享机制。应建立覆盖全国范围的国有资本经营预算和收益分享制度，扩大国有资本收益上交范围，适当提高"央企"国有资本收益的上交比例，以进一步充实国民再分配资金。

二、健全社会保障、转移支付、税收等收入再分配调节机制

跟其他国家相比，我国二次分配的调控效果较弱。而形成良性合理的收入分配关系，除完善初次分配机制外，需要通过二次分配和三次分配政策协同调整收入分配结构（王小鲁，2012；李实等，2013；刘伟和蔡志洲，2017）。

对于二次分配来说，政府应更加注重民生和公共服务。如：在税制改革方面，除了强化个人所得税的调节力度和累进效果、加快推进营业税改增值税以外，还需努力推进房产税、遗产税的征缴。在财政资源分配上，需尽快推行全口径预算，在充分利用增量改革改善分配结构的同时，对存量结构加以调整，以确保民生福利方面的投入持续增长，还应建立土地收益、国企收益的分享制度。根据经济合作与发展组织（OECD）数据计算可知，发达国家社会保险支出占财政支出的比重大多超过30%，占GDP的比重在20%~35%之间，对收入分配的影响很大，而我国这一比重相对较小。根据中国统计局的城镇住户调查数据（2000~2009年）可知，社会保险收入能显著降低城镇居民基尼系数的10%左右，因此，应把社会保障制度视为保障人民生活、调节收入分配的一项基本制度；应进一步加大财政对社会保障的投入，调整财政投入结构，向城乡中低收入群体、农村倾斜和向中西部地区倾斜；应使城镇职工基本养老保险制度尽快实现全国统筹，城镇职工基本医疗保险制度实现省级统筹；应进一步完善公共服务的提供和基本保障制度的设计，重点考虑中低收入人口和贫困人口的社会保障需求；应适当调整基本社会保障项目的缴费率，探索灵活费率制；应加快推进基本公共服务均等化，积极、合理地促进各项社会福利事业发展，加快解决社区养老服务与托幼服务严重短缺

问题。

此外，我国还可以积极建立三次分配，如动员社会力量，建立社会救助、民间捐赠、慈善事业、志愿者行动、社区免费服务等多种形式的机制，在政府一次分配和二次分配的基础上进行有效补充。

三、加强收入分配领域法律法规和制度建设，整顿和规范收入分配秩序，推动形成公开透明、公正合理的收入分配秩序

第一，维护劳动者合法权益，健全工资支付保障机制。近年来，拖欠农民工工资的问题得到一定程度的遏制，但部分行业"拖欠工资"的现象仍时有发生，政府应将存在恶意拖欠行为的企业纳入重点监控范围，加大监察执法力度。

第二，规范工资外收入。加强事业单位创收管理，公开政府部门的"三公消费"经费预算，严格控制政府、国企、事业单位管理人员进行职务消费。

第三，规范非税收入。继续推进费改税，进一步清理各种行政事业性收费和政府性基金，坚决取消不合法、不合理的收费和基金项目，建立健全政府非税收入收缴管理制度。

第四，严防非法收入，加强领导干部的收入管理。可通过在重点领域强化监督管理，坚持堵住非法收入的重要源头；全面落实并严格执行各级领导干部如实报告收入、房产、投资、配偶子女从业等情况的规定；加强领导干部离任审计工作。

四、发挥收入分配制度改革对我国服务消费和服务消费结构提升的积极作用

提高城乡家庭的服务消费是扩大内需的重要潜力之一。基于收入分配视角扩大居民服务消费应从以下几点入手。

第一，应增加城镇中低收入家庭的人均可支配收入，降低居民收入差距。各种收入对不同收入阶层服务消费的乘数效应或拉动效应显著不同，基于刺

激消费的收入群体对象来看，应侧重通过增加城镇中低收入家庭的收入水平来提高实际消费能力。

第二，应改善收入结构，增加居民转移性收入和财产性收入比重。基于收入结构视角扩大总服务消费，对于低收入群体而言，可以侧重增加转移性收入；对于中低、中等和中高收入群体而言，可以侧重增加工资性收入和财产性收入；而对于高收入群体而言，可以侧重增加经营性收入。

第三，培育新的服务消费增长点应与建立扩大服务消费需求的长效机制相结合，而长效机制则应注重提高城镇化水平和城镇化质量，加快产业结构转型，发展壮大现代服务业，完善社会保障体系，灵活制定扩大服务消费的短期刺激政策等多方面的综合配套改革。家电下乡、印发消费券和旅游券、发放临时生活补贴等短时性的直接刺激消费措施固然有用，但更需要加快完善收入分配制度，增加中低收入家庭的收入水平，改善收入结构。

五、注重发挥降低收入差距对缩小居民消费差距的作用

消费不平等作为福利差距和经济效率的衡量指标之一应得到更多关注。为保障和改善民生、拓宽和开发消费领域，我们应把握扩大内需这一战略基点，以降低收入不平等和消费不平等，提高中低阶层的福利水平为抓手，加快建立扩大消费需求的长效机制，释放居民消费潜力。本研究认为：

第一，降低收入不平等是降低消费不平等的根本。政府应进一步完善收入分配制度，提高城市中低收入群体和农村居民的转移支付及社会保障程度，缩小城乡之间、地区之间和不同阶层之间的实际收入差距和消费差距，同时注重发挥城镇化释放农村居民服务、汽车、住房、家用设备消费需求的巨大潜力。

第二，应进一步明确新一轮消费政策重点刺激的出生组、收入群体、地域、消费领域等实施重点，例如，应侧重刺激具有更高消费不平等的年老出生组（20世纪40年代和50年代）的消费结构升级，侧重刺激中低收入群体的消费水平，侧重刺激西部农村地区的消费能力。

第三，应在继续实施下一轮家电下乡、汽车下乡等刺激政策的基础上，

进一步拓宽消费刺激的政策领域，应侧重非日常耐用品消费品、文化娱乐消费、节能消费和服务消费等领域；应完善收入分配政策，提高我国中低收入群体的收入水平，引导消费市场由政策刺激驱动型逐渐变为自主增长型。

第四，降低受教育程度不平等是缩小收入差距和消费差距的长期路径。政府应加大城乡教育投入，减少机会不均等，同时注重人力资本对缓解文化娱乐等享受发展型消费不平等的显著作用。

第五，加快产业结构转型升级和发展服务业是扩大消费需求的重要途径。随着我国扩大内需的深入推进，培育新的消费增长点，发展服务消费日趋重要。政府应加快产业转型升级，刺激居民文教娱乐消费需求，特别是要大力培育农村文化市场，制定鼓励和支持农村文化消费，中小城市及二、三级城市文化消费的相关政策。

六、建立健全促进农民收入较快增长的长效机制，扩大农村居民实际消费能力

农民收入较快增长关系到整个收入分配制度改革和扩大内需的成效，建立健全促进农民收入较快增长的长效机制，让广大农民平等参与现代化进程，共同分享现代化成果非常重要，具体应从以下几点入手。

第一，增加农民家庭经营性收入和财产性收入。[1] 发展现代农业，建立特色农产品机制，建立农村合作经济组织创新机制。着力推进农业产业化，大力发展农民股份合作和专业合作，加大对农村社会化服务体系的投入，使农民合理分享农产品加工、流通增值收益。发展特色高效农业和乡村旅游，使农民在农业功能拓展中获得更多收益。健全农产品价格保护制度，稳步提高重点粮食品种最低收购价，完善大宗农产品临时收储政策。破除农村土地流转的制度障碍，完善农村宅基地制度，改革征地制度，发展农村金融产品破除农村土地流转的制度障碍。此外，应立足于农民消费者本身，完善农村教

---

[1] 发展改革委，财政部，人力资源社会保障部. 关于深化收入分配制度改革的若干意见 [OL]. 中国政府网，2013.

育体制，加大教育投入，特别是对农村职业教育的投入。

第二，健全完善农业补贴制度。建立健全农业补贴稳定增长机制，完善良种补贴、农资综合补贴、"粮食直补"、农机购置补贴等政策；完善林业、牧业和渔业扶持政策；逐步扩大农业保险保费补贴范围和补贴比例，稳步扩大农村金融的培育补贴政策。

第三，有序推进农业转移人口市民化。据国家统计局发布的《全国农民工监测调查报告》[①] 可知：2018 年我国农民工已超过 2.8 亿人，农民工参加社会保险的水平总体仍然较低。在 2014 年，农民工参加基本养老保险、工伤保险的比例分别为 16.7% 和 29.7%，平均各项社会保险的参保率不足 20%。至今农民工落户难、农民工子女上学难等问题仍然普遍存在。政府和企业应提高农民工的养老保险、工伤保险、医疗保险、失业保险等社会保障程度，缓解农民工公共服务供给不足的困境；各级政府应制定公开有效的农业转移人口落户城市的政策，探索多元化"市民化成本分担机制"，逐步解决符合规定的农民工落户问题，努力实现城镇基本公共服务常住人口全覆盖。

第三节　构建释放居民潜在消费能力长效机制的体制机制改革的政策体系

制约居民潜在消费能力释放的城乡二元分割的户籍、劳动就业、医疗、教育制度、不完善的社会保障制度、不合理的政府支出结构等体制机制障碍长期存在。本节基于本书第七章至第十章"制度—居民潜在消费需求"的多视角实证检验，认为进行释放居民潜在消费需求的制度改革，应注重努力在推动城乡基本公共服务均等化、实施更加积极的就业政策、加快完善社会保障体系、进一步优化政府支出结构等方面，进行全方位的综合联动改革，使制约居民消费意愿提高的改革尽快取得实质性进展。

---

① 国家统计局. 全国农民工监测调查报告［OL］. 国家统计局官网，2018.

一、加快城乡统筹制度建设，缩小城乡消费差距

城镇化水平的提升促进了城乡经济的协调发展，有利于居民消费结构升级，并不断催生新的经济增长点，是释放居民消费需求的最大潜力所在。我们必须采取相应的综合配套改革，使城市化、产业结构调整与收入分配制度改革同步，以激发国内消费需求，具体应从以下几点入手。

第一，大力推进户籍制度改革。应该消除农村剩余劳动力迁移的制度性障碍，努力完善农村劳动力向非农产业转移、农民转为市民的各方面制度条件，保障农村劳动力的就业公平，从而加快构建城乡统筹的劳动力要素市场。

第二，加快推进新型城镇化进程，释放居民消费潜力。新型城镇化既是支撑未来经济持续稳定增长最为持久的动力，也是扩大内需、刺激消费、释放消费潜力最重要的引擎。提高城市化水平应充分强调"人"的城镇化、民生型城镇化、集约型城镇化。

第三，大力发展农业，统筹城乡福利。坚持统筹发展现代农业，加大工业反哺农业、城市支持农村，农村基础设施、农村土地产权制度改革等的力度，大力发展农村经济。应加快城乡福利统筹发展，统筹建设健全农村社会保障和教育卫生等公共服务发展，深入推进城乡基本公共服务均等化，缩小城乡福利差距进而降低城乡消费差距。

第四，释放农村消费市场潜力。农村居民的消费正由温饱生存型向小康享受型转型升级。未来几年，汽车、家用电器、手机、电脑等消费品在城镇可能将基本饱和，而这些可能将逐步成为农民消费的热点。而农村基础设施相比城市较为落后，商品流通网络和售后服务薄弱，仍然是制约相关消费的主要因素（刁永作，2012）。因此，应该加快新农村建设，培育农村家电、汽车、摩托车以及农业生产资料和建材等新的消费增长点，促进农村居民消费结构升级。

第五，增加政府用于改善和扩大居民消费的支出，建立以改善民生、扩大消费为其重要标准的政绩考核体系，完善激励消费的长期主动调控制度，特别是在当前"控通胀、去泡沫"和"稳增长、防下滑"的两难局面，制定

更加积极科学的民生财政政策对冲短期紧缩性货币政策，发挥出消费拉动经济增长的边际首要因素日显迫切。

二、完善创新社会保障制度，稳定城乡居民消费预期

推进城乡社会保障制度创新，是改进居民收入与消费预期、释放居民消费潜力的重要途径，对于建立消费需求增长的长效机制具有重要意义。退休是消费者步入老龄阶段的重要标志，我国老龄化程度正在快速提高，人口年龄结构的这种转变将通过消费、储蓄、劳动力市场等多种渠道对宏观经济产生影响。本书第九章为老龄化对扩大消费需求和长期经济增长存在的负面冲击提供了经验证据。

第一，养老保险、医疗保险等社会保险覆盖能够显著刺激城镇家庭消费，政府应努力实现社会保障体系的全民覆盖，特别是非国有经济部门和低收入城镇家庭，提高城乡统筹层次；积极落实住房保障政策，完善廉租住房和经济适用住房制度；稳步推进城镇医疗卫生体制改革，合理规范医疗服务和各类药品的价格；加快新型农村合作医疗试点，提高补助标准；建立和完善农村社会保障体系，努力建立农村最低生活保障制度。

第二，养老保险缴费率对城镇家庭消费具有较大的抑制效应，可能是由于较高缴费率对家庭可支配收入的挤出效应、家庭面临的信贷约束、较低的养老金预期收益率等原因。政府应拓宽风险机制平滑渠道，提高以社会救助、转移支付为主的二次分配调节在整个社会保障体制中的比重；应提供更多的金融信贷支持，减轻信贷约束限制，降低预防性储蓄；应加强养老保险基金投资运作，提升养老基金的收益率，充分发挥社会保险对宏观消费的刺激作用，同时注重发挥社会保障对优化家庭消费结构的积极影响。

第三，政府应进一步完善退休养老制度的改革。如：应加强农村老龄服务设施建设，提高农村老年人养老金覆盖率、养老金额，改善农村老年人的生活质量；应提高企业职工的养老保险金额，降低不同职业类型的养老金收入差距，通过各种机制提高农民工养老保险的参与率和覆盖面；应加大医保投入力度，减缓退休职工的预防性储蓄动机；应进一步完善退休制度改革，

增强退休制度的灵活性，关注退休再就业人员的权益。

第四，提前应对老龄化对整个社会平均消费倾向和长期宏观经济增长的影响。为了应对老龄化导致的消费需求转变，应关注老年人消费，重点促进文化、健身、旅游、休闲等老年人生活服务性消费，缓解老龄化对消费的不利影响；应促进产业内部的优化升级，积极发展老龄服务产业，培育新的经济增长点，减少老龄化对扩大内需和经济增长的抑制作用。

三、改革和完善财税金融体制，提高城乡居民的消费意愿

破解现行不合理的财政金融体制制约居民消费提升的障碍，实现公共财政政策转型，着力建立和完善财政金融直接服务居民消费增长的体制机制，应强调以下几个方面。

第一，地方政府应结合构建民生财政的背景，在确保政府支出总量稳定增长的基础上，进一步优化政府支出结构。中央政府应建立完善的考评机制、严格财政预算制度来激励地方政府调整支出结构，不断提高民生性支出占地方政府支出的比重，控制和降低经济性和消费性支出的比重，以此保证各区域居民都拥有基本的生活、医疗、教育和住房保障，从而促进公共服务区域均等化和刺激居民当期消费的增长（陈冲，2011；唐祥来，2018）。

第二，在地方政府支出计划的安排上，应针对城乡、不同区域的消费主体倾斜，应更注重发挥完善的政府支出结构对居民消费的长期作用。由于我国地方政府支出对居民消费需求的政策效应存在明显的区域差异，应将新增的经济性财政支出和民生性财政支出主要投向农村地区、中西部地区，使地方财政支出能有效稳定居民未来收入和支出的预期，引致中西部地区居民消费的增长（李晓嘉和钟颖，2013）。

第三，以城乡公共服务均等化为基本目标，调整地方财政支出偏好。长期以来，我国地方政府的投资性支出和民生性支出具有明显的城市偏好。应扩大农村公共支出覆盖范围，确保文教、卫生、社会保障等方面支出的新增资金主要用于农村，切实健全农村各种保障制度；加强农村基础设施建设，

改善农村消费硬件环境。总之，应努力推进城乡基本公共服务均等化，使农村公共支出能更有效地提高农村居民实际消费能力和释放农村居民潜在消费能力（李晓嘉和钟颖，2013；刘东皇和沈坤荣，2010；毛捷和赵金冉，2017）。

第四，破解政府职能对扩大消费的制约，降低"三公消费"，实现从投资建设型政府向民生、公共服务监管型政府的转型，建立以改善民生、扩大消费为其重要标准的各级政绩考核体系。

第五，调整税收制度。通过提高个人所得税起征点，降低中低收入者税负。借鉴国际经验，可以考虑以家庭为单位征收个人所得税，减轻家庭负担重的居民税收负担；同时尽快实行房产税、遗产税，打击非法收入，并通过提高奢侈品消费税来抑制部分居民的过高收入。

四、注重技术创新、调整产业结构，培育居民新的消费增长点

长期以来，我国供给结构明显倾向于工业，特别是重工业，而服务业（住房、教育、医疗和养老等）发展相对滞后，供给结构和需求结构的长期失衡也是居民潜在消费需求难以释放的重要原因。我国产业结构的不合理充分体现在产品结构不能满足消费者需求。一些公共产品，如教育、医疗、住房等具有很大外部性的产品以及公共产品的生产过度市场化，导致公共品供给不足，这既阻碍了低收入者提高自身人力资本水平、获得市场回报的公平机会，又增强了人民预期未来不确定性对消费的影响。提高居民消费能力的长效机制不仅应着眼于需求结构，也不能忽视供给结构。

第一，在消费需求拉动的发展方式还没有完全到位的条件下，保持投资的合理增长，启动新的投资项目，可以有效地推动内需的扩大。要破解生产结构阻碍消费扩大的因素，应积极调整产业结构，着力发展直接为消费服务的相关产业，大力提升消费对象的品质（任兴洲，2010；张磊和刘长庚，2017）。

第二，加快形成以产业升级促进居民消费的机制。应以"投资促进消费"为导向，以增加产业发展的就业、收入、消费扩张效应为目标，加快优化产

业结构和投资结构；大力发展第三产业尤其是生产性服务业，使产业结构升级切实加速扩大就业和壮大中等收入阶层，从而刺激居民消费（任兴洲等，2013；张磊和刘长庚，2017）。

第三，加快发展消费性服务业和文化产业。应加大对教育培训、文化娱乐、体育保健、信息网络等消费性服务业领域的投资，为释放居民消费需求创造条件。

第四，发挥技术创新对释放居民潜在消费需求的作用。一些文献发现技术创新具有增加居民消费的净效果（孙早和许薛璐，2018）。政府应加大中小企业技术创新的鼓励和扶持力度，发挥中小企业的技术创新活力，不断引导居民新的消费热点，激发消费市场的新增长点。

五、完善消费政策、优化消费环境，释放居民消费潜力

要破解现行消费环境和消费政策对扩大消费的障碍，政府可采取以下系列政策措施。

第一，完善消费刺激政策体系。应增强消费政策的系统性和协调性，防止盲目采取人为的短时暂时性刺激政策；坚持长短政策的有效结合，避免经济的大幅度波动；增强消费政策的执行力和刺激效应；应构建消费政策本身的刺激框架，如加大实施中西部地区农村的"家电下乡""家电、汽车以旧换新"补贴政策，鼓励"首次置业"等刺激消费政策；也应充分发挥收入分配、财政金融等政策在消费调控中的宏观作用。

第二，营造良好的消费环境。应完善价格形成机制和消费监管体制；健全和完善消费法律法规体系，加强消费者权益保护；加大对市场秩序的整顿和规范，严厉打击各种不法行为，加强食品药品安全整治工作；增加消费者对国内产品的消费信心，避免国内购买力向国外转移，部分抵消了消费刺激政策效果；加强市场信用体系建设，规范发展消费信贷，增加消费信贷品种，防范信贷风险，创造健康安全的消费环境。

第三，完善城乡市场流通体系。鼓励连锁经营和物流配送等现代流通方式等商品营销网络向中西部农村推进；积极培育发展城市区域商业中心，提

升中小城市、小城镇商圈的商业集聚和辐射功能；建立现代个性化的消费品营销体系，积极推动物流配送、电子金融商务等新兴交易方式发展，增强城乡居民消费的便利性。

第四，保持物价基本稳定，稳定居民消费预期。要加强市场保障和价格稳定工作，落实"米袋子"和"菜篮子"的价格稳定机制，完善价格临时干预、市场调控的预案，整顿和规范市场价格秩序，稳定消费品总体价格水平，保障城乡居民基本生活的稳定性。

第五，完善信贷消费市场、网络消费、互联网金融的消费环境，创新发展各种新型消费方式。在信用卡按揭、无息贷款、支付宝等消费支付方式不断创新的形势下，急需完善互联网购物、互联网金融的消费环境，努力创造健康安全的消费环境，激发更多的旅游、休闲、文化、保健等服务消费热点，推动城市服务消费和网络消费增长，释放居民消费潜力。

第六，改善消费环境硬件。应加强城市交通、住宅等的配套建设，合理有效改善地铁、轻轨、高架等交通设施建设；进一步加大财政对农村义务教育和水利、电力、交通、通信等基础设施的投入，改善农村消费环境；尽快建立起覆盖全国的个人信用体系，大力支持信用评估机构的发展，完善信用监管制度和失信惩戒制度。

扩大居民消费需求是直接扩大内需，实现经济持续稳定快速增长的重要途径；同时更重要的是，城乡居民人均消费总量增长和消费结构的进步，直接提升全体社会成员物质文化生活水平，推进全面小康社会建设和社会和谐，促进人的身心全面自由发展。党中央关于"建立扩大消费需求的长效机制"的决定和"关于完善促进消费体制机制进一步激发居民消费潜力的若干意见"，涉及生产、分配、流通、消费各个环节，国民经济各个领域和各个部门，是具有全局性、关键性、前瞻性的重要课题，这也是深刻总结扩大内需特别是消费需求的经济实践所提出来的重要经验，对于实现国民经济发展方式转变，促进社会进步具有重大意义。

遵照党中央关于"着力破解制约内需扩大的体制机制性障碍，加快形成消费、投资、出口协调拉动经济增长新局面"的经济目标，本书以扩大内需规模与提高内需增长质量并重，从收入和制度视角，沿着"收入如何增强居民实际消费能力"和"制度如何释放居民潜在消费能力"两条主线，系统全面地研究了阻碍居民实际消费能力提高和潜在消费能力释放的收入分配和体制机制因素，提出了构建提高居民实际和潜在消费能力长效机制的关键、主要内容、主要目标、具体政策路径，对解决如何扩大居民消费需求、提升消费结构和质量、实现经济高质量发展等现实问题具有推动作用。

参 考 文 献

[1] 白重恩，钱震杰．谁在挤占居民的收入——中国国民收入分配格局分析 [J]．中国社会科学，2009 (5)：100 - 114.

[2] 白重恩，吴斌珍，金烨．中国养老保险缴费对消费和储蓄的影响 [J]．中国社会科学，2012 (8)：48 - 71.

[3] 白重恩，李宏斌，吴斌珍．医疗保险与消费：来自新型农村合作医疗的证据 [J]．经济研究，2012 (2)：41 - 53.

[4] 白鹤祥．中国居民消费存在低估 [J]．中国金融，2012 (18)：76 - 77.

[5] 陈斌开．收入分配与中国居民消费——理论和基于中国的实证研究 [J]．南开经济研究，2012 (1)：33 - 49.

[6] 陈斌开，林毅夫．发展战略、城市化和中国城乡收入差距 [J]．中国社会科学，2013 (4)：81 - 102.

[7] 陈昌兵．城市化与投资率和消费率间的关系研究 [J]．经济学动态，2010 (9)：42 - 48.

[8] 陈冲．政府公共支出对居民消费需求影响的动态演化 [J]．统计研究，2011 (5)：14 - 30.

[9] 陈少强．构建扩大国内消费需求长效机制的思考 [J]．中央财经大学学报，2011 (4)：14 - 19.

[10] 陈钊，万广华，陆铭．行业间不平等：日益重要的城镇收入差距成因——基于回归方程的分解 [J]．中国社会科学，2010 (3)：65 - 76.

[11] 陈宗胜，吴志强．我国城乡平均消费倾向与消费差别变动趋势——基于城乡平均消费倾向差异视角的研究 [J]．经济学动态，2017 (8)：18 - 30.

[12] 程大中. 收入效应、价格效应与中国的服务性消费 [J]. 世界经济, 2009 (3): 14 – 25.

[13] 程开明, 李金昌. 城市偏向、城市化与城乡收入差距的作用机制及动态分析 [J]. 数量经济技术经济研究, 2007 (7): 116 – 125.

[14] 程永宏. 改革以来全国总体基尼系数的演变及其城乡分解 [J]. 中国社会科学, 2007 (4): 45 – 60.

[15] 戴平生, 庄赟. 农村居民消费不平等的微观结构分析 [J]. 统计与信息论坛, 2012 (5): 106 – 112.

[16] 丁俊凯, 张霞, 许生. 调整收入分配结构与扩大内需研究 [J]. 财政研究, 2014 (4): 10 – 15.

[17] 董敏, 郭飞. 城市化进程中城乡收入差距的"倒 U 型"趋势与对策 [J]. 当代经济研究, 2011 (8): 56 – 60.

[18] 发展改革委, 财政部, 人力资源社会保障部. 关于深化收入分配制度改革的若干意见 [OL]. 2013, http://politics.people.com.cn.

[19] 樊茂清, 任若恩. 基于异质性偏好的中国城镇居民消费结构研究 [J]. 中国软科学, 2007 (10): 37 – 46.

[20] 樊潇彦, 袁志刚, 万广华. 收入风险对居民耐用品消费的影响 [J]. 经济研究, 2007 (4): 124 – 136.

[21] 范金, 杨中卫, 坂本博. 中国城镇居民消费差距的动态演进及分类决定 [J]. 管理评论, 2012 (7): 13 – 23.

[22] 范子英, 刘甲炎. 为买房而储蓄——兼论房产税改革的收入分配效应 [J]. 管理世界, 2015 (5): 18 – 27 + 187.

[23] 方福前. 中国居民消费需求不足原因研究——基于中国城乡分省数据 [J]. 中国社会科学, 2009 (2): 68 – 82.

[24] 傅勇, 张晏. 中国式分权与财政支出结构偏向: 为增长而竞争的代价 [J]. 管理世界, 2007 (3): 4 – 12.

[25] 甘犁等. 中国家庭金融调查研究报告 [M]. 成都: 西南财经大学出版社, 2012.

[26] 高铁生, 郭冬乐. 扩大农村消费问题研究 [M]. 北京: 中国社会

出版社，2008：45 - 62.

[27] 高安峰，张忠发，刘宁．浅谈城乡二元经济结构特征、弊端及统筹发展的几点思考与建议 [EB/OL]．中国农村发展网，2011 - 12 - 13，http：//www. ccrs. org. cn.

[28] 龚晓菊．扩大消费需求的长效机制分析 [J]．财贸经济，2012（8）：122 - 128.

[29] 顾和军，周小跃，张晨怡．"全面二孩"、人口年龄结构变动对住房消费的影响 [J]．中国人口·资源与环境，2017，27（11）：31 - 38.

[30] 郭宝贵，刘兆征．建立扩大农村消费需求的长效机制 [J]．宏观经济管理，2011（11）：54 - 56.

[31] 郭春丽．我国内需率下降的成因及建立扩大内需长效机制的思路 [J]．经济理论与经济管理，2012（9）：19 - 31.

[32] 国家统计局．全国农民工监测调查报告 [R]．2012，http：//www. gov. cn.

[33] 国家统计局国民经济核算司．中国经济普查年度资金流量表编制方法 [M]．北京：中国统计出版社，2007.

[34] 国家统计局国民经济核算司，中国人民银行调查统计司．中国资金流量表历史资料：1992 - 2004 [M]．北京：中国统计出版社，2008.

[35] 国务院发展研究中心课题组．农民工市民化对扩大内需和经济增长的影响 [J]．经济研究，2010（6）：4 - 16.

[36] 杭斌，余峰．潜在流动性约束与城镇家庭消费 [J]．统计研究，2018（7）：102 - 114.

[37] 何代欣．大国转型与扩大内需：中国结构性改革的内在逻辑 [J]．经济学家，2017（8）：19 - 26.

[38] 何立新，封进，佐藤宏．养老保险改革对家庭储蓄率的影响：中国的经验证据 [J]．经济研究，2008（10）：117 - 130.

[39] 贺俊，刘亮亮，张玉娟．政府支出结构、分权通道与居民消费 [J]．统计与信息论坛，2016（4）：28 - 33.

[40] 洪源．政府民生消费性支出与居民消费 [J]．财贸经济，2009

(10)：51 – 56.

　　[41] 黄茂兴. 扩大内需：从权宜之计到战略基点 [J]. 经济学家，2012 (10)：40 – 47.

　　[42] 黄学军，吴冲锋. 社会医疗保险对预防性储蓄的挤出效应研究 [J]. 世界经济，2006 (8)：65 – 70.

　　[43] 黄赜琳，傅冬绵. 居民消费演变特征事实及其对经济增长的影响 [J]. 上海财经大学学报，2012 (2)：90 – 97.

　　[44] 纪园园，宁磊. 相对收入假说下的收入差距对消费影响的研究 [J]. 数量经济技术经济研究，2018 (4)：97 – 114.

　　[45] 金晓彤. 中国城镇居民消费行为分析 [M]. 长春：吉林人民出版社，2005.

　　[46] 靳涛，陶新宇. 政府支出和对外开放如何影响中国居民消费？—— 基于中国转型式增长模式对消费影响的探究 [J]. 经济学（季刊），2017 (1)：121 – 146.

　　[47] 靳卫东，王鹏帆，毛中根. 城镇居民医疗保险制度改革的文化消费效应研究 [J]. 南开经济研究，2017 (2)：23 – 40.

　　[48] [美] 凯恩斯. 就业、利息和货币通论 [M]. 徐毓枬，译. 北京：商务印书馆，1983.

　　[49] 康书隆，余海跃，王志强. 基本养老保险与城镇家庭消费：基于借贷约束视角的分析 [J]. 世界经济，2017 (12)：165 – 188.

　　[50] 雷晓燕，谭力，赵耀辉. 退休会影响健康吗？ [J]. 经济学（季刊），2010 (4)：1539 – 1558.

　　[51] 李奥蕾. 中国居民消费不平等研究 [D]. 西南财经大学硕士论文，2013

　　[52] 李彬，新的消费增长点应与扩大消费需求长效机制相结合 [EB/OL]. 中国经济日报，2012 – 12 – 28，http：//xf. chinadaily. com. cn/2012/1228/4222. shtml.

　　[53] 李春琦，唐哲一. 政府支出结构变动对私人消费影响的动态分析 [J]. 财经研究，2010 (6)：90 – 101.

[54] 李稻葵，刘霖林，王红领．GDP 中劳动份额演变的 U 型规律 [J]．经济研究，2009（1）：70 – 82.

[55] 李广众．政府支出与居民消费：替代还是互补 [J]．世界经济，2005（5）：38 – 45.

[56] 李海闻，杨第．关于"家电下乡"现状与问题的调查分析 [J]．中国软科学，2010（3）：186 – 192.

[57] 李建强．政府民生支出对居民消费需求的动态影响 [J]．财经研究，2010（6）：102 – 111.

[58] 李江一，李涵．城乡收入差距与居民消费结构：基于相对收入理论的视角 [J]．数量经济技术经济研究，2016（8）：97 – 112.

[59] 李军．收入差距对消费需求影响的定量分析 [J]．数量经济技术经济研究，2003，（9）：5 – 11.

[60] 李实，赖德胜，罗楚亮．中国收入分配研究报告 [M]．北京：社会科学文献出版社，2013.

[61] 李实，佐藤宏，史泰丽．中国收入差距变动分析——中国居民收入分配研究 IV [M]．北京：人民出版社，2013.

[62] 李涛，周业安．财政分权视角下的支出竞争和中国经济增长：基于中国省级面板数据的经验研究 [J]．世界经济，2008（11）：3 – 15.

[63] 李文星，徐长根，艾春荣．中国人口年龄结构和居民消费：1989 – 2004 [J]．经济研究，2008（7）：118 – 129.

[64] 李晓嘉，钟颖．地方政府支出对居民消费的影响研究 [J]．上海经济研究，2013（8）：24 – 31.

[65] 林伯强，刘畅．收入和城市化对城镇居民家电消费的影响 [J]．经济研究，2016，51（10）：69 – 81 + 154.

[66] 刘长庚．增强消费对经济发展的基础性作用 [J]．经济理论与经济管理，2018（2）：10 – 12.

[67] 刘东皇，沈坤荣．公共支出与经济发展方式转变 [J]．经济科学，2010（4）：5 – 14.

[68] 刘雪梅．当前农民消费与建立扩大农民消费需求长效机制 [J]．消

费经济，2013（6）：27－30.

[69] 刘伟，蔡志洲. 完善国民收入分配结构与深化供给侧结构性改革 [J]. 经济研究，2017（8）：4－16.

[70] 刘艺容. 我国城市化率与消费率关系的实证研究 [J]. 消费经济，2007（6）：54－60.

[71] 刘子兰，宋泽. 中国城市居民退休消费困境研究 [J]. 中国人口科学，2013（3）：94－103.

[72] 陆铭，陈钊. 城市化、城市倾向的经济政策与城乡收入差距 [J]. 经济研究，2004（6）：50－58.

[73] 毛捷，赵金冉. 政府公共卫生投入的经济效应——基于农村居民消费的检验 [J]. 中国社会科学，2017（10）：70－89＋205－206.

[74] 毛军，王蓓. 我国地方政府支出影响居民消费：正向传导还是反向倒逼 [J]. 财政研究，2015（2）：8－11.

[75] 毛其淋. 地方政府财政支农支出与农村居民消费——来自中国29个省市面板数据的经验证据 [J]. 经济评论，2011（5）：86－95.

[76] 毛中根，洪涛. 政府消费与经济增长——基于1998－2007年中国省级面板数据的实证分析 [J]. 统计研究，2009（8）：24－31.

[77] 欧阳煌. 居民收入与国民经济协调增长的国际经验及我国现状 [J]. 经济研究参考，2012（25）：23－54.

[78] 瞿晶，姚先国. 城镇居民收入不平等分解研究 [J]. 统计研究，2011（11）：50－55.

[79] 曲兆鹏，赵忠. 老龄化对我国农村消费和收入不平等的影响 [J]. 经济研究，2008（2）：85－99.

[80] 任兴洲. 扩大消费需求：任务、机制与政策 [M]. 北京：中国发展出版社，2010.

[81] 盛来运，侯锐. 建立促进农村居民消费增长的长效机制 [J]. 今日中国论坛，2009（Z2）：75－78.

[82] 盛逖. 我国大城市扩大居民服务消费的实证研究——基于AIDS模型的北京市服务消费动态分析 [J]. 价格理论与实践，2012（8）：76－78.

[83] 宋泽，刘子兰，邹红. 空间价格差异与消费不平等 [J]. 经济学（季刊），2020（2）：591-616.

[84] 孙凤，易丹辉. 中国城镇居民收入差距对消费结构的影响分析 [J]. 统计研究，2000（5）：9-15.

[85] 孙早，许薛璐. 产业创新与消费升级：基于供给侧结构性改革视角的经验研究 [J]. 中国工业经济，2018（7）：98-116.

[86] 谭永生. 建立扩大消费需求长效机制的对策探讨 [J]. 消费经济，2011（12）：27-30.

[87] 唐祥来. 新时代中国特色社会主义民生财政理论创新和制度建设 [J]. 经济与管理评论，2018（4）：16-26.

[88] 汪伟. 经济增长、人口结构变化与中国高储蓄 [J]. 经济学（季刊），2009（1）：29-50.

[89] 汪伟，郭新强，艾春荣. 融资约束、劳动收入份额下降与中国低消费 [J]. 经济研究，2013（11）：100-113.

[90] 王宏利. 中国政府支出调控对居民消费的影响 [J]. 世界经济，2006（10）：30-38.

[91] 王少平，欧阳志刚. 我国城乡收入差距的度量及其对经济增长的效应 [J]. 经济研究，2007（1）：44-55.

[92] 王小鲁. 国民收入分配战略 [M]. 海南：学习出版社、海南出版社，2012.

[93] 王裕国. 对当前消费经济领域重点研究的几个问题的意见 [J]. 消费经济，2011（1）：10-14.

[94] 文启湘，张慧芳. 论构建扩大消费的长效机制 [J]. 消费经济，2011（2）：15-18.

[95] 夏杰长，张颖熙. 我国城乡居民服务消费现状、趋势及政策建议 [J]. 宏观经济研究，2012（4）：14-21+47.

[96] 谢建国，陈漓高. 政府支出与居民消费：一个跨期替代模型的中国经验分析 [J]. 经济科学，2002（6）：5-12.

[97] 邢春冰，李实. 中国城镇地区的组内工资差距：1995~2007 [J].

经济学（季刊），2010（3）：311 – 339.

[98] 徐宽. 基尼系数的研究文献在过去八十年是如何拓展的 [J]. 经济学（季刊），2003（4）：757 – 778.

[99] 杨良初. 社会保障与消费关系研究 [J]. 社会保障研究，2010（6）：9 – 17.

[100] 杨天宇. 中国的收入分配与总消费——理论和实证研究 [M]. 北京：中国经济出版社，2009.

[101] 易行健，周利. 数字普惠金融发展是否显著影响了居民消费——来自中国家庭的微观证据 [J]. 金融研究，2018（11）：47 – 67.

[102] 尹世杰. 中国消费结构合理化研究 [M]. 长沙：湖南大学出版社，2001.

[103] 尹志超，甘犁. 中国住房改革对家庭耐用品消费的影响 [J]. 经济学（季刊），2009（4）：53 – 71.

[104] 俞建国. “十二五”时期扩大消费需求的思路和对策研究 [J]. 宏观经济研究，2010，（2）：3 – 21.

[105] 喻开志，陈良. 累进的遗产税如何扩大居民消费需求——基于累进遗产税率的李嘉图等价模型研究 [J]. 消费经济，2011（3）：34 – 37.

[106] 苑德宇. 居民消费、财政支出与区域效应差异 [J]. 统计研究，2010（2）：12 – 15.

[107] 臧文斌，刘国恩，徐菲，熊先军. 中国城镇居民基本医疗保险对家庭消费的影响 [J]. 经济研究，2012（7）：75 – 85.

[108] 臧旭恒等. 扩大消费需求的长效机制研究 [M]. 北京：经济科学出版社，2019.

[109] 张川川等. 新型农村社会养老保险政策效果评估——收入、贫困、消费、主观福利和劳动供给 [J]. 经济学（季刊），2015（1）：203 – 230.

[110] 张东生. 中国居民收入分配年度报告 [M]. 北京：经济科学出版社，2013.

[111] 张磊，刘长庚. 供给侧改革背景下服务业新业态与消费升级 [J]. 经济学家，2017（11）：37 – 46.

[112] 张秋惠, 刘金星. 中国农村居民收入结构对其消费支出行为的影响——基于1997-2007年的面板数据分析 [J]. 中国农村经济, 2010 (4): 48-54.

[113] 张学敏, 陈星. 教育: 为何与消费疏离 [J]. 教育研究, 2016, 37 (5): 48-54.

[114] 张治觉, 吴定玉. 我国政府支出对居民消费产生引致还是挤出效应 [J]. 数量经济技术经济研究, 2008 (12): 53-61.

[115] 郑彩祥. 在新古典框架内分析人力资本与收入分配 [J]. 同济大学学报 (自然科学版), 2009 (10): 1418-1423.

[116] 郑筱婷, 蒋奕, 林曒. 公共财政补贴特定消费品促进消费了吗?——来自"家电下乡"试点县的证据 [J]. 经济学 (季刊), 2012 (4): 1323-1344.

[117] 赵人伟, 李实, 李思勤. 中国居民收入分配再研究 [M]. 北京: 中国财政经济出版社, 1999年.

[118] 周弘. 住房按揭贷款如何影响家庭消费结构 [J]. 统计研究, 2012 (7): 44-48.

[119] 周一星, 田帅. 以"五普"数据为基础对我国分省城镇化水平数据修补 [J]. 统计研究, 2006 (1): 62-65.

[120] 中华人民共和国国家统计局编. 新中国60年统计资料汇编 [M]. 北京: 中国统计出版社, 2010.

[121] 中华人民共和国国家统计局. 中国国内生产总值核算历史资料 (1952-1995) [M]. 北京: 中国统计出版社, 2009.

[122] 中华人民共和国国家统计局. 中国国内生产总值核算历史资料 (1996-2002) [M]. 北京: 中国统计出版社, 2010.

[123] 朱红恒. 中国农村居民消费不足的制度性原因及宏观后果研究 [M]. 北京: 中国社会科学出版社, 2011: 28-71.

[124] 邹红, 李奥蕾, 喻开志. 消费不平等的度量、出生组分解和形成机制——兼与收入不平等比较 [J]. 经济学 (季刊), 2013 (4): 1231-1254.

[125] 邹红, 卢继红, 李奥蕾. 城市化水平、城乡收入差距与消费需求

[J]. 消费经济, 2012 (2): 28 - 31.

[126] 邹红, 栾炳江, 彭争呈, 喻开志. 退休是否会改变城镇老年人的健康行为? [J]. 南开经济研究, 2018 (6): 112 - 128.

[127] 邹红, 喻开志. 退休与城镇家庭消费: 基于断点回归设计的经验证据 [J]. 经济研究, 2015 (1): 124 - 139.

[128] 邹红, 喻开志. 劳动收入份额、城乡收入差距与中国居民消费 [J]. 经济理论与经济管理, 2011 (3): 45 - 55.

[129] 邹红, 喻开志. 城镇家庭消费不平等的度量和分解——基于广东省城镇住户调查数据的实证研究 [J]. 经济评论, 2013 (3): 38 - 47.

[130] 邹红, 喻开志. 收入结构视角下扩大居民服务消费的实证研究——基于广东省城镇住户调查数据 [J]. 财经科学, 2013 (5): 105 - 114.

[131] 邹红, 喻开志, 李奥蕾. 养老保险和医疗保险对城镇家庭消费的影响研究 [J]. 统计研究, 2013 (11): 60 - 67.

[132] 邹红, 喻开志, 李奥蕾. 消费不平等进展研究述评 [J]. 经济学动态, 2013 (11): 118 - 126.

[133] Adam Wagstaff, Magnus Lindelow, Gao Jun, Xu Ling, Qian Juncheng, 2009, "Extending health insurance to the rural population: An impact evaluation of China's new cooperative medical scheme", *Journal of Health Economics*, 28 (1): 1 - 19.

[134] Aguiar, M., Hurst, E., 2005, "Consumption versus Expenditure", *Journal of Political Economy*, 113 (5): 919 - 948.

[135] Aguiar, M., Hurst, E., 2007, "Life-Cycle Prices and Production", *American Economic Review*, 97 (5): 1533 - 1559.

[136] Aguiar, M., Hurst, E., 2008, "Deconstructing Lifecycle Expenditure", *NBER Working Paper*, No. 13893.

[137] Aguiar, M. A., M. Bils, 2011, "Has Consumption Inequality Mirrored Income Inequality", *NBER Working Paper* No. 16807.

[138] Angrist, J. D., Imbens, G. W., Rubin, D. B., 1996, "Identification of causal effects using instrumental variables", *Journal of the American Statis-*

tical Association, 91: 444 – 472.

[139] Attanasio, Berloffa, Blundell, Preston, 2002, "From Earnings Inequality to Consumption Inequality", *The Economic Journal*, 112 (478): 52 – 59.

[140] Attanasio, Hurst, Pistaferri, 2012, "The Evolution of Income, Consumption, and Leisure Inequality in the US, 1980 – 2010", NBER Working Paper 17982.

[141] Attanasio, O. , E. Battistin. , H. Ichimura, 2004, "What Really Happened to Consumption Inequality in the US", NBER Working Paper No. 10338.

[142] Attanasio, O. , E. Hurst. , L. Pistaferri, 2012, "The evolution of income, consumption, and leisure inequality in the US 1980 – 2010", NBER Working Paper No. 17982.

[143] Attanasio, O. P. , Banks, J. , Meghir, C. , Weber, G. , 1999, "Humps and Bumps in Lifetime Consumption," *Journal of Business and Economic Statistics*, 17 (1): 22 – 35.

[144] Bailey M J. , 1971, "National income and the price level", *New York*: *McGraw-Hill*.

[145] Banks, James, Blundell, R. , Tanner, S. , 1998, "Is There a Retirement-Savings Puzzle?", *American Economic Review*, 88 (4): 769 – 788.

[146] Barreti, G. F. , T. F. Crossley, C. Worswick, 2000, "Demographic Trends and Consumption Inequality in Australia between 1975 and 1993", *Review of Income and Wealth*, 46 (4): 437 – 456.

[147] Battistin, E. , Brugiavini, A. , Rettore, E. , Weber, G. , 2009, "The Retirement Consumption Puzzle: Evidence from a Regression Discontinuity Approach", *American Economic Review*, 99 (5): 2209 – 2226.

[148] Bernheim, Douglas, B. , Jonathan Skinner, Weinberg Steven, 2001, "What Accounts for the Variation in Retirement Wealth among US Households?", *American Economic Review*, 91 (4): 32 – 857.

[149] Blanchard, Olivier J. , Perotti, Roberto, 2002, "An empirical characterization of the dynamics effects of changes in government spending and taxes on

output", *Quarterly Journal of Economics*, 117: 1329 – 1368.

［150］Blundell, R., I. Preston, 1998, "Consumption Inequality and Income Uncertainty", *Quarterly Journal of Economics*, 113（2）: 603 – 640.

［151］Blundell, Pistaferri, Preston, 2008, "Consumption Inequality and Partial Insurance", *American Economic Review*, 98（5）: 1887 – 1921.

［152］Brzozowski, M., M. Gervais, P. Klein, M. Suzuki, 2010, "Consumption, Income and Wealth Inequality in Canada", *Review of Economic Dynamics*, 13（1）: 52 – 75.

［153］Cai, H. B., Y. Y. Chen, L. Zhou, 2010, "Income and Consumption Inequality in Urban China: 1992 – 2003", *Economic Development and Cultural Change*, 58（3）: 385 – 413.

［154］Chamon, M., Eswar, P., 2010, "Why Are Saving Rates of Urban Households in China Rising?", *American Economic Review*, 2（1）: 93 – 130.

［155］Crossley, T., K. Pendakur, 2006, "Consumption Inequality", McMaster University and Simon Fraser University Working Paper.

［156］Cutler, D., L. Katz, 1992, "Rising Inequality? Changes in the Distribution of Income and Consumption in the 1980's," *American Economic Review*, 82（2）: 546 – 551.

［157］Daudey, E., Garcia-Penalosa, C., 2007, "The Personal and the Factor Distributions of Income in a Cross-Section of Countries", *Journal of Development Studies*, 43（5）: 812 – 829.

［158］Deaton, A., C. Paxson, 1994, "Inter-temporal Choice and Inequality", *Journal of Political Economy*, 102（3）: 437 – 467.

［159］Della Valle, P. A., Oguchi. N., 1976, "Distribution、Aggregate Consumption Function and Economic Development: Some Cross-Country Results", *Journal of Political Economy*, 84（6）: 1325 – 1334.

［160］Dirk krueger, Fabrizio Perri, 2006, "Does Income Inequality Lead to Consumption Inequality? Evidence and Theory", *Review of Economic Studies*, （73）: 163 – 193.

［161］ Fisher, Jonathan, Johnson, D. , Marchand J. , Smeeding, T. M. , and Torrey B. , 2005, "The Retirement Consumption Conundrum: Evidence from a Consumption Survey", *Boston College Center for Retirement Research Working Paper* 200514.

［162］ Feldstein, M. , "Social Security, 1974, Induced Retirement, and Aggregate Capital Accumulation", *Journal of Political Economy*, 82 (5): 905 –926.

［163］ Gale, W. G. , 1998, "The Effects of Pensions on Household Wealth: A Reevaluation of Theory and Evidence", *Journal of Political Economy*, 106 (4): 706 – 723.

［164］ Ganelli, Giovanni, 2007, "The effects of fiscal shocks on consumption: reconciling theory and data", *The Manchester School*, 75: 193 – 209.

［165］ Giorgio E. , Primiceri, Thijs van Rens, 2009, "Heterogeneous life-cycle profiles, income risk and consumption inequality", *Journal of Monetary Economics*, 56: 20 – 39.

［166］ Graham, 1993, "Fiscal policy and aggregate demand: comment", *American Economic Review*, 83: 659 – 666.

［167］ Grossman, S. , G. Laroque, 1990, "Asset Pricing and Optimal Portfolio Choice in the Presence of Illiquid Durable Consumption Goods", *Econometrica*, 58 (1): 25 –51.

［168］ Hahn, J. , Todd, P. , Klaauw, W. , 1999, "Evaluating the effect of an anti-discrimination law using a regression-discontinuity design", NBER Working Paper No. 7131.

［169］ Hahn, J. , Todd, P. , Klaauw, W. , 2001, "Identification and Estimation of Treatment Effects with a Regression-Discontinuity Design", *Econometrica*, 69 (1): 201 – 209.

［170］ Haider, Steven, J. , and Stephens, Jr. , 2007, "Is There a Retirement-Consumption Puzzle? Evidence Using Subjective Retirement Expectations", *Review of Economics and Statistics*, 89 (2): 247 – 264.

［171］ Hall, R. E. , 1978, "Stochastic Implication of the Life Cycle-Permanent Income Hypothesis: Theory and Evidence", *Journal of Political Economy*, 86 (6): 971 –987.

[172] Hamermesh, Daniel, S., 1984, "Consumption during Retirement: The Missing Link in the Life Cycle", *Review of Economics and Statistics*, 66 (1): 1 –7.

[173] Heath cote, Jonathan, K. Storesletten, G. L. Violante, 2014, "Consumption and Labor Supply with Partial Insurance: An Analytical Framework", *American Economic Review*, 104 (7): 2075 –2126.

[174] Heath cote, J., 2009, "Discussion of Heterogeneous Life-Cycle Profiles, Income Risk and Consumption Inequality", *Journal of Monetary Economics*, 56 (1): 40 –42.

[175] Hong, J. H. Ríos-Rull, José-Víctor, 2012, "Life, Insurance and Household Consumption", *The American Economic Review*, 102 (7): 3701 –3730.

[176] Hong Zou, Bingjiang Luan, Kaizhi Yu, Hongwei Xu. "Does Retirement Affect Alcohol Expenditure? Evidence from Urban Chinese Older Adults in 2002 –2009", *International Journal of Population Studies*, 2018 (4): 10 –22.

[177] Hurd, M. D., Rohwedder, S., 2006, "Some Answers to the Retirement-Consumption Puzzle," NBER Working Paper, No. 12057.

[178] Hurst, E., 2008, "The Retirement of a Consumption Puzzle", NBER Working Paper 13789.

[179] Imbens, G., Angrist, J., 1994, "Identification and estimation of local average treatment effects", *Econometrica*, (61): 467 –476.

[180] Imbens, G., Rubin, D., 2007, "Causal Inference: Statistical Methods for Estimating Causal Effects in Biomedical, Social, and Behavioral Sciences", Cambridge University Press.

[181] Jappelli, Pistaferri, 2010, "Does consumption inequality track income inequality in Italy?", *Review of Economic Dynamics*, (13): 133 –153.

[182] Jencks, C., 1984, "The Hidden Prosperity of the 1970s", *Public Interest*, (77): 37 –61.

［183］ Johnson, D. , S. Shipp, 1997, "Trends in Inequality Using Consumption-Expenditures: The U. S. from 1960 to 1993", *Review of Income and Wealth*, 43 (2): 133 – 152.

［184］ Johnson, David S. , Timothy M. S. , Barbara Boyle Torrey, 2005, "Economic Inequality through the Prisms of Income and Consumption", *Monthly Labor Review*, 128 (4): 11 – 24.

［185］ Karras G. , 1994, "Government spending and private consumption: Some international evidence", *Journal of Money, Credit, and Banking*, (24): 9 – 22.

［186］ Khan, A. , C. Riskin, 1998, "Income and Inequality in China: Composition, Distribution and Growth of Household Income, 1988 to 1995", *China Quarterly*, 154: 221 – 253.

［187］ Kotlikoff, L. J. , 1979, "Testing the Theory of Social Security and Life Cycle Accumulation", *The American Economic Review*, 69 (3): 396 – 410.

［188］ Krueger, D. , F. Perri, 2006, "Does Income Inequality Lead to Consumption Inequality? Evidence and Theory", *Review of Economic Studies*, 73 (1): 163 – 193.

［189］ Kuijs, Louis, 2005, "Investment and Saving in China", World Bank China Research Paper.

［190］ Lee, D. S. , 2008, "Randomized Experiments from Non-random Selection in U. S. House Elections", *Journal of Econometrics*, 142 (2): 675 – 697.

［191］ Lee, D. S. , Card, D. , 2008, "Regression Discontinuity Inference with Specification Error", *Journal of Econometrics*, 142: 655 – 674.

［192］ Lee, D. S. , Lemieux, T. , 2009, "Regression Discontinuity Designs in Economics", NBER Working Paper, No. 14723.

［193］ Li Hongbin, Shi Xinzheng, Wu Binzhen, 2012, "Retirement Consumption Puzzle in China", SSRN Working Paper.

［194］ Linnemann, Ludger, Schabert, Andreas A. , 2006, "Productive government expenditure in monetary business cycle models", *Scottish Journal of Po-*

litical Economy, 53: 28 – 46.

［195］Lise, J., S. Seitz, 2011, "Consumption Inequality and Intra-household Allocations", *Review of Economic Studies*, (78), 328 – 355.

［196］Ludwig, J., Miller, D., 2005, "Does head start improve children's life chances? Evidence from a regression discontinuity design", NBER Working Paper No. 11702.

［197］Lundberg, Startza, S., Stillman, R., Steven, 2003, "The retirement-consumption puzzle: a marital bargaining approach", *Journal of Public Economics*, 87 (56): 1199 – 1218.

［198］Martin Ravallion, Shaohua Chen, Ravallion, 2007, "China's (uneven) progress against poverty", *Journal of Development Economics* 82: 1 – 42.

［199］McCrary, J., 2008, "Manipulation of the running variable in the regression discontinuity design: A density test", *Journal of Econometrics*, 142 (2): 698 – 714.

［200］Meyer, B., J. Sullivan, 2010, "Further Results on Measuring the Well-Being of the Poor Using Income and Consumption", Working Paper, Harris School of Public Policy Studies, University of Chicago.

［201］Miniaci, Raffaele, Monfardini, C., Weber, G., 2003, "Is There a Retirement Consumption Puzzle in Italy?" Institute for Fiscal Studies Working Paper W03/14.

［202］Modigliani, F., Brumberg, R., 1954, "Utility analysis and the consumption function: An interpretation of cross-section data", Post-Keynesian Economics.

［203］Musgrove, P., 1980, "Income Distribution and the Aggregate Consumption Function", *Journal of Political Economy*, 88 (3): 504 – 525.

［204］Oded Galor, Joseph Zeira, 1993, "Income distribution and macroeconomics", *The Review of Economic Studies*, 60 (1): 35 – 52.

［205］OECD, 2008, "Growing Unequal? Income Distribution and Poverty in OECD Countries", http://www. nber. org/papers.

[206] Ohtake F. , M. Saito, 1998, "Population Aging and Consumption Inequality in Japan", *Review of Income and Wealth*, 44 (3): 361 – 381.

[207] Owen A L, Weil D N. , 1998, "Intergenerational earnings mobility、inequality and growth", *Journal of Monetary Economics*, 41 (1): 71 – 104.

[208] Park, Joon Y. , (1992), "Canonical co-integrating regression", *Econometrica*, 60: 119 – 143.

[209] Pendakur, K. , 1998, "Changes in Canadian Family Income and Family Consumption Inequality between 1978 and 1992", *Review of Income and Wealth*, 44 (2): 259 – 282.

[210] Phillips, P. C. B. , 1991, "Optimal inference in co-integrated systems", *Econometrica*, 59: 283 – 306.

[211] Qu Z. , Z. Zhao, 2008, "Urban-Rural Consumption Inequality in China from 1988 to 2002: Evidence Quantile Regression Decomposition", IZA Discussion Papers No. 3659.

[212] Rubin, D. , 1974, "Estimating causal effects of treatments in randomized and non-randomized studies", *Journal of Educational Psychology*, 66: 688 – 701.

[213] Schwerdt, G. , 2005, "Why does consumption fall at retirement? Evidence from Germany", *Economics Letters*, 89 (3): 300 – 305.

[214] Sen, A. , 1997, "From Income Inequality to Economic Inequality", *Southern Economic Journal*, 64 (2): 383 – 401.

[215] Slesnick, D. T. , 1993, "Gaining Ground: Poverty in the Postwar United States", *Journal of Political Economy*, 101 (1): 1 – 38.

[216] Smith, S. , 2006, "The Retirement-Consumption Puzzle and Involuntary Early Retirement: Evidence from the British Household Panel Survey", *Economic Journal*, 116 (510): 130 – 148.

[217] Solow R, 1956, "A contribution to the theory of economic growth", *Quarterly Journal of Economics*, 70 (1): 65 – 94.

[218] Sun, Y. , 2005, "Adaptive estimation of the regression discontinuity

model, Unpublished Manuscript", *Department of Economics*, University of California at San Diego.

[219] Tsung-wu Ho, 2001, "The government spending and private consumption: a panel cointegration analysis", *International Review of Economics and Finance*, 10: 95 – 108.

[220] Wakabayash, M., 2008, "The retirement consumption puzzle in Japan", *Journal of Population Economics*, 21 (4): 983 – 1005.

[221] Zhenyu Gao, Zhixiong Zeng, 2010, "Economic Development and Consumption Inequality: Evidence and Theory", Princeton University and Monash University Working Paper.

后　记

　　本书是在我主持的国家社科基金青年项目"收入与制度视阈下提高居民实际与潜在消费能力的长效机制研究（11CJL013）"系列成果的基础上修改完成的，它的出版得到了西南财经大学全国中国特色社会主义政治经济学研究中心"中国特色社会主义政治经济学理论体系构建"项目、中央高校基本科研业务费专著出版与后期资助项目（JBK140803）、研究阐释党的十九大精神国家社科基金重大专项项目（18VSJ070）等课题的资助。

　　十几年来，本人主要致力于消费经济学相关问题的实证研究，曾经发表过40余篇论文和主持过20多项课题，涉及居民消费需求、消费不平等、资产选择与消费、收入差距与消费、劳动收入份额与消费、收入结构与消费、社会保险与消费、城市化与消费、退休消费、新时代人民美好生活消费需要等问题。2010年曾经出版过《扩大内需的微观基础研究——我国城镇居民家庭资产与消费问题分析》一书，书中很多分析不够深入全面。本人想围绕如何扩大居民消费需求继续撰写一部专著，2011年7月国家社科基金项目的立项让我更加坚定了这一想法。本书于2011年11月开始进行资料搜集、数据处理与编程、篇章结构安排。2012年8月我来到密歇根大学做访问学者，浓厚的学术氛围和经常性的学术交流使我的写作效率大大提升，国外一年的访学时间内我几乎完成了本书大部分章节的实证与写作初稿。此书依托的本人所主持的国家社科基金项目于2014年8月结项，鉴定结果为良好。2015年底此书交付给了经济科学出版社，直到2020年7月才完成书稿各章内容的最终完善定稿，写作的艰辛与愉悦尽在不言中。

　　此书沿着"理论—实证—政策"的基本逻辑思路，首先全面分析了我国总需求结构、消费投资结构、居民消费不足的基本特征事实，以及影响居民消费能力的收入分配与体制机制因素的主要特征及作用机理。其次设伏如何增强居民实际消费能力和释放潜在消费能力两条研究主线，构建了基于"收入分配—提高实际消费能力"和"体制机制—提高消费意愿—释放潜在消费能力"传导路径的理论分析框架，分别从国民收入分配结构、收入差距与消费需求；收入结构与服务消费需求；城市化水平与消费需求；收入不平等与消费不平等；养老保险、医疗保险与消费需求；退休养老制度与消费需求；政府支出结构与消费需求共七个方面进行了细致的理论与实证研究。最后从完善收入分配等体制机制的宏微观视角，提出了提高居民消费能力长效机制的收入分配政策体系和体制机制改革政策体系。本书虽有体系但不唯体系，各章围绕一个主题，均可独立成文，此书很多章节内容在国内外不同会议场合中被汇报过，其中大部分内容已经发表。

在完成本书的写作过程中，首先感谢我的博士生导师王裕国教授的细心指导，先生曾经几次阅读过书中主要章节内容，在选题、研究内容和框架、主要论证思路上均提出过许多独到而深入的建议，使我受益匪浅。感谢密歇根大学谢宇教授在我做访问学者期间，针对书中多个章节内容所提出的宝贵建议，使我极大地完善了本书的研究，感谢纽约城市大学徐宏伟副教授、南京大学许琪副教授与我在美国的多次讨论和分享。感谢在首届"家庭消费促进经济发展"等研讨会和国家社科重大项目论证会上山东大学臧旭恒教授、湖南师范大学刘子兰教授、广东外语外贸大学易行健教授、上海财经大学汪伟教授、中国人民大学陈彦斌教授、北京大学杨汝岱教授、中央财经大学陈斌开教授、南开大学宋泽助教授，以及西南财经大学刘锡良教授、毛中根教授、徐舒教授和朱雨可副教授对书中章节内容的指点和给予的大力支持。在课题研究和本书出版过程中，一直得到我所在单位西南财经大学经济学院各位领导及同仁的帮助与支持。在著作定稿阶段，我指导的博士研究生栾炳江、彭争呈、熊倩倩、陈建、文莎等参与了数据更新与处理、校订和排版等工作，尤其感谢栾炳江同学细致的校稿工作。衷心感谢经济科学出版社的杜鹏编辑在出版此书中的辛勤付出。最后，我把最真挚的谢意献给我的老公，十多年的相濡以沫和志同道合，使我们在生活和学术合作上默契顺畅。感谢我的父母及两个小宝贝的陪伴，多年的学术生活正是有了你们的大力支持才精彩和惬意。

　　由于作者水平有限，书中难免存在不妥甚至错误之处。此书从 2015 年完成初稿到 2020 年 7 月定稿，在此期间尽管我对部分章节尽可能地进行了数据和内容的多次更新和完善，但仍有待进行更深入和前沿的研究，敬请批评指正。

邹　红

2020 年 7 月于成都